青石关村

山东村落田野研究丛书

张士闪 李松 总主编

张帅 著

山东大学出版社

《山东村落田野研究丛书》编委会

总序

编纂一套山东村落田野调查方面的丛书，立意甚早。20多年来，以山东大学为核心的山东民俗学团队，每年都会安排多次村落田野调查活动，许多博士、硕士学位论文也以村落为田野点，注重对田野材料的挖掘与分析，紧贴乡土作实证研究，迄今竟有百村之数。学术论文的阅读群终归有限，将这些辛苦得来的第一手田野资料，以写实的手法呈现出一个个真实的村落世界，向社会提供一份可信的国情资料，一直是我们共同的心愿。

2016年夏，山东大学民俗学研究所与山东大学出版社共同策划、申报"山东村落田野研究"选题，并于2017年春被列入国家出版基金规划资助项目，夙愿终偿。我们从以山东村落为田野点的博士、硕士学位论文中遴选出20种，邀约作者遵循"深描村落生活，凸显村民主体，梳理乡土文脉，展现国情底色"的原则，进行改写或重写。为使这一原则不致落空，我们课题组密集举办三次小型研讨活动，达成如下共识：

首先，小中见大，述而见议。这套丛书所选村落虽然都在山东，但学术视野并不自我设限，讲究以小见大，寓学理于讲述之中，助推对于中国社会的深入理解。这需要作者秉持综合、开阔的学术眼光，既关注村落的历史脉络，涵括其驳杂的历史动态，又聚焦当今村民主体话语，反映村落的社会现实和未来走向。

其次，关注传承，着眼动态。在乡土社会发生剧变的当下，我们理应重新观察和思考作为人类最基本的生活共同体的村落，关注其自治传统的传承及组织机制，得出符合其自身历史实际和内在逻辑的阐释。村落描述，不应该成为乡村琐事的拼盘，也不是对于一个个村落凝固幻象的编织，甚至也

不应满足于立此存照式的一幅幅风俗画。我们深信，就在众多村落所呈现的异同之间，蕴含着中国基层社会的真正奥秘。

再次，村民本位，日常视角。坚持村落民俗志描述中的村民本位，摆脱那种将文人的文字传统视为“唯一性知识”的旧习，将村民日常使用更广泛的口述、物象、仪式等知识形式，放在至少是与文字同等的位置。我们深知，白纸黑字所代表的文字表达传统，仅仅是占社会总体人数很少的文人阶层所推重的一种特殊知识形式，而远非人类知识之全部。在乡村社会中尤其如此。将村落的历史、当下与未来贯穿起来的村民，在“过日子”中凝结而成的丰富知识形式，理应在村落民俗志中显现光彩。我们期望这套丛书出版后，不仅供学者研究、都市人阅读，还有村民愿看，甚至成为村落典藏。让乡土知识真正实现“从民众中来，到民众中去”，是我们最大的心愿。

新世纪以来，随着以全球化、都市化为特征的现代生活的迅速普及，乡土民俗的连续性、系统性、整体性已严重受损，曾作为中国社会主体的乡土村落正经历巨变。但无论如何，村落依然是中国传统文化的重要承载地，农民是绝不可轻忽的文化传承主体。当代学者的一项重要使命就是关注村落，将村落中的人、事、文化传统与生活现状等视为一个整体，通过深描村落社会运行的逻辑，阐释村民的生活世界及其赋予生活的意义之所在，并在此基础上对其组织形态、机制及变迁予以描述与推导，这对于理解中国乡村文化传承乃至整个中国社会大有裨益。我们深知：梳理中国村落的历史来路，叩问其从何而来；展示由形形色色民俗事象所构成的村落人文世界，理解现状与内在脉络；观察村落在现代化进程中的遭遇与新创，关注其向何处去——这应该成为村落研究介入当代中国社会发展、彰显乡村文化茁壮活力的基本向度。

一、中国村落研究传统

生于乡土，终老乡土，曾在漫长岁月中被绝大多数国民视若天经地义，这一社会事实本身即足以显示村落的意义。我们相信，“在村落中研究”（格尔兹语）的学术实践，在当今“世界史”“全球史”风起云涌之际，不仅没有过

时，而且不可或缺。毕竟，无论是重述“亚洲”，还是重述“世界”，我们仍要以乡土中国为立足点。

传统意义上的村落，自有其历史渊源与发育过程。村落社会的组织与运行，离不开稳定的民俗传统的传承。民俗传统既具有群体规约性质，又能为民众提供身份认同与人生意义，因而蕴含生机，常在常新。村落之为“问题”，乃是19世纪末20世纪初，一批知识分子基于晚清社会之变局“眼光向下”的产物：一方面，受西方入侵影响，新的生产方式与经济结构已日益内嵌于中国基层社会，传统时代城乡互动的社会运行模式被打破，作为中国乡土社会基本单元的村落日渐萎缩，成为当时中国社会整体发展失衡状况的表征之一；另一方面，以“西学东渐”为背景而形成的革命性、现代性强势话语，逐渐渗入乡土社会，持续改写着村落发展的内在逻辑，造成了民间自治传统的失衡或断裂。[①] 以此为背景，乡土社会成为当时知识精英普遍关注与“拯救”的对象，村落则成为中国现代学术研究的重要单元。

诚然，学术活动不能没有研究单元的设计。20世纪上半叶，以费孝通、林耀华等为代表的中国学者，就注意选择村落或村寨为研究单元，并在其学术生涯中长期坚持，认为村落既是便利研究者做全面了解的较小的社会单位，又是反映人们社会生活的比较完整的切片。[②] 其中奥秘，恰如英国人类学家布朗所强调的，对于一个村庄进行细致入微的研究的意义在于——既要看到村落社区生活的某一个方面在整体的社会生活中的功能，也要看到这个村落本身的组成结构。[③] 钟敬文在1983年中国民俗学会成立的讲话中，将“搞民俗学当然着重在广大农村”当作不言而喻的前提[④]，后又在不同场合多次表述，获得了国内民俗学界的广泛响应，乃至成为经典范式。20世纪90年代初，刘铁梁从民俗传承生活空间的角度，论述了村落作为基本研究

① 参见张士闪：《“顺水推舟”：当代中国新型城镇化建设不应忘却乡土本位》，载《民俗研究》2014年第1期。

② 参见费孝通：《江村经济——中国农民的生活》，商务印书馆2001年版，第24页。

③ 转引自赵旭东：《权力与公正——乡土社会的纠纷解决与权威多元》，天津古籍出版社2003年版，第10页。

④ 参见钟敬文：《民俗学的历史问题和今后的工作》，载《钟敬文自选集》，首都师范大学出版社2008年版，第409页。

单位的意义，明确了村落研究在民俗学学科中的理论地位。[①] 时至今日，以村落为单元进行研究的学者仍为数众多，跨越民俗学、人类学、社会学、历史学、民族学、艺术学等学科。诚然，在国土广袤的中国，无论从事怎样的课题研究，从相对自成体系而又较小的村落生活共同体入手，自有其合理性，而且有望产生深厚的学术理论意义。更何况，村落研究还被赋予认知历史、立足当下、面向未来的重要使命。村落形态尽管一直处于或微或巨的变化之中，但它所塑造的文化模式与传统，在可预见的未来中国仍具重要价值，乃是不争的事实。

但与此同时，对于以村落为研究单元的批评一直不绝于耳。美国学者施坚雅的批评可谓尖锐："研究中国社会的人类学著作，由于几乎把注意力完全集中于村庄，除了很少的例外，都歪曲了农村社会结构的实际。如果可以说农民是生活在一个自给自足的社会中，那么这个社会不是村庄而是基层市场社区。"[②]在施坚雅的"市场圈"理论之后，又陆续出现了祭祀圈、婚姻圈、联村组织等研究范式，对村落研究模式予以拓展，努力将村落单元置于更大范围的区域社会脉络中予以理解。毕竟，村落社会并非村民的简单集合，村民生活也并非只与村落有关。自古及今，村民与村外世界联系的普遍性是无可置疑的。[③]

围绕村落作为研究单元的种种争论，有相当多的误解在内。比如：对于村落生活共同体的基本理解，是被动、静态，还是动态、开放？争论双方其实是基于不同的预设。村落研究，如果将村落理解为动态、开放的社区，就应该成为从村落出发的研究，以小见大地拓展个案研究的价值，而那种从较大区域展开的研究，如果将村落理解为被动、静态的社区，也不见得就一定贴

---

① 参见刘铁梁：《村落——民俗传承的生活空间》，载《北京师范大学学报（社会科学版）》1996 年第 6 期。最近，他对此作了更明确的表述："村落被民俗学者视为田野调查的最佳场域，也是最基本的空间单位……民俗学把村落作为一个整体的小社会进行观察和分析。在村落中观察到的民俗文化事象，具有时空的限制意义。"（刘铁梁：《"深描"中国村落文化变迁》，载 2017 年 7 月 10 日《中国社会科学报》）

② ［美］施坚雅（G. William Skinner）：《中国农村的市场和社会结构》，史建云、徐秀丽译，中国社会科学出版社 1998 年版，第 40 页。

③ 即使在前现代化时期，村落本身也不可能像老子所说的"鸡犬之声相闻，民至老死不相往来"，如多村共用一庙、信仰仪式的村落轮值等。当代学界热衷于以"古村落""传统村落"等为研究对象，频繁使用"原生态""原汁原味""本真性"等概念，其实都是以将封闭自足视作村落的"典型"状态为预设的。

近了“农村社会结构的实际”。其中的关键，是对于乡村社区与村民主体之间互动关系的理解，而不在于所选择的研究单元的大与小。即便是规模不大的村落，毕竟也是民众多种力量共存的、活态的生活共同体。其实，在中国乡土社会研究中，真正让人遗憾的是对于村民主体性的轻忽或漠视，这是在上述研究模式中一直未能得到根本改变的死角。

二、村落研究，应聚焦民众主体

绝大多数的村落研究，往往将民众的文化笼统地归于“民俗”，似乎民众的文化生命是以“民俗传承”来丈量或维系的。厘清民众与民俗的关系，将有助于拨开笼罩在村落研究中的多重迷雾。民俗，究竟是民众自发的文化创造，还是基于“一二人倡之，千百人和之”的精英引领，抑或不过是国家大一统进程中“礼化为俗”的结果？细究之，上述三种观点虽都不免以偏概全，却也都道出了民俗的某一要义。若将三者统观，庶有助于对“民俗”乃至村落的理解。

首先，民俗的本质是民众主体的文化创造，自无可置疑。民俗传统，即民众在长期生活实践中，以约定俗成的方式促使某种价值规范发生从世俗到超验的升华过程。值得注意的是，这一升华过程绝不是一朝一夕所能成就，也并非一成不变，而是在民众生活共同体内部始终蕴含着多变的可能，呈现出活态性质。同时，再有力的国家行政运作，也无法随意篡改民俗传统或改变村落社会的民众主体性质。近年来对于当代村落的近距离观察，使我们更加确信：在当下新型城镇化的浪潮中，民俗传统不仅没有遁隐，而且变得更富弹性与多元。时至今日，某些村落的发展轨迹时显诡异，其“突然终结”与“奇迹再生”之现象让人大感迷惑。究其实，民众力量在社会剧变中的屈抑与释放当是理解这一现象的重要维度。

其次，自古以来，民俗的形成与发展均离不开知识精英的引领作用。我们在田野作业中发现，很多民俗传统一开始是作为事件应激之文化反应而出现的，如村落形成之初的生存所需、灾乱年头的秩序维持、太平时期的发展机遇捕捉等。这种因应激而形成的文化反应，不会随着事件的完结而迅即消失，而是沉淀、扩散到地方生活中，形成社会经验，此后又会在后发的事

件应激中被运用，最终磨合成一种社会行为模式。在应激事件、应激性文化反应与社会行为模式的互动过程中，离不开少数文化精英的有意识运作，并最终使之沉淀为乡土民俗。恰如“民俗”之作为现代学术概念，也是伴随着现代城市化的发展进程而为知识精英所发明并设置意义的。正像铃木正崇所说：“直到近代，‘民俗’与‘传统’在消灭和生成的间隙中得以发现。”[①]不过，少数知识精英的引领作用，从来是与其“适于时而合于势”的行为选择密切相关的。兹以地方志书中的灾荒记录为例予以简单说明。地方志书中总是凸显地方精英的非凡作用，比如为减税急赈而为民请命、订约立碑以控制社会秩序等，而将一方民众作为背景因素，至多以“民不聊生”“饥民四起”等语大略言之。这显然并非社会事实。实际上，精英的行为往往是受地方社会情势所激，其对于当时国家政治态势的估测，与对于地方民众心理的揣度，为其行为选择提供了关键性依据。但作为地方社会情势重要构成因素的民众，却在地方志书中被大大忽视了。

再次，中国很早以来就已形成所谓的“礼俗社会”，传统中国作为一个复杂社会系统，在民间生活与国家政治之间有着复杂而深厚的同生共存关系。纵观一部中华文明传承发展史，国家意识形态经常借助对民俗活动的渗透而在乡村生活中贯彻落实，形成“礼”向“俗”落实、“俗”又涵养“礼”的礼俗互动的政治框架。礼俗互动，既包括民众向国家寻求文化认同并阐释自身生活，也体现为国家向民众提供认同符号与归属路径。换言之，借助民俗文化的生机跃动，民间社会始终发挥着对于主流文化的葆育能力。以此为基础，在中国社会悠久历史进程中的“礼俗互动”，就起到了维系“国家大一统”与地方社会发展之间平衡的作用。[②] 国家政治与民间自治之间的互动关系，不仅形塑着社会组织的基本形式，也由此产生了社会生活层面的文化交织现象：“国家对村落的政治干预与民间自治之间有长期互动的历史，结果是形成了今天（家族村落）聚落联合体的基本组织形式。”[③]以此理解中国大地上的众多村落，庶有较通观的眼光。

---

① ［日］铃木正崇：《日本民俗学的现状与课题》，赵晖译，载王晓葵、何彬编：《现代日本民俗学的理论与方法》，学苑出版社 2010 年版，第 3 页。

② 参见张士闪：《礼俗互动与中国社会研究》，载《民俗研究》2016 年第 6 期。

③ 刘铁梁：《传统乡村社会中家庭的权益与地位——黄浦江沿岸村落民俗的调查》，载《北京师范大学学报（社会科学版）》2001 年第 6 期。

三、村民口述的意义

走进村落,不仅要关注“民生”,而且要体察“民心”,感受民众生活史与心态史的双重意义。面对民众的生活与文化,传统的学术工具似乎不那么灵光了。

比如,我们在村落调查中,经常有各种各样的困惑。为什么历史上的某一事件,会频繁地被村民表述,还被表述者加上了许多的发明和创造?不仅如此,看起来离“真相”越来越远的表述,反倒经常成为后人的话题中心,并在现世生活的裹挟下发生效用,而事件本身(即所谓“真相”)倒不见得重要了。还有,为什么是历史上的这一事件而不是另一事件,频繁地被这一地方而不是另一地方的人不断关注,并“折腾”出了这样的而不是别样的传统?有果必有因,有事必有人,民间自有其文化选择与传承的机制——没有关注,就不会有表述;没有关注和表述,就不会有传统的发明和创造。

显然,前者关注的是一种文化传承的线性历史,后者则关注其内在结构逻辑,耶鲁大学教授萧凤霞试图以“结构过程”[①]涵括二者。要想真正地解惑答疑,就必须在具体的区域社会空间中将二者结合起来,关注某一传统从过去到现在的建构过程与多元指向,并特别聚焦其主体表述。这一研究模式的策略是,一种传统在不同时代留下的表述有或微或巨之别,而就在种种表述的同异之中,蕴含着区域社会发展的历史脉络与内在逻辑。因此,我们的工作首先是挖掘各种表述,然后在各种表述之间寻找关联,总结民间叙事的特征,并在此基础上还原“社会事实”,建构逻辑关系。鉴于历史上官方、知识精英与民众的互动情形驳杂不一,我们今天所见的“传统”基本上都已经历过无数次改写,只是我们难以知情罢了,因此必须保持足够的警觉。这也意味着,我们在关注传统的线性历史脉络的同时,要特别关注地方社会中人的创造能力及创造逻辑。

用这样的眼光看,民间口述材料中所谓的“随意性”,不但不应是拒绝采信的理由,反倒要视为民间叙事乃至地方生活的应有特征,为我们解读历史

---

① 萧凤霞:《廿载华南研究之旅》,载《清华社会学评论》2001年第1期。

提供了一种相对稳实可靠的地方逻辑。一个人(当然也包括多人)对于同一事件的不同表述,既可以是基于生活状态与交流情境不同而形成的差异,也可能是他对事件表述的不同侧面的选择,还可能是他自身"觉昨非而今是"而有所改变的结果。叙事者,既是能动的个体,又会受到国家历史进程与地方社会发展格局的影响。更重要的是,国家历史进程与地方社会发展并不是作为人类个体活动的静态背景而存在的,而是通过无数个体的能动性活动才得以实现的。个体与群体的叙事及其他行为,对于地方社会发展与国家历史进程的推动作用,至今尚难以准确估测,但在它们之间存在着至为复杂的关联与互动关系,则毫无疑问。因此,民间叙事基于村落生活而呈现出的所谓"随意性",不但不是田野研究的绊脚石,反倒蕴含着学术进步的契机,因为这是理解村民的历史观、价值观的必由之径。

村落中的民间叙事,还会努力保持与地方志、族谱、文人著述等文字传统的一致性。比如,它们都倾向于将本地区的历史与文明传统演绎得悠久古老,竭力与上古圣贤、神灵怪异建立关联,以贴近"人杰地灵"的叙事逻辑。显然,地方社会一直在不断地重新定义和建构自身传统的神圣与伟大,只不过官方和文人的叙事多以县境为单元,村民则多以村境为指向,官民之间经常发生的"文化合谋"即在此背景下展开。这与现代婚礼上对于恋人"缘分"的演绎,电视选秀者对其生平际遇的"赋值"等现象,如出一辙。其中的关键是如何建构叙事的合理性,以感染受众,并挟以自重。由此可知,执着于对民间叙事证实或辨伪的学者,既难以理解历史,也不能洞悉民众智慧。

村落研究,是不能不将历史学与民俗学、人类学的研究方法加以综合运用的。就村落史研究的学科传统而言,历史学追求历史真相,其研究注重证实或辨伪,而民俗学、人类学则关注民众如何记忆历史,以及为什么这样记忆历史。村民的历史记忆可以是虚构的、附会的、可改变的,因为它指向的是意义。比如,在山东各地的移民传说中,潍水以西大都说是来自山西洪洞大槐树(有的强调是由河北枣强中转而来),潍水以东的胶东半岛则普遍流传着"小云南移民"的说法。虽然众口一词言之凿凿,但在历史上不可能村村如此。然而,人们还是将传说演绎为一种显赫话语,争相讲述、争论与传播。在争来说去之间,这一传说就被广阔地域的人们演绎为一种有意义的历史记忆,衍生出文化认同、精神安顿等现实意义。克拉克认为:"人类学者

一向比社会学者和历史学者对于历史意义的重要性更为敏感。和'什么事实际上发生过'同样重要的，是'人们以为发生过什么样的事'，以及他们视它有多么重要的。"[①]真正的村落研究，不仅是在为包括历史学在内的多种学科提供民众口述资料，其实还有更为重大的使命，就是挖掘和呈现民众生活实践中的文化创造及其价值建构。遗憾的是，后者至今仍为包括民俗学者在内的众多学人所轻忽。

四、以学者与村民合作的民俗志书写方式，推进当代村落研究

近年来学界劲吹"田野风"，进入村落成为时尚。特别是有老建筑遗存的古村，学人更是纷至沓来。热衷于进村者，并非都出于对村落价值的珍视与对村落发展的关怀，但对村落的影响却是强大而持续的。在这一切的背后，是国家战略聚焦乡村，社会资本涌入乡村，乡村成为当代社会的"宝地"。

历史告诉我们，乡村社会的良好发展是国家长治久安的基础。不过，在此时此刻，如下追问也许并非多余：我们真正了解我们匆遽进入的乡村吗？我们所理解的、要保护的乡村文化生态是自然真实且可持续的吗？我们的意愿也是生于斯长于斯的众多父老乡亲的愿望吗？这方水土会因我们的进入而更加美好吗？须知，在"现代化发展"这一庞然大物面前，乡村自然与人文生态系统是何等脆弱，而乡村所积淀的传统智慧对于人类未来发展则弥足珍贵，任何人、任何力量都无权损之毁之。广阔的农村天地首先需要被准确认知，然后才有可能"大有作为"。面对村落，如何才能更好地认知、更深入地理解与更准确地描述呢？

就本套丛书的众多作者而论，虽然早先在博士、硕士学位论文的写作过程中，已对村落有相当了解，但受到学位论文写作时间的限制与研究能力的制约，其村落民俗志描述少有村民的内部视角。我们期望在这套丛书的写作中，通过学者与村民的深度合作，尽量多地呈现二者的不同视角，尽

---

① [美]克拉克(Samuel Clark)：《历史人类学、历史社会学与近代欧洲的形成》，贾士蘅译，载[加]玛丽莲·西佛曼、P. H. 格里福编：《走进历史田野——历史人类学的爱尔兰史个案研究》，(台北)麦田出版股份有限公司1999年版，第386页。

量多地留存鲜活的乡土气息。

1. 对于村民的内部知识，不妄加评论，而采用现象描述的方式，呈现真实的民众心态。

初入田野者，最常见的毛病便是盲从自己的知识“先见”，乍见村落种种现象，就匆匆忙忙做类型区分和价值判断。比如，对于村民信仰活动，或要评判是否迷信，或要区分是道教还是佛教。这样的知识“先见”，其实是基于对中国社会的肤浅理解。看似荒诞不经的言行，往往背后蕴含着民众的真实心态，是解读村落心史的难得资料。本套丛书中《胡集村》一书的作者王加华，曾携初稿进村交流。村民以当地说书前惯用的几段开场白[①]为证据，坚持认为本村起源于春秋时期，已有2000多年历史。这一说法无疑是非历史的，却正反映了村民希望将本村历史拉长与神圣化的真实心态。作者最终定稿时，对此就没有予以简单地抹杀或揶揄，而是在列举地方志书中的“明初立村说”之后，呈现村民的“春秋立村说”及其依据，同时保留村民的其他说法，这无疑是确当的。

当然，在学者与村民的交流中，也会有村民揣摩学者意图而对村落内部知识加以改装，往学者这边贴靠。这既与现实生活中学者话语的强势地位有关，也表现出村民对外来话语（包括学者）的利用心态，后者尤其值得注意。一些有见识的村民，一旦察觉到学者话语有助于所在村落的“增值”，往往就会抛弃己见，欣然赞同学者的说法，甚至热心地帮助寻找证据。虽然这也是村落知识增长的一种方式，但目前却还处于不稳定状态，需要将之与村落中比较稳定的知识范畴相比照，否则，我们对村落的理解就不免浮光掠影。

2. 丛书最后特设专章“村里的人　村里的事”，附录“重要民俗资料提供者简介”与村民所用文献，以凸显村民的主体叙事视角。

“村里的人　村里的事”专章的设计，意在以词条单列的方式，突破传统村落民俗志书写的静态幻象，在以事带人的生动描述中展现村落中的特

① 胡集书会汇聚南北说书人，常用的开场白有：“道德三皇五帝，功名夏后商周，五霸七雄闹春秋，顷刻兴亡过手。”“孔夫子周游列国，子路沿门教化。柳敬亭舌战群贼，苏季子说合天下。周姬佗传流后世，古今学演教化。”“扇子一把抡枪刺棒，周庄王指点于侠。三臣五亮共一家，万朵桃花一树生下。何必左携右搭。”

色文化。要想做到这一点并不容易。如张士闪和张帅在完成《洼子村》一书初稿后，曾专门回村细读给 7 位老人听，在热烈的讨论交流中，重新审视或矫正书中的原有观点。有村民尖锐地提出，原书稿过于突出巫婆神汉、善人及其信仰活动①，应该为本村烈士、支前英雄“树碑立传”，突出“教师村”的形象，并提供了相关资料。我们据此进行调整，新增“教师村”“红色记忆”两个词条，与原有的“公事总理”“礼仪人家”“善人”等并置相映，就明显合理多了。这一修改书稿的过程，其实是学者与村民的两种叙事风格的并置与互动的过程，由此形成的村落民俗志自然会较前丰厚许多。

重要的民俗资料提供者，通常属于村民心目中“会看事”“会办事”“会说话”的人，经常代表村民向外人表述“村落文化”，其话语当然也会经过其自身的选择、加工而具有个人色彩。我们需要进一步观察，大多数村民会认同他作为村落文化代言人的角色吗？不善于对外人表述的大多数村民，如何评价他的话语？学者的到访，是促成了村民对其话语的接受还是相反？这些都需要格外留心。书后所附“重要民俗资料提供者简介”，意在呈现其个人基本信息，供读者进一步了解与思考。

书后所附的村民文献，与学者所撰写的正文文本形成有趣对比。学者与村民之间，注意点不同，知识储备、思想局限有别，而对村民村事的价值预设也差异明显。比如，围绕同一个村落的民俗志表达，学者所感兴趣的是如何呈现其所理解的“村落”，往往是看了地方志、地图、家谱、碑记等以后，再去跟村民交流，有时候还会事先阅读相关论著。当今学者还会特别看重祠堂、庙宇、信仰仪式、巫婆神汉等，认为这代表了地方文化生态的完整性。对于村民而言，村落则是他们身在其中、终身归属的“家园”。曾记得在 2002 年，洼子村的几位村落精英接受村委会布置的一项任务，要向外来民俗专家介绍村落文化，他们将之分解成“村志”“民俗概况”“文化教育概览”三部分，分别撰文描述。显然，他们将“村落文化”理解为历史、民俗与“高层”文化（并视为本村的特色文化）等三大层面，这一分类颇有见地，对于我们今天理解村落及民众心态仍具启发性。

长久以来，中国乡村社会经过反复的礼俗教化，形成了基于农耕经济

① 张笃杰：“看了这书，外人还以为洼子村就知道整天烧香拜佛呢！”张笃杰，山东省淄博市淄川区罗村镇洼子村人，长期担任中小学教师、校长，现退休在家。

的社区共享传统，它以乡村公共利益的高度共享来实现乡土社会秩序的长期稳定，以社区节庆、生活礼仪、生产互助、乡规民约、信仰仪式等民俗传统为传承载体，构建起中华文明绵延不断的社会基础，也是支撑当代中国乡村可持续发展的重要文化资源。当代学者应服务当下中国社会发展的现实需求，扎根村落，深入传统，以此为基础提炼研究方法与理论，建构田野研究的中国话语。我们这套丛书愿意在这一学术方向上进行尝试，抛砖引玉。

最后还要说明的是，这套丛书写作时间正值暑期，尽管各位作者都有博士、硕士学位论文的研究基础，但因丛书定位所强调的视角转换，需要大量的补充调查，有的干脆是返工重做。今夏大热，感谢各位作者不避酷暑，按时完成撰写任务。因时间匆遽，本套丛书不尽如人意之处，敬请读者诸君批评指正。

张士闪

2017 年 8 月 31 日

前言

2014年，为了调查博山区有关颜文姜的传说与信仰仪式，我沿着孝妇河一路寻找这个城市中关于孝妇颜文姜的历史记忆。在凤凰山上的颜文姜祠，常驻在大庙内的一位姓吴的算命先生告诉我："想知道颜文姜的文化得去八陡，那里有个青石关，是颜文姜的娘家。这里是颜文姜的婆家。在这里，大家搞旅游搞得已经失去原样了。娘家是农村，所以还是老样子。他们年年都举行仪式，叫作'接颜奶奶回家歇伏'，这个很传统，值得去看看。"这种简单的城乡二元对立的传统观念影响了大多数普通民众，尤其是城里人对传统文化的看法。但吴先生的说法还是让我不由得对这个村子产生了兴趣，于是立即辞别吴先生，一路东去，来到了八陡镇青石关村。

当我走进青石关村，最先冲击眼球的便是传统与现代不协调地混搭在一起的社区形态。由于是中午，整个村庄没有一个人在外面，像一幅将不同年代的元素错乱堆积在一起的静态画：300年前的老庭院在现代化小高层的围困中显得了无生机，100年前的旧铁轨躺在青草中再也找不到它的价值，弯弯绕绕的青石板路突然就被笔直的柏油马路无情割断，郁郁葱葱的绿树丛中也总有冒着滚滚浓烟的大烟囱露出头来，斑驳的青砖墙上到处都是"充话费送宽带"之类的广告。直到后来我才逐渐了解到，青石关村之所以让外来者产生错乱感是有着深刻的历史动因的。

青石关村是一个有着悠久历史与文化传统的古村落，又在中国近百年波澜壮阔的社会史中经历了无数次的动荡与变迁。过去它从属于八陡庄，独特的地理环境使得这里的人们几百年前就开始以挖煤、冶铁、制作陶瓷为生，在工场手工业的蓬勃发展下，这里很快就形成了几个不大不小的宗

族，大量的古迹、旧宅、老店、古风、旧传统随着宗族的繁衍被保留了下来。

1903 年，博山火车站建成通车。1922 年，博山到八陡的博八铁路线开通。2 米宽的铁轨打破了这个山村的宁静，煤炭、铁器和陶瓷让这个老村子开始了波澜壮阔的工业化历程，德国人、日本人先后在这里经营得风生水起，他们修饰了八陡庄的容颜，却也掏空了她的身体。1949 年以后，工矿企业纷纷改制，村民们的身份也随之有了变化，国家干部、工人、企业临时工、农民等不同身份属性的变化带来了不同的人生体验，也使得“一个家庭，两种制度”成为一种极具地方性特征的文化现象。

20 世纪 80 年代末，伴随着资源的枯竭，八陡和青石关的经济步入艰难时期，被迫进入到转型的阵痛中，曾经繁忙的火车道也陷入一种沉寂的境况。然而在“三十年河东，三十年河西”的时空变幻下，青石关人特有的被大工业时代熏陶出来的生活文化却顽强地保存了下来。“我们也是见过大场面的”，“我们祖上也阔过”的历史记忆让当代青石关人生发出一种维系仪式化、精致化生活传统的使命感。于是这个村落至今都维持着非常繁琐复杂的礼仪程序，在过节、待客等活动中仍然非常讲究。经常会听村民们说起的“过节烧包”“耗财买脸”，这与其说是村里人的自嘲，倒不如说是他们对自己人生态度的展现和宣讲。而频繁的外出拜庙活动既体现了他们对外交往中的自信，也承继了过去外出工作的生活常态。

进入 21 世纪，我国城市化及新型城镇化进程不断加快，传统乡土社会先后经历了由农耕文明向工业文明甚至后工业文明转变的过程，年轻一代不断地涌入城市，村落出现了空心化危机。面对这种现象，很多研究者认为，农耕文明时期所孕育的传统文化与当下的城乡发展是对立的，一旦区域社会发展到新的阶段，传统文化必然会发生断裂，从而有了中断甚至消亡的可能。但是青石关的例子却足以表明，尽管工业化和现代化已经完全进入到民众的日常生活之中，民众的居住空间和生产生活方式也确实发生了翻天覆地的变化，但以留守老年人为主的村民们却仍执着地依循着自己的历史记忆，做着修庙、修祠堂、续族谱、敬神灵等恢复旧传统和旧事物的繁琐工作。如“接颜奶奶奶回家歇伏”仪式在青石关村的复兴就告诉我们，社会的向前发展并不妨碍他们去回忆、记录甚至重写自己的历史，在这种实践中，作为参与主体的老年人也逐渐成为整个村落生活的主体。

事实上，在青石关村最让我感动的正是村里的这帮老年人。我第一次走进青石关村的时候，他们正在一座小庙里热火朝天地进行一项建筑工事——给文昌阁换房顶，他们行动迟缓，略显笨拙，把工序细分到了极致，以尽量保证每个人都能在不需要频繁走动的情况下就把自己负责的工序完成，因此“传递”成为最常见的动作。在交流中得知，他们来自八陡庄青石关村的老人会，之所以在这里修庙，是为了“能给村里做点啥，给后代留点啥”，朴实的话语中蕴含着丰厚的人文情感和文化情怀，也向唱衰村落发展前景的人们发出了最强音。

正是得益于老年人的文化作为，才造就了此书的面世。如今我愿把这本小书献给这些可敬、可爱的老人们，让他们触摸到自己曾经的坚守与担当；更愿意把此书献给远离乡土的年轻人，让他们明白当自己在外面打拼时，自己的祖辈、父辈如何逆潮流而上，替他们守住了故乡，留住了乡愁！

张　帅

2017 年 9 月于浙江农林大学

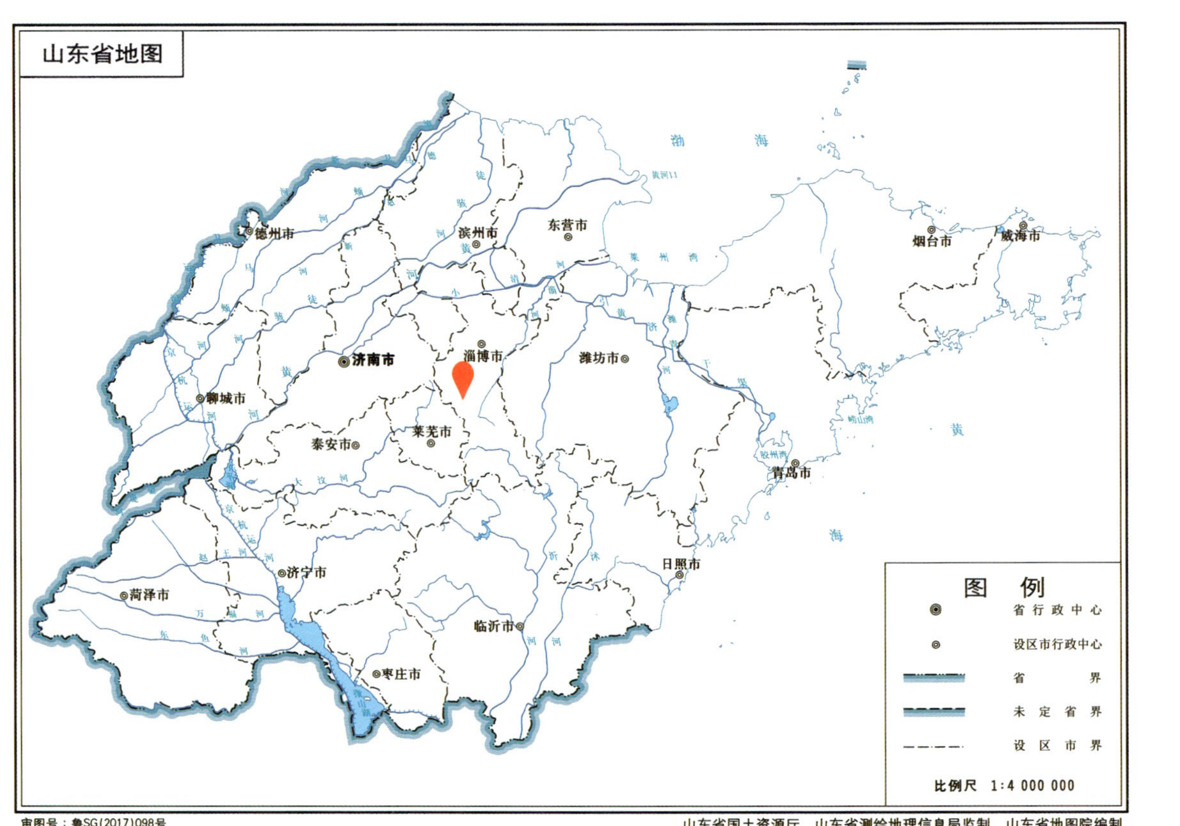

青石关村地理位置示意图

第一章

孝妇河上源的山村

青石关村位于鲁中山区，地形上属低山丘陵，隶属山东省淄博市博山区八陡镇，位于博山城区东南约10公里处。据2014年统计资料，青石关村有户籍人口近1580人、540户，但由于年轻人以外出务工者居多，村里的常住人口不足一半。青石关村位于岳阳河（当地民众多沿用其民国时期名称，称之为“月牙河”）谷地，岳阳河支流五龙溪穿村而过，南依海拔688.5米的五阳山，北望海拔501米的黑山，村落居住空间自岳阳河谷地向南延伸至五阳山山脚缓坡地段，高低落差约50米。青石关村东临崮山镇南庄村，东北临八陡镇东顶村，西北临八陡镇北河口村，西临八陡镇虎头崖村，向南翻越五阳山后为石马镇东石马等村落。

青石关村历史上曾长期属于八陡村的一部分，其村名承继于1958年公社化时期的“青石关生产队”，当时因有一片巨大的天然青石路面而得名。1981年，八陡镇正式建制。1984年，原八陡庄被划分为青石关、东顶、北河口、杏花崖、阁子前、虎头崖6个行政村。在此之后，青石关村独立成村。实际上，八陡村自博山建县之初一直分属八陡庄（今青石关、东顶、北河口三村所在地）、黑山庄（今杏花崖、阁子前、虎头崖三村所在地）2村，直到解放战争时期，两村才合二为一。因此，按照村落的历史发展轨迹，本章及后文在与青石关村历史相关的行文中会多次以八陡庄为叙述主体。

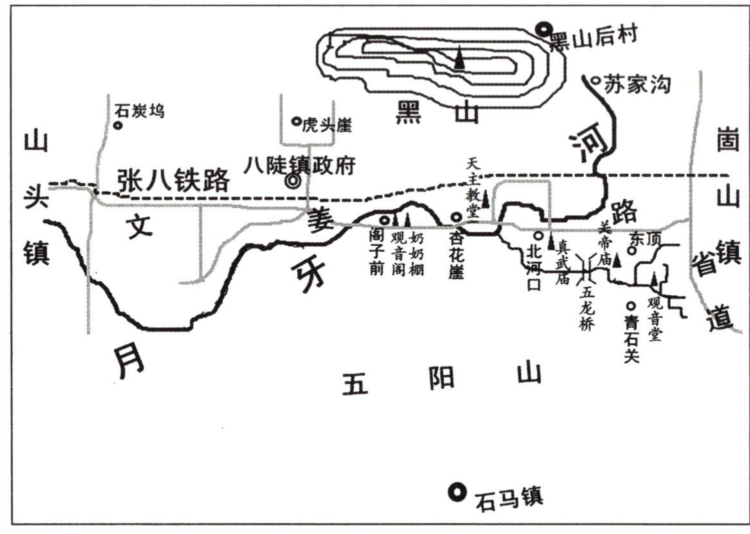

八陡庄六村区位示意图

一、多山少田的地理环境

博山历史悠久，20 世纪 60 年代曾在境内发现距今约 4500 年的龙山文化遗存，齐长城、青州古道等遗址说明此地在春秋战国时期就已经成为齐国的重要防御之地。西汉初期，该地域分属般阳、莱芜两县，东汉以后方成为统一的行政单位。北宋时博山区始封为镇，因境内流传有女神颜文姜的传说与相关信仰而得名“颜神镇”。金代为淄川县重镇。《金史・地理志》记载“淄川之镇有金岭、张店、颜神店”，其中“颜神店”即今日之博山。元时改入益都县，仍称“颜神镇”。“博山”的名称虽远自隋代就已经出现[①]，但直到清雍正十二年(1734 年)在该地设县时，才正式取名为“博山县”。彼时博山县属青州府，行政区划共分四路，领 37 社，202 村，当时青石关所在区域属正南路八陡社。

1949 年中华人民共和国成立以后，政府在此地设置博山市(县级)，属淄

---

① 民国时期吕式斌《今县释名》记载：“博山旧为益都县之颜神镇，清置县。有博山，在县东南五十里。隋大业九年，贼帅左才相据长白山，自号博山公，盖指此山为名，抑或当时长白山有博山之名。”(吕式斌:《今县释名》，恒和商行 1931 年版，第 7 页)

博工矿特区，并于1951年改称“淄博市”（县级）。1955年，淄博工矿特区改称“淄博市”（地级），原淄博市改为“博山区”，属地级淄博市管辖。此后历经多次调整，博山区逐渐形成了辖6个镇、3个街道、1个开发区、271个村（社区）的局面。按照博山政务网的介绍，博山区目前面积为698平方公里，人口约为46万，由此可计算出博山区的人口密度约为每平方公里659人，稍高于山东省平均人口密度（每平方公里617人），明显低于淄博市平均水平（每平方公里约780人）。

博山区的人口密度之所以低于淄博市平均水平，与其地形、地势有着莫大的关联。这从“博山”名称的由来也可见一斑。关于“博山”的由来，民间有两种解释：一种可解释为境内有座山名为“博山”，以山名为区名。第二种解释则更为当地人所接受和推崇，博山区全境山岭众多，博山之名取的是多山之意。不过，无论哪种解释都与山脱不了干系，实际上也的确如此。正如1937年《续修博山县志》记载：“环邑多山也……蜿蜒盘折，绵亘全境”，“博处万山之中，青石关峭壁奇险，长峪道险隘屈曲。四面环山，田少山多”，等等。博山地势南高北低，南、东、西三面群山环绕，位于博山东南部的最高峰——鲁山主峰海拔为1108.3米，为山东省内第四高山；北面为低山丘陵区，全区最低处位于孝妇河出界口，海拔为130米。从地形上说，博山境内群山起伏，层峦叠嶂；丘陵逶迤，连绵不绝；山涧河谷，分立其中。多山多岭的地形地貌使得博山区主要聚居区都集中在山谷及河流两岸，因此翻阅博山地图会发现，该地有许多村落名字中都含有“峪”字，如郝峪村、聂家峪村、七峪村、麻峪村、井峪村、五老峪村、王福峪村、峪口村、天门峪村等。单从相对有限的宜居地形来看，博山区的人口密度低于市平均水平就不难理解了。

除此之外，“外则山也、瘠土也，通邑地不足二千顷，赋不盈九千，农产既不足供食，于是窑冶琉璃等工业兴焉。……舍本逐末，地使然也”[①]。多山多石的地理环境使得博山的耕地多集中在峡谷地段，地块狭小散乱，土层稀薄，土质贫瘠；在温带季风性气候影响下，降水季节分布不均的气候特征又容易导致旱涝灾害频发，有限的耕地和产出让当地民众在历史上始终处在极端贫困之中，又加之地处偏远，路途崎岖不平，这里在明清以前相当长的

① （民国）王荫桂等修：《续修博山县志》卷七《实业志》，1937年。

时期内虽然在行政区划上被涵盖在王朝政治体系之中，但实际上，这里与政府在政治和经济方面的互动几近于无。不过，特殊的地理环境也同样为博山地区提供了丰富的煤、铁、黏土等资源。明中期以后，博山地区的人口出现爆发式增长，而由于先天条件的不足，土地的负载能力却并未因生产技术的进步而出现大幅提高。面对更加尖锐的人地矛盾，当地人不再固守以农耕为主的传统生产方式，开始积极追求一种与区域地理环境更加和谐的劳作模式，于是制瓷、冶铁、采煤等手工业在博山逐渐兴盛起来，当时的颜神镇几乎成为专门化的手工业市镇。

八陡镇境域内山峰林立、沟壑纵横，共有大小山头 50 余座，皆属鲁中山系，其中 500 米以上山头 10 余座，最高峰为八陡南部与石马镇交界处的雕狐峪顶，海拔为 601 米。八陡也正是因为境内有东顶、八古台、南天门、凤凰岭、杏花崖、虎头崖、燕子崖、北大路八个陡坡而得名，尤其北大路最为险要，其上曾有一座铁板桥，民间谚语“铁板桥，万丈高，花鹂头(喜鹊)下蛋不到底就出飞(破壳而出)了”[①]，形容的即北大路的高。八陡的主要聚居区分布在黑山以南、五阳山以北的岳阳河谷地，村域呈现出“南北短东西长”的特征。受地形条件的限制，也出于躲避洪灾、采光和出行等需要，八陡镇的住宅区多集中在黑山、五阳山等山脉的山脚至山腰地段，很多房屋都是凿山而建，以山壁为墙，院门与村道之间往往以青石搭成台阶，因此当地人经常用“无险不成寨”这个兵法上的俗语来形容八陡的居住环境。聚居区以下则多为耕地和各种手工作坊，再往下才是主要交通道路和岳阳河河道。

对于青石关村来说，在八陡镇的诸多山岭中，黑山占据了最重要的地位。黑山位于青石关村北侧、八陡镇中心地带，由黑山、西黑山及其附属山头凤凰岭、黑虎岭、增福山、平岭、西山、封山、大山等组成。清乾隆十八年(1753 年)《博山县志》记载：“黑山……石色黑……又多煤炭，故名。”黑山还蕴藏丰富的铁矿，故又名“铁山”或“黑铁山”；又因半山腰处有一铁铝矿石层，故也称“金带山”；八陡当地人还因黑山前坡陡峭，后坡平缓，在阳光照射下基本看不到山影，又称之为“无影山”。得益于黑山丰富的煤、铁、黏土、铝土、矽砂等资源，包括青石关村在内的周边村落成为中国较早开展采煤业、

① 讲述人：魏省长，男，青石关村人；陈维仕，男，青石关村人。时间：2014 年 11 月 19 日下午。地点：八陡镇青石关村村委会。

八陡的南北两边都是山

陶瓷业、冶炼业的地区之一。另外，黑山所拥有的齐长城、铁山寨、围子墙等历史遗址，分雁石、貔狐楼、柳树井、鹰嘴石、石林等自然景观，黑山爷爷庙群、茂岭大庙、王母池等神圣空间，以及“丁老爷智斗狐仙”“亮兵台齐鲁会盟”“铁山寨阻敌”等民间传说，使得黑山成为八陡镇的代表性文化符号。

黑山上的分雁石（传说成群结队的大雁飞临此处时就会突然不辨方向，四散而飞）

如果说黑山决定了青石关村的生产、劳作模式和经济水平，那么岳阳河则保障了村民们的日常生活。岳阳河旧称“八陡河”，全长 14.5 公里，发源于八陡镇以东岳庄村东大崖顶西麓，因自东向西汇入孝妇河干流，又称“西流水”；因其中一段河道呈现新月形，故民国时期又称“月牙河”。岳阳河为“山溪性天然河道，河床因受地形制约比较稳定”①，支流众多，几乎覆盖八陡镇全境，过去曾是八陡民众灌溉、手工业等活动用水的主要来源。因为岳阳河为孝妇河的源头之一，居住在岳阳河周边的八陡人对孝妇河也有一种特殊的感情，尽管他们在村落内部普遍认同岳阳河或者月牙河的说法，但是在对外的交往中则总会声称自己来自“位于孝妇河上游的八陡”。

岳阳河有一条支流，因由五条溪流汇集而成故名为“五龙溪”，五条溪流大多流经青石关村域内，同时也构成了青石关、东顶、北河口三村的分界线。五龙溪的水流量非常小，并不能为村民们的生活提供太大的帮助，但由于蜿蜒独特的河道以及富有诗意的名字而被村里人格外珍惜，它与村内的青石板、南庙及唐槐共同构成了青石关最具代表性的历史文化景观。

五龙溪与青石板

① 路延捷：《小清河》，气象出版社 1993 年版，第 101 页。

由于多山多岭的地理环境和依山而建的居住空间，挑水曾是八陡乃至博山的妇女最为普遍也是最为辛苦的家庭劳作之一。因为八陡的地下水比较充沛，村民们往来岳阳河挑水又非常不便，所以经常由几家共同出资出力就近凿井打水。八陡过去曾有“四多”，其中就包括“井多”。今青石关村的周庆栋老人回忆，当时整个八陡庄最甜的水井就位于五阳山下的青石关村东南部，名为“耩沟”。耩沟所在地有一片天然形成的巨大青石，人们取水必须从青石上经过，由于耩沟的水甜，周边六七个村的人都愿意提着陶罐来这里打水。时间一长，青石的表面被磨得光滑无比。尤其是冬天打水人洒出来的水结成一层薄冰之后，走在上面稍不注意就会人倒罐摔，所以人们经过时都会小心翼翼，如同过关一般，所以此地才得名“青石关”。

黑山上的王母池

在岳阳河北侧，人们则主要去黑山的泉群取水。这里主要有接龙泉、柳树井、三龙泉、姜女泉、甜水沟泉、罗圈崖泉、王母池等，这些泉井过去常年不涸且水质优良，是最为理想的饮用水源。其中接龙泉所在地海拔最高，地势也最为陡峭，接龙泉夏秋两季水量丰沛之时会形成一股溪流，连接草龙沟与龙王沟两处水源，因此得名“接龙泉”。接龙泉的泉水在黑山泉群中最为甘甜，因受颜文姜为公婆挑水的传说影响，过去要是谁家媳妇肯去接龙泉打水，那必定会被认定为全八陡庄最孝顺的人，因此，即便是住在岳阳河南岸且守着水质优良的耩

沟，青石关村的很多新媳妇也都会特意绕远去接龙泉打水，以此来证明自己对公婆的孝心，不过能始终如一真正坚持十几年的人则少之又少。

二、关于立村年代的不同说法

尽管青石关村于1984年才正式成为一个行政村，但村落作为一个家户聚居的社区的历史却非常久远，村里人依据不同的口碑资料，对村落的建成年代有着不同的见解。其中村民们最乐于接受的是南北朝立村的说法，其主要依据与村里的南庙有关。南庙又称“观音堂”，过去曾是仅有一座观音殿的石砌小庙，后经多次翻修形成了现在拥有观音殿、颜文姜祠、文昌阁、毛主席纪念堂等诸多庙宇的局面。村里一直流传着一个说法：过去重修南庙时，曾有人发现观音殿主梁上有一行标明了庙宇修建年代的字，字迹清晰可辨，大意为南庙修建于南朝梁武帝天监三年桃月（504年农历三月）。村民们认为村落的形成时间肯定不晚于庙宇的修建时间。另外，南庙山门正前方有一棵老槐树，已经被相关部门认证为唐朝年间所植古木，在古庙与古树的相互佐证之下，村里的文化人形成了上述观点。村里大部分人对此深信不疑，不过观音殿主梁上的字仅存于老一辈村民的口述中，并无实物，而且尚未发现任何正式文献的记载以及关于南北朝立村的其他可证材料。

村里另外一小部分人则相对保守一些，认为村落建成时间不晚于明朝初年，但距离明初也不会太远。他们的根据主要有两点：一是目前合起来占据村落近70%人口的两个大姓——陈、魏两家都是明朝初年迁到此地。根据族谱记载，两姓迁来之前，村里仅有逯、戴等几户人家，家族的力量并不大，因此尚不足以成为一个村落。即便已经立村，也应该是尚未经过繁衍生息的新村。二是村里发现的碑刻最早始于明朝，没有任何一块是在明代以前，这只能证明明代以前这里没有成熟的村落。这一种说法主要建立在推测基础之上，也缺乏实证，所以与上一种意见一样都有待于进一步论证。

实际上，历史文献中关于青石关村所在地域的记载并不多，而且从整个博山的历史沿革来看，博山在相当长的历史时期内仅仅是一个地处偏远的小镇，直到清雍正年间才升级为县，在此之前关于博山的资料也非常稀缺。因此，对于青石关村之村落历史沿革的追溯，需结合博山的历史一并呈现。

树龄近1400年的大槐树

(一)从颜神镇到博山县

博山在春秋战国时期分属马径邑与齐郡,两地都为齐国辖地,齐国曾修筑长城以抵御鲁、楚等国,博山作为齐鲁交界之地是齐国重要的战略据点。境内的原山、凤凰山、峨眉山、围屏山、荆山、鸭嘴山以及黑山等处都存有齐长城遗址,位于八陡的黑山因是齐国通向鲁、楚的咽喉之地而被格外重视。黑山上至今还保存有一段宽8米有余、长近800米、墙体最高处达3.5米的齐长城,遗址中间的低洼处为点将台,现已被确定为淄博市重点文物保护单位。村里的文化人讲起黑山齐长城的历史头头是道:

黑山是齐鲁边境上最高的山,站在黑山顶上往鲁国方向看,远景近况尽收眼底,风吹草动一目了然,所以齐国特意在黑山上设置了点将台:一是为了监视鲁国军队动向,若有来犯随时做出反应;二是为了扬齐国军威,对鲁国起到震慑作用,所以博山境内的大小山头中有齐长城的不少,但是有点将台的却只有这一处。后来楚国强大,齐鲁结盟,两国国君就在黑山顶会面,在点将台举行了亮兵仪式,从那以后点将台就改名为亮兵台。①

① 讲述人:魏敏长,男,青石关村人。时间:2014年11月14日上午。地点:青石关村魏敏长家。

这段话实际上是地方知识分子利用自己所掌握的历史知识，通过自己的想象，将民间传言连缀成一套完整的叙事话语，从而对地方文化遗存的历史存在作出“合理”解释。这既反映了民众构建地方社会历史过程的能动性，也从侧面反映出了当地人对其生活的地方在历史上的重要性的强大自信。

黑山上修复后的齐长城遗址

在行政区划方面，博山从汉代至清初在其大部分的历史时间内都仅仅作为一个地处偏远的小镇而存在，其归属地始终在莱芜、淄川、益都三大县城之间轮转。需要指出的是，博山最迟在宋金以前就被命名为“颜神店”。《金史·地理志》曾记载：“淄川……镇三：金岭、张店、颜神店。”顾名思义，“颜神店”的称呼是为了纪念当地一位历史悠久且有着深厚民间基础的女神——颜文姜而存在的。颜文姜以一个地方神灵的身份，能够成为一种象征符号和文化标签，并用以指称和概括地方社会，足见其在历史上的影响力。元代至元二年(1265 年)，颜神店划归益都路益都县，改名为“颜神镇”。

颜神镇处在群山环绕之中，其距离淄川、益都、莱芜县城都至少有百里之遥，无论颜神镇归属于哪个县城，对于管理者和民众来说都有很多不便。但鉴于颜神重要的地理位置，地方政府不得不设置专职，派专员来驻守此处。元至元二年(1265 年)，政府在颜神镇特设巡检司。明弘治八年(1495

年),山东抚按以颜神镇为地方要害,建立行台一所,派地方官员轮值。明正德五年(1510年),兵科官员奏准颜神镇添设青州道兵备佥事一员,要求每年在颜神镇驻扎8个月,不过由于地方上并无兵事,当值兵备佥事往往常驻府城,非公事不至。明正德十二年(1517年),因颜神镇山川环抱、地势险要,多有群盗麻匪以众暴寡、倚强凌弱,政府特添设捕盗通判一员专管防盗之事。明嘉靖三十六年(1557年),颜神镇的举人赵敬简与几位耆老一起向地方政府建言,认为颜神虽设捕盗通判,但其"出入无僚佐可属,进退无城池可守,诚所谓独坐穷山,放虎自卫者也"[①],请求建立石城一座以保安地方,他们的建言得到了政府的同意,山东巡抚特亲率从府到县一众相关大小官员到颜神镇与当地乡儒耆老一起堪舆、卜占,选择良辰宝地,督工建城。

入清以后,清朝政府依循明制,所有建制都有保留,此时颜神镇已经地阔民众。据尚光明编《博山区地名志》所提供数据,康熙九年(1670年),颜神镇已形成了辖孝妇、怀德2乡共269个聚落的局面,其中黑山与八陡同属于孝妇乡。随着地域面积的不断扩大和人口的不断增长,民间和官方先后出现了将颜神改镇立县的声音,最终于清朝雍正年间,朝廷以颜神孝妇、怀德二乡为核心,西南割莱芜7村,北割淄川县17村,新置博山县,隶属青州府,从此博山正式成为东西广约5.5公里、南北袤约5公里的县城。

实际上博山由镇到县的过程并不容易。据史料记载,早在康熙三十九年(1700年),就有当地通判面请藩司将颜神改镇立县,因藩司驳回又提出改隶淄川,最终因民众的反对而中止。雍正二年(1724年),巡抚陈世倌建议济南、青州二府共同商议割淄川、莱芜二县成立博山县,却因二县的强烈反对又一次宣告流产。此后,因在康熙帝佟皇后丧葬期间观看洪升所作戏剧《长生殿》而被劾革职、返故里颜神镇兴办义塾的赵执信也开始为立县奔走呼号。他与众人共作"分境议",不但陈述了颜神立县的必要性,还针对如何分割淄川、莱芜两县地界提出了合理的建议。最终,雍正十二年(1734年),朝廷奏准颜神镇升级为博山县。

在颜神镇改镇立县之前,由于地处偏远,当地民众与政府之间基本没有直接往来,政府委托的代理人与民间的关系极为紧张。史载:

---

① (清)孙廷铨:《颜山杂记》卷一《城市官署缘起》,清康熙五年刻本。

其山自泰山至海七百里相连不断，幽深危险，自古设防。其民错杂伏处，不识城市，终身不能至县者甚多，钱粮惟托单头，词讼一听差役，侵蚀劳累，苦不可言。是以县中之人视（颜神）镇如庄屯……蹂躏之渔猎之无所不至，有差往二乡（孝妇乡、怀德乡）者，同侪莫不贺喜，小民痛心疾首。①

从这段文字中不难看出，立县之前，颜神镇不甚发达，生活在这里的人们因为距离益都、淄川等县城比较遥远，甚至一辈子都没有见到过城市的模样。至于八陡，作为一个偏远乡镇中的边界村落，其生活的艰难就更加难以想象了。

（二）从八陡庄到八陡镇

置县以后，颜神镇改称“博山县”，由原先的二乡扩展为正东、正南、西北、东北四路，领37社、202村。彼时八陡庄尚分为八陡、黑山二社，两社同属正南路，而青石关村所在区域属正南路八陡社。博山设县之后，当地的民众不再受到单头和差役的盘剥与蹂躏，按时按量缴纳田赋，负担大大减轻，人们开始专心利用得天独厚的资源条件发展手工业，并“凿山煮石以通商贾”②，历经数年发展，博山县“虽僻处岩阿而四方辐辏，俨然一都会也”③。博山立县后的飞速发展与当地丰富的物质资源不无关系，而八陡、黑山二社依托黑山这座盛产煤、铁、铝土的富矿也迅速崛起，成为一方强镇。

清末，随着西方宪政思想的传播，中国的知识分子开始倡导在全国上下实行地方自治制度，并得到了一大批政治精英的肯定与推广。维新变法之后，地方自治成为舆论的热点，在舆论的导向作用下，清政府开始尝试推行地方自治制度。清宣统二年（1910年），博山县正式实行自治制，全县被划分为7个区，八陡、黑山隶属第三区敦化乡。民国初期的行政区划大多承袭清制，仅仅废除了府制，保留了博山县七区的设置，同时将博山县改隶济南道。1928年，国民政府废除道制，博山县归山东省政府管辖。1932年，政府将社改换为乡镇，其中八陡社与黑山社分别改为八陡镇与黑山镇。1935年，博山

① （清）富申等修：《博山县志》卷二《方舆志·沿革》，清乾隆十八年（1753年）。

② （清）富申等修：《博山县志》卷二《方舆志·沿革》，清乾隆十八年（1753年）。

③ （清）富申等修：《博山县志》卷二《方舆志·沿革》，清乾隆十八年（1753年）。

县缩减乡镇数量，将原有的136个乡镇撤销或合并为22镇、22乡，在如此大规模缩减数量的情况下，八陡镇与黑山镇依然相互独立存在，且第三区的政府驻地就选择在了黑山镇。

第二次世界大战爆发以后至解放战争时期，博山县是重要的革命根据地之一，迫于形势发展和革命工作需要，其建制和区划始终处在不断地变动之中。根据《博山区地名志》给出的历史资料，早在1944年以前，原博山县第三区就已经改名为“黑山区”。不过黑山区当时已经是敌占区，军队的流动性很强，所以第三区的政府并没有固定的驻地。日本侵略者之所以首先占领了处在城区以外的黑山区，除了城区难以攻克之外，最主要的原因还是黑山丰富的矿产资源，以及日本早期为该地区的开发打下了基础。1948年，博山城第五次解放，鉴于博山在地理位置和经济方面具有重要战略意义，国家特批准将博山城区、黑山区、西河区、原山区四区合并，成立淄博特区，由鲁中南区直接管辖。1949年，为了更好地组织和管理博山地区的工矿企业，淄博特区与华东财政经济办事处工矿部合并成立淄博工矿特区。此后不久，博山县重新洗牌，黑山区等4个直辖区被撤销，重新归入博山县，博山县将所辖乡镇重新规划为一、二、三、四区，在此基础之上建立淄博市，市政府驻博山城。此时，八陡和黑山隶属淄博市三区所，区政府驻八陡，这是八陡第一次代替黑山成为政府驻地。1955年，新淄博市成立，原县级淄博市改为博山区，同时以黑山村为核心组建新黑山区，直接受地级淄博市管辖，这是黑山与八陡唯一一次分别隶属不同区县管辖。不过，仅仅一年之后，黑山区就被撤销，以黑山办事处的建制并入博山区。

1958年10月，人民公社化运动在博山区如火如荼地开展起来，博山区以办事处和大乡为基础成立了11个人民公社，八陡与黑山同属黑山公社，驻八陡村。1962年，黑山公社分解为福山、岳庄、八陡公社，其中八陡公社含黑山和八陡村。1964年，黑山从八陡公社中分离出来成为黑山街道办事处。1969年，黑山街道办事处被撤销，黑山重新并入八陡公社。后来随着家庭联产承包责任制的推行，人民公社政社合一的体制已不再适应生产力发展的需要。1981年，八陡人民公社与福山人民公社作为博山区的试点率先进行调整，分别建制为八陡镇与福山镇。到1984年，博山区所有公社全部改制成乡镇，人民公社正式退出了博山的历史舞台。不过，需要指出的是，在人民

公社存在的20多年中，日常生产和生活的高度集体化给惯于结社的当地民众留下了深刻的印象。时至今日，那些从那个年代走过来的老年人还是习惯将八陡镇政府称为“八陡公社”，将镇政府的工作人员称为“公社领导”。八陡设镇以后，八陡庄作为一个超大规模的自然村被切割成6个行政村，划分的依据基本遵循了当初生产大队的建制，村名也基本沿用了生产队的称呼，自东向西分别为青石关、东顶、北河口、杏花崖、阁子前、虎头崖6村。

三、四通八达的道路

博山是一座山城，又有孝妇河和淄河穿插环绕，逐水而居是人类从古至今争取最优生存环境的基本出发点，因此博山人的居住空间最初就以孝妇河、淄河及其支流河谷为中线向两边的山体延伸，从而在整体上呈现出狭长密集的特点。由于孝妇河流经地域的山体坡度比较和缓，山河交界处的滩涂和冲积平原比较多，而淄河则多流经山势险峻陡峭之地，所以相比较之下，孝妇河流域明显要比淄河流域更加适宜居住。实际上博山的历史也的确是从孝妇河开始的，博山地区考古发现的最早的黑陶碎片即在孝妇河沿岸，而后从颜神镇到博山县，博山地区的经济政治中心始终都在孝妇河流域。1899年，德国人开始修建胶济铁路，其规划路线与孝妇河干流走向基本一致。这一方面体现了孝妇河流域的发达程度，另一方面也是出于德国人对孝妇河流域内丰富的矿产资源的觊觎——德国人要求在铁路沿线15公里之内享有开发权，其规划的线路恰巧经过了博山最繁华的地区，也是各种矿产资源最集中的地区，其中就包括了拥有博山煤炭、铝土、铁矿最多储存量的黑山。

八陡庄位于孝妇河源头之一的岳阳河谷地，横跨岳阳河南北两岸，北岸依黑山而建，黑山山脚坡度平缓，自山腰而上则极为陡峭，因此黑山一侧的聚落发展自岳阳河谷延至黑山山腰后就再难以继续往上了；南岸地形则更加复杂，其村落范围自岳阳河向南至五阳山而止，此间陡坡与大小山头众多，地势起伏不平，因此南岸的整体建筑风格不如北岸整齐平整、一目了然，而是高低错落、散落其间，就连房屋朝向也因山体变化而东西有别。八陡庄受地形条件限制，只能往东西方向扩展，因此该地区空间分布的特色与整个博山城无异，都集中于河谷地带，狭长分布。当地民众曾这样形容八陡庄大且狭长的特点:“八陡大街五里长,家家都有罗汉床。”“东庵到西庵五里长,打尖住店的排成行。”句中的“东庵”与“西庵”分别指代位于今东顶村的东庵以及位于今虎头崖的土地庙,两个庙宇恰巧居于八陡大街的两端,那时候的八陡作为一个村落竟然能够拥有一条2.5公里长的大街,足见其村庄规模之大。

八陡大街的标牌

八陡庄虽然依水而建,但随着社会经济的发展,传统的以粮食种植为主的农业生产模式在这片多山又贫瘠的土地上逐渐被新兴的工场手工业所取代,村落对水的依赖也相应降低了,此消彼长,路开始在当地经济发展和民众生活中扮演重要角色。

八陡大街对于博山甚至鲁中地区来说曾是一条非常繁忙的交通要道,其在相当长的历史时期内是博山通往沂源、蒙阴、沂水、五莲、临朐等地的必经之路,是勾连鲁南与鲁中地区的重要通道,同时也是省内东西向大动脉——“青兖古道”的重要组成部分。

老八陡大街一段

当时的八陡大街全由青石铺就，最初八陡大街主要承担博山往来沂源的货物运输，来往的马车并不多，主要的货物运输工具为人力独轮推车，推车周身包括轮子都为木制。一个男性劳力平均可以推300公斤货物，主要运送的货物为博山的煤炭以及沂源的棉花、花生、地瓜等农作物。由于货物重、车辆多，久而久之，八陡大街中心地带的青石板上竟形成了一条宽约10厘米、深约5厘米的车辙。后来，独轮车被装载货物更多也更轻便的木制板车所代替。再之后，随着去往青州、临沂等中远距离运输线路的开通，马车逐渐成为最主要的交通运输工具。

20世纪60年代，解放牌大卡车开始多了起来，这些大家伙的到来让原本宽阔的八陡大街显得狭窄无比，在有些路段甚至无法容纳两车并排通过，八陡庄的老人们年轻时候几乎人人都有指挥不熟悉路况而“顶了牛”的大车错车的经历。往来的客商物流使得大街整日熙熙攘攘、热闹非凡，同时也带动了当地旅店、饭馆、茶社、流动摊贩甚至钉马掌、“扛大个”等大大小小的服务行业的发展。现青石关村周家的发迹和兴盛就与八陡大街的存在有关。

据1939年出生的周庆栋回忆，周家自山头迁至八陡庄的时候分为两支，两支都在今青石关村的地界内安了家，一支住在村里，一支在八陡大街东段的石桥附近。相较于东庵一带的陈、魏两姓，周家一直比较弱小，没有土地的他们与戴、丁、岳、孙等小姓一样靠租种陈、魏等地主家的耕地生活。清末民初，随着八陡庄对外交往的日益繁盛，往来客商逐渐增多，与周庆栋祖父同辈的周兰元、周兰宝兄弟二人在石桥两边分别支起卖面条和包子的摊位，打算做点小本生意，却不想短短数年就赚了个盆钵满盈，引得周姓族人纷纷效仿，最终都或多或少赚到

新修建的文姜大道纪念碑

了钱。后来他们开始扩大经营，石桥先后出现了5家吃住一体的客栈，都为周家人所开，另有若干卖油饼、豆腐脑、锅饼等的摊位。石桥周家一下子强盛了起来，石桥也因此而被改名为“周家桥”。在村内安家的另一支虽然在物质生活与劳作模式上并没有多少改变，其在村落里的地位却也因为石桥周家的繁盛而高了起来，周家借此一举成为仅次于在八陡庄东段深耕数百年的陈、魏两家的村内大族。

八陡大街对于八陡人的意义，与其说方便人们出行，不如说为八陡的民众提供了一个足不出户就能与外界随时交流、及时了解并接纳新鲜事物的机会。20世纪七八十年代，随着车辆的普及，八陡大街已经难以提供相应的车容量与承载量。近年来，八陡镇在八陡大街往北近百米处新修了双向六车道柏油马路，取名为“文姜大道”，完全取代了八陡大街过去的荣耀，成为八陡镇最新的中心主路。

另外，八陡庄的文化人将村落的建筑风物和人文风情用一串数字概括了出来，分别为“两孝、三半仙、四多、五龙、六村、八陡、九槐树”。其中“两孝”分别为王让和颜文姜，一孝为官，一孝为神。“三半仙”分别为北河口的半仙之体邋遢张，传说邋遢张会分身术，让分身给八陡庄所有的财主当长工，致使满地里都是邋遢张的身影，真身却天天在岳阳河边晒太阳；黑山下的半仙之眼丁老爷，传说丁老爷能辨阴阳，一眼识别出装扮成人赶八陡集的狐狸精，现黑山上还存有丁老爷的墓碑；周家桥的半仙之医周贵山，传说周贵山大字不识一个，天天侍奉鬼神，偶然间获得神授天医妙方，随即能手写100多张药方，成为当地名医。“四多”则指八陡庄庙多、井多、桥多、槐树多。“五龙”指的是位于今青石关和东顶二村的五龙溪，五龙溪是岳阳河的重要支流，在青石关东顶一带由五条溪流汇集而成，五条溪流时而流于青石之上，时而隐没丛草之间，蜿蜒曲折似五条神龙一般，故得名。“六村”“八陡”前文已有介绍，不再赘述。“九槐树”指的是八陡庄曾经拥有的九株古槐，皆为唐朝所植，只可惜现今只剩下两株：一株位于青石关村观音庙门前，一株位于青石关山神庙。这些名人和风物在外人看来有真有假、半真半假，但村里人尤其是老人群体在描述这些文化的时候从来不去关心它的真假，而是切切实实把它们当作这个村落的真实历史去描述和理解。

见证沧桑变化的八陡站

对于八陡庄，除了八陡大街之外，还有一条路不得不提，那便是博八轻便铁路。博八轻便铁路是在八陡投资煤矿的日照商人马官和（1875～1936年）筹集40万元资金于1921年建成的，自八陡起沿岳阳河河道经石炭坞、窑广、山头、神头直抵博山县城至博山站止，与胶济铁路张八支线连在一起，全长10公里左右。修建的主要目的是将八陡庄的煤炭输送到博山站，然后由博山站通过胶济铁路运往全国各地。

博八轻便铁路的轨距最初仅有60.96厘米，铁路由人力推送车厢运煤，因路窄坡陡而事故频发，效率低下。1923年，马官和追加投资对其进行改造，但博八铁路却在1925年后因连年战乱而不断亏损，最终于1936年被卖与胶济铁路管理局。后者于1937年6月按照胶济铁路张博支线的标准予以改造，命名为“博八支线”，然而却又遇上抗日战争的全面爆发，南京国民政府下令将张博、博八支线的主体工程全部摧毁以阻止日军。经日军抢修，博八支线于1941年重新通车，并开始为日本的侵略活动服务，此后当地的抗日武装又多次破坏铁道，使得铁路数次停运。解放战争时期，国共两党的军队反复争夺博八支线，一方夺得控制权必定对铁道进行抢修，而另一方却也必然前来破坏，直到1948年之后才稳定下来并一直发挥着作用。

中华人民共和国成立以后，随着黑山煤矿不断扩大规模以及客运列车

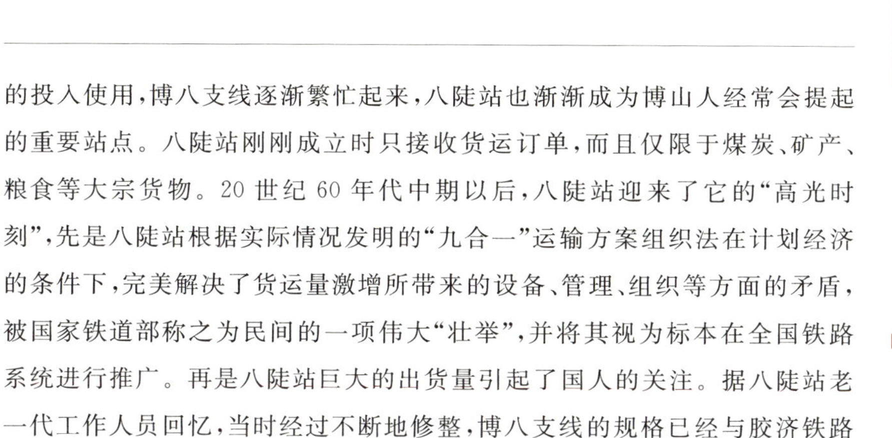

的投入使用，博八支线逐渐繁忙起来，八陡站也渐渐成为博山人经常会提起的重要站点。八陡站刚刚成立时只接收货运订单，而且仅限于煤炭、矿产、粮食等大宗货物。20 世纪 60 年代中期以后，八陡站迎来了它的“高光时刻”，先是八陡站根据实际情况发明的“九合一”运输方案组织法在计划经济的条件下，完美解决了货运量激增所带来的设备、管理、组织等方面的矛盾，被国家铁道部称之为民间的一项伟大“壮举”，并将其视为标本在全国铁路系统进行推广。再是八陡站巨大的出货量引起了国人的关注。据八陡站老一代工作人员回忆，当时经过不断地修整，博八支线的规格已经与胶济铁路一致，因为黑山优质的煤炭资源在全国范围内热销，八陡站每天需发车 10 余次，每次都能装满整整 20 个车厢，八陡站“日运二百火车皮”的名号就此打响。20 世纪七八十年代，黑山煤矿资源枯竭终至停产，并于 80 年代初迁往兖州，八陡站大受影响，物流方面出货量大幅度减少，仅仅依靠客流又不太容易回本，最终出现了难以为继的局面。不过八陡站与博八支线也并未就此退出历史舞台，而是近百年来一直坚持运营，服务于当地民众，直到最近两三年才完全停止运营。

如果说八陡大街让八陡、黑山的民众颇为“被动”地感受到了南来北往不同文化的差异，增长了见识，开阔了视野，那么博八支线与八陡站则为当地人提供了一个主动走出去的机会。一来一去之间，当地人的日常行为习惯、价值观念、文化个性等方面已经发生了潜移默化的改变。路不仅仅作为连通外界的渠道而为当地人提供了出行的方便，还作为连通外界的场所为他们展现出了一个充满了新鲜感的外部世界，因此路对于当地生活空间的维护与发展发挥着重要的作用。

四、王让故居与魏家大院

八陡庄连同西邻窑广、山头等地至今还保留了大量的明清建筑，这些老宅子大多为砖木结构，以青砖垒墙，黛瓦铺顶，木制四梁八柱作承重。旧时一般家庭大多是一排三间平房，中间为厅，两边为厢房，厅后为灶，这种被称为“长条老三间”的建筑式样布局简单而又合理，是当地最常见的样式。穷困之家也尽量保留长条老三间的样式，并以稻草代替黛瓦铺房顶，以黄泥坯

青石关村的老房子

代替青砖垒墙，用黄泥坯搭的墙一般比较厚，有的地方厚度可达 1 米，所以它的优点是冬暖夏凉，缺点是采光不足，屋里时常昏暗。稍微富裕一些的家庭则喜欢住简单的或者微型的四合院，传统的劳作模式需要劳动力，反过来说劳动力多的家庭一般家境都比较殷实。他们一方面拥有建造四合院的资本，另一方面也是出于家庭人员较多的现实情况而做出的空间选择。村落中的大地主、豪绅、商人、买办等豪门阶层往往喜欢修建一所花园式的几进几出的嵌套式大四合院，这种四合院往往结构复杂，同时还不放过一丝一毫的可雕琢空间，于细节处彰显品质。不过，因为年久失修和时代的发展，这些房子即便保留了下来，也已经很少有人在里面生活了。值得庆幸的是，地方政府并没有随意处置这些空房子，而是最大限度地保留了它们原有的状态，这成为当地的宝贵财富。

八陡庄明清时期的古民居中最具代表性的有两处：一处是明初修建的王让故居，位于今八陡镇北河口村内，是明初尚书王让的故宅，现为淄博市重点文物保护单位。王让故居虽并不在青石关村，却在青石关村民们的历史记忆中占有重要位置。如村民陈维修回忆道：

王让故居为啥国家出钱保护呢？一个原因是王让是个名人，他是

王让故居主楼

皇帝的老师嘛。再一个就是王让故居是个老宅子。你看看现在咱们这一带哪有什么老宅了？这基本上就是最老的了。其实还有一个原因，就是王让跟咱们这颜奶奶一样，是出了名的大孝子。他本来就是因为孝顺才被皇帝看中当了官，所以国家也是有目的的，就是让咱们去学习王让。我这一走一过看到王让故居我就立马想起王让孝顺母亲的故事。

还有一点，王让故居在抗日那时候也是出过不少力呢。抗日战争时期，日本鬼子天天来扫荡。那时候，家家户户还存有点东西。为了不让日本鬼子祸害了，就得想办法。王让家老宅子有个地下暗道（实际上是地下室），俺父亲他们就把东西都藏到暗道里去。日本人心狠啊，他们跟你们不讲横竖，说打就打，说杀就杀，好端端的看到就给你一枪。没办法，这不他们来了，俺这些小孩加上妇女就藏到宅子里，把窗户封上，这宅子墙厚，说是得有1米多，还都是钢砖，日本鬼子用枪用炮都打不透，气得他们没法治，用炸弹炸了一个屋角去。要是没有王让故居，还不知道得没多少东西、死多少人咧。①

① 讲述人：陈维修，男，青石关村人。时间：2014年9月28日下午。地点：青石关村五龙桥陈维仕老家。

王让故居的地下室入口

另一处古民居则位于青石关村内，是村里大姓之一魏家的宅院，村里人称之为“魏家大院”。传说魏家大院为魏域范、魏域魁两兄弟及后世子孙所建。根据《魏氏世谱》记载，魏域范的长子魏孔彰于清咸丰十一年(1861 年)出任博山县东南路总团保，可见魏家大院大约形成于清朝中晚期。魏家大院位居五龙溪所围成的扇形中央高地，全盛时期拥有正院、偏院共 8 个，房屋 80 余间，面积近 1 万平方米，全院采用对称布局，青砖黛瓦，雕梁画栋，门楼高耸，飞檐翘角，轩昂壮丽。魏家后人还于光绪元年(1875 年)在大院南边修建了魏家南书房，为历代子孙读书习文之所。

时至今日，魏家大院和魏家南书房早已经被普通的现代民居蚕食殆尽，剩下的也仅仅只是残垣断壁，但从青石关村现今仍保留的对某些特定地段的称谓——如“魏家胡同”“魏家门楼”“魏家前门”“魏家后门”“魏家板房”等中可以想象得到魏家曾经煊赫一时。对于像王让故居、魏家大院这样的古民居，当地的村民们尤其是魏家的后人当然拥有着许多口耳相传的故事，它们共同构成并勾勒出了一处宅院、一个家族、一个村落、一片地域的历史。

1948 年，八陡随博山城一起赢得第三次也是最终的解放，民众口中的解放军政府又一次建立起来，政府将当地地主大户的大宅院没收、分割，然后分配给贫农们居住，同时还帮助没分到房子的住户修缮和改建住宅，从而在一定程度上从居住空间方面消除了因贫富有别而形成的心理差距。后来随

曾经辉煌的魏家大院如今也只剩下了残垣断壁

着社会的发展，尤其是改革开放以后，村里外出经商的人增多，贫富差距又一次在住宅上显现出来，赚到钱的村民开始改建房屋，镶着好看的瓷砖和铝合金门窗，有着气派的大门和干净的水泥地庭院的楼房逐渐增多。但与此同时，一直贫穷的或者不愿意折腾的老人则依然艰难维持，始终住在低矮、逼仄、阴暗的农家土房中。现代化的楼房、土房以及明清古民居在社区中的杂糅虽然在外人看来非常别扭，但是对于当地人来说，他们早已习惯了这种不同时期的历史印迹并处同一时空的现象。

近几年来，八陡镇政府开始实施“村居改造”工程，青石关村也盖起了现代化的社区，整齐的单元楼几乎与城市无异，大部分村民都搬进楼房过起了社区生活，村落里更多的老宅子空了出来。正如村里人所说：“老宅子越不住人就越住不了人。”意思是老宅子本来状况就不太好，要是没有住在老宅子里的人时常不经意地拾掇拾掇，很快就会破败，尤其是在暴雨、冰

电表被拆掉意味着宅院已经彻底无人居住，在青石关的老村中这样的现象很常见

雹、大雪、大风等恶劣天气的影响下，容易出现危险，成为危房，导致无法继续居住。另外，各村修建的小区一般都位于村落边缘，封闭式的小区、密封式的楼房以及电视、电脑等现代化的休闲方式让人们乐于待在家里，所以在当前环境和人们心态的双重变化下，虽然近年来这里并没有出现大规模的外出或者进城的热潮，但当地的村落还是出现了一种与空心化村落在日常空间呈现上相类同的现象。但类同并不是等同，如果能以旁观者的姿态看完这里日常生活的整个时间序列，你就会发现，这个村落从来都没有像它呈现出来的那样衰落，而是充满了生机。

青石关村内现代化住宅和旧民居并存

很多老房子经过内部装修后仍旧在使用

第二章 工业化的记忆

与博山城早期以煤炭、铁冶、陶瓷为三大支柱产业一样，青石关村最早兴起的工业也是上述三种。据史料记载，大约唐代末年，八陡庄附近的周家地、田家地、走马岭等地就已经有私人开采的煤井，现今八陡镇及其周边地方发现的唐代煤井遗址竟有5处之多，对于青石关村的老人们来说，对他们影响最深的煤矿是早已关停近40年的黑山煤矿。而八陡的陶瓷业据传也是兴起于唐代，在宋代走向繁荣，从青石关村往东走不到1公里，就会发现一处宋代古窑遗址。清末民初，八陡庄窑场生产的陶瓷醋瓶因瓶口收得好而名噪一时，至今十里八乡仍流传着“八陡的醋瓶——好嘴儿”的歇后语。相比较之下，八陡的铁矿开采、冶炼与铁器加工业起步较晚，约起源于清朝初年。其中，八陡的铁器加工业主要以打制农具为主，青石关村陈家祖辈打制的镰刀最为出名，代表了八陡铁器加工的最高水准。

一、黑山煤矿

冶铁业与陶瓷业之所以在博山蓬勃发展，除了博山拥有丰富的原材料之外，还与博山地区煤炭的高储备量和悠久的开采史有关，煤炭是冶铁和烧制陶瓷最优质的燃料，博山是淄博乃至山东的煤炭主产区，也是淄博地区目

前为止已探知的最早进行煤炭开采的地方，开采的具体地点就在八陡庄的黑山一带。根据当地民众的口述，黑山一带很早就有人沿着黑山山岭上裸露出地表的露头煤开始往下挖掘开采煤炭，采过煤的地方就随着山岭的走向形成了一条条弯曲狭长的痕迹，远远望去像是给黑山画了一条条的边，因此人们称之为“边边地”，边边地的历史最早可追溯到唐代。第一次世界大战结束后，日本夺取了德国在山东的权益，将胶济铁路沿线区域视作其势力范围。在占领期间，日本驻青岛守备军及南满铁路株式会社都曾多次前往博山调查，在形成的调查报告中也认可博山地区早在唐代就有采煤业的说法：“博山煤田开发的经过虽然在正史中很难找到依据，但是根据当地从古至今传承下来的话语，唐朝的时候，这里就已经有了陶瓷制造业了……山东省陶瓷制造业的发达促进了作为燃料的煤炭的开采。”[①]这篇调查报告对博山采煤业的追溯所依据的仍旧是当地民众代代传承下来的口述资料。

另外，当地还有“周田二地走马岭”的说法，指的是解放初期淄博矿务局对淄博境内的古迹遗址展开调查，其中在八陡庄黑山附近的周家地、田家地、走马岭三处发现古井5座，当时淄博矿务局也将其划定为唐代古井。由于时间久远，其划定的依据是经过了严密的测算还是与当初日本人一样采纳了当地人的传言已无可考，而且三地的名称早已经发生多次变化，具体的地址已经没有人能说得清楚，古井遗址也早已消失，所以黑山采煤业始于唐代的说法始终缺乏历史实证。但文字历史未必是真，口耳相传的古话也未必是假，至少在当地百姓和一部分地方文化工作者心中，采煤业起源于唐代的说法已经得到了他们的普遍认同，并且成为他们构建和维护地方社会的重要历史材料。

博山的采煤业在宋代迎来了飞速的发展。民国续修《博山县志》记载：“（博山）自宋代就有用煤炭下层之土制粗瓷碗盆以供人需用者。”[②]通过1976年的考古发现，博山和淄川境内有许多窑场已经开始以煤炭作为燃料烧制陶瓷，其所用的窑炉都是针对煤炭的性状和燃烧特点经过改良了的“煤烧炉”，与传统的“柴烧炉”有着很明显的差别。从全国范围内看，石炭在南、北

---

① （民国）青岛日本商工会议所：《山东之物产·石炭》，青岛日本商工会议所1927年发行，第55页。

② （民国）王荫桂等修：《续修博山县志》卷七《实业志》，1937年。

宋时期已经走进百姓的日常生活中，“石炭自本朝河北、山东、陕西方出，遂及京师”[①]，“昔汴都数百万家，尽仰石炭，无一家燃薪者”[②]。因此，朝廷决定允许煤炭进入市场进行买卖，后来又在各地的煤炭主产区分别设置“务”和“场”，其中“务”是煤炭交易的监管和税收机构，“场”则负责“采纳出卖石炭”。黑山以西2公里处有一名为“石炭坞”的村落，隶属八陡镇，石炭坞的“坞”应该是由“务”演变而来。

元政府严禁民间私自开矿，所有的矿井都只能由官府开采和管理，因此民间采煤业一度停滞。直到明朝初年，政府管控松弛，采煤业才得到了进一步发展，煤炭被广泛运用于陶瓷、冶铁、硝磺、琉璃等手工业生产中。

清初，政府又开始在煤矿区施行禁采政策。至康熙年间，清政府的统治比较稳固之后才慢慢放开，但王朝仍然采取了比较谨慎的态度，“其久经开采地方，分别开采；其未经开采者，禁之”[③]。不过，随着商品经济的迅速发展，允许民间自由开矿已经是社会经济发展的必然要求，政府的保守政策在推行的过程中受到了各地矿区的顽强阻挠，许多地方官员为了维持区域的稳定往往会选择听之任之，中央政府的政令实际上已经成为一纸空文。乾隆五年（1740年），山东巡抚朱定元连同工部尚书哈达哈一同上奏朝廷：“凡产煤之处无关城池及古昔帝王圣贤陵墓，并无碍堤岸通衢处所，悉听民间自行开采，以供炊爨，照例完税。”[④]奏折被批准后，山东各地煤矿开始得到大规模的开发。当时博山地区的采煤业已经出现了明显的分工，有许多大地主或者商人、官僚通过各种形式投资采煤业，与下井采煤的普通民众形成了带有剥削性质的雇佣关系。正如乾隆十八年（1753年）《博山县志》所记载的那般：

> 博山地寡民贫，多凿井穿洞以资其利，盖自昔然矣。迄于今，凿者愈众，得者常艰，生涯亦少促焉。抑又闻之，里中武断，取山场，纠众敛钱攻采，其主事者必曰井头，率徒下攻者曰洞头，收发钱财者曰账房，此三人者权莫大焉。输钱出分者，谓之攻主。[⑤]

① （宋）朱翌：《猗觉寮杂记》卷上，中华书局1985年版，第17页。
② （宋）庄季裕：《鸡肋编》卷中，中华书局1985年版，第62页。
③ （清）张廷玉等撰：《皇朝文献通考》卷三十《征榷考》五。
④ 淄博矿务局、山东大学编：《淄博煤矿史》，山东人民出版社1986年版，第13页。
⑤ （清）富申等修：《博山县志》卷四上，清乾隆十八年（1753年）。

黑山矿区所产之煤与博山其他地区的煤炭在质地上有所不同，博山的煤炭按照煤质可分为三种：一种是博山东南山区所产的"大山煤"，以火力强、火焰大、高黏结性为特征，其中尤以黑山矿区的"煅石炭"为最佳。煅石炭，顾名思义，指宜于金属锻造和陶琉冶炼的煤。一种是博山城区的"小山煤"，小山煤恰与大山煤相反，火力弱，火焰小，黏结性低，适用于日常生活。再就是博山东北部的"东山煤"，其性质介于大山煤与小山煤之间。这三种煤中以大山煤的性状最优，将大山煤经过特殊程序加工就会成为焦炭，焦炭纯度高，燃烧好，火力非常强劲，是当地陶瓷业和冶炼业所需燃料的最优之选。因此，相较之下，明清时期黑山矿区的发展最为迅猛。据日本南满洲铁道株式会社矿业部矿务科所作《山东省矿业调查报告》记录，受制于简单粗放的开采方式，所开采的煤田"最深处不过百尺左右"的前提下，预估黑山矿区"全炭量的五分之一已经被挖掘出来"①。

1840年第一次鸦片战争以后，中国的大门被迫打开，外国资本主义势力开始侵入中国并纷纷划定势力范围。为了能够长期在华统治与开发，外国列强首先看中的是中国丰富的矿产资源与能源，曾为德国殖民主义服务的著名地质学家李希霍芬就是为了考察煤田而专程来到博山的。1882年，回国后的李希霍芬向德国政府建议强占胶州湾，建立山东铁道，从而"控制整个华北海面煤的供应"②。1897年11月，山东曹州巨野发生了两个传教士被杀的事件，德国以此为借口派军舰强占了胶州湾。次年3月份，德国政府与清政府签订了不平等的《胶澳租界条约》，要求"于所开各道铁路附近之处相距三十里内……允许德商采掘煤炭等项及须办工程各事，亦可德商、华商合股开采"。1899年，胶济铁路开始修建，1904年全线竣工，同时竣工通车的还包括张店到博山的胶济铁路博山支线，从此依照德国"盖我铁路所至之处，即我占地之所及之处"的"筑路圈地"的原则，包括黑山矿区在内，山东济南、淄博、潍坊等煤炭主产区的矿产开发权悉数落入德国人手中。

德国在山东的疯狂掠夺激起了民众的愤怒。1907年，山东当地的民众开始联合起来对抗德国，要求废除德国拥有铁路沿线15公里内开矿权的不

① 南满洲铁道株式会社矿业部矿务科：《山东省矿业资料》，南满洲铁道株式会社矿业部矿务科1914年发行，第91页。

② 淄博矿务局、山东大学编：《淄博煤矿史》，第37～38页。

合理条款。在各方的努力下，1911 年，德国政府被迫宣布解约，保留坊子、淄川等地的矿井，将博山等地的部分矿井归还中国，这让山东的民族资本获得短暂的喘息之机。民族资本家开始纷纷投资煤矿，其中位于八陡和黑山矿区的就有信成煤矿、吉成煤矿、同兴煤矿、博东煤矿等几家大型煤矿，而其中的信成、吉成等煤矿已经率先使用机器进行作业。根据日本人撰写的《山东省矿业调查报告》，采用机器生产的民营煤矿规模还是非常大的，他们将此称之为“用西洋的方式获得煤炭”（洋式稼行ノモノ），以区别于传统的“用本土的方式获得煤炭”（土式稼行ノモノ）。在他们的实地调查中，淄博的洋式开采矿井“采用机器设备，规模较大，工人在 500 人左右，有高家岭、后池、八陡庄……等 7 个矿井”①。

第一次世界大战以后，日本趁机攫取了德国在山东的权益，日本接管淄川矿区以后，限于兵力不足的困境，无法一口吞下博山煤矿这块肥肉，于是采取了鼓励日本民间资本向博山矿区渗透的策略。日商利用民营煤矿普遍缺少资金这一契机，逐渐窃取矿权。黑山信成煤矿就是从民营煤矿变为日本独资煤矿的最有代表性的例子。信成煤矿是清宣统元年（1909 年）八陡（今属青石关村）人岳汉同与博山城里人徐超共同筹办的，黑山矿区因为所产煤炭质地最优，储量也最丰富，而很早就引起了日本人的注意。从 1916 年开始，日本商人先后往信成煤矿投资了近 10 万元，后来因徐超违约，日商所在的东和公司趁机以欠款逼迫徐超重新订立租借合同，获得了信成煤矿的经营权，并将矿井收为己有，民族工业信成煤矿最终转变成为日商独资、独立经营的“博东公司”，而这其实也是 1949 年后成立的黑山煤矿的前身。这种行为连日本人自己都承认，“东和公司凭借这种方式获得了煤矿的租借经营权，这在关于外国人对中国矿山的经营方面是不合法的”②。当然，日本对博山地区的经济侵略绝不仅限于此，尤其全面侵华战争爆发以后，日本侵略者再也不遮遮掩掩，开始以直接占领、胁迫等方式赤裸裸地掠夺博山地区的煤炭及其他矿产资源。据不完全统计，日本仅在 1937～1945 年就从博山运走了超过 1000 万吨煤炭。

国共内战期间，博山的民营煤矿仍旧惨淡经营，1948 年，博山城最后一

① 南满洲铁道株式会社矿业部矿务科：《山东省矿业资料》，第 74 页。

② 满铁产业部：《山东矿山权益调查》，1937 年。

次解放时，整个博山仅有5家民营煤矿还在维持，少量生产百姓日常生活所需之煤。中华人民共和国成立以后，博山区的煤炭产业才迎来了复苏，它们凭借外国资本留下的硬件和底子迅速重新崛起。其中黑山煤矿于1948年复立，经过多年的发展规模不断扩大，曾一度是八陡最大的国有企业，煤矿最鼎盛时曾经有大型工人俱乐部，据传曾邀请过梅兰芳先生来煤矿上演出。黑山煤矿全盛时期，甚至连装卸都来不及，于是煤矿就雇佣了八陡庄很多农民当装卸工，他们平时在家务农，煤矿需要时就来工作，工钱按天结算。装卸工们为了尽量多做工，往往会让自己家的孩子当通信员。有村民告诉我们：

> 我10来岁的时候，父亲在黑山煤矿干装卸。他平时在家里等着，只要管理员拿大喇叭一广播“装车了、装车了”，他们就得赶紧跑到八陡火车站装车，有时候怕听不见耽误挣钱，我父亲就让我提前去八陡站待着，只要一看到有炭来了，我就立马跑回家把我父亲喊过来，当时有好几个小孩子像我这样等着，我们还成了好朋友。[①]

20世纪70年代的煤矿工人(图片采自博山区政务网)

20世纪70年代末，黑山煤矿所蕴藏的煤炭基本被挖空，一种悲痛的气氛笼罩在黑山煤矿的上空。黑山煤矿的工人陈维仕直到今天回忆起那段日

① 讲述人：陈立广，男，青石关村人。时间：2015年10月10日。地点：八陡11路公交车终点站。

子还感觉揪心，那种眼睁睁看着煤矿失去价值的感觉就如同看到亲人油尽灯枯、即将离世一般难受。20 世纪 80 年代初，黑山煤矿宣告停产，公司搬迁到兖州。陈维仕清楚地记得在关停设备的那天，时任煤矿副厂长的李明珠沉重地说了声："我们的黑山煤矿，老了！"随即围观的工人群体中传出了阵阵啜泣的声音。在八陡"老了"是对老人去世的隐晦说法，他们像对待自己的长辈那样将寿终正寝的黑山煤矿送走，同时也将自己的青春、热血、汗水一并送走了。黑山煤矿关停以后，黑山周边的繁华不再，装煤炭的车厢被运走，八陡站的铁轨也生了锈，黑山一侧的煤堆不几年就长满了荒草。黑山煤矿对于当地人来说不仅是他们以及他们的父辈祖辈工作过的地方，还是一种时代文化象征。它既参与了八陡的历史经济变迁，见证了中华人民共和国第一代工人群体的诞生，又生发出了特有的矿区文化，所有这些都深刻影响了当地人的生活节奏、身份认同和文化心理。

二、八陡醋瓶

博山是我国五大陶瓷产地之一，素有"陶瓷之都""北方瓷都"等称号。博山制陶的历史非常悠久，据考古资料，早在新石器时代晚期，博山就已经开始制造和使用薄如蛋壳、漆黑光亮的薄壁黑陶，黑陶是龙山文化的重要组成部分。到了宋代，博山的陶瓷业已经具备相当大的规模："自宋代即有用煤炭下层之土制粗罐、碗、盆以供人需用者。"[①]博山城东的北岭村在宋代本是一大片窑场，其形态特征据传与福建浦城县著名的大口窑村窑相当。宋熙宁年间，北岭村的窑民还集资建了一座颇为气派的窑神庙。窑神庙作为当地最重要的行业神，博山各乡镇所供窑神及其庙宇一直被当地人尊崇和守护至今；作为地方重要的民间信仰形态与文化标签，窑神信仰和窑神庙在当地每一个老百姓心中都拥有着不可磨灭的记忆。宋朝年间博山制作的瓷器主要以碗杯、盘碟、头枕等日用生活用品为主，釉色虽以白釉为主，兼有黑釉和青釉，但却尤其擅长烧制"雨点釉"与"茶叶末釉"，其中釉面呈失透状，釉色黄绿掺杂似茶叶细末的"茶叶末釉"为当世之一绝。元代正大三年（1226 年），蒙古军队

① （民国）王荫桂等修：《续修博山县志》卷七《实业志》，1937 年。

进驻山东。蒙古大军向来奉行“汉人无补于国，可悉空其人以为牧地”的策略，于是博山的大小窑场均遭到不同程度的破坏，大多数窑场不得不停产歇业。直到忽必烈即位以后改变了对待汉人“悉空其人”的决策，博山各个地方的窑场才逐渐恢复。不过因为战乱的原因，“雨点釉”与“茶叶末釉”的制作技艺在整个山东地区都已经失传。

明清时期，博山已经发展成为山东省陶瓷制作与流通的绝对中心。明嘉靖年间，博山的窑业繁盛一时。冯琦《重修魏公祠记》云：“颜神之山盘纡而中裂，水出文姜故址者绕其下，撅土坟而埴，宜陶，陶者以千数，青以西、淄莱新益之间，斯一都会也。”①入清以后，尽管顺治五年（1648 年）的大水灾让窑场遭受到了毁灭性的打击，致使博山的陶瓷业一度非常萧条，但至康熙年间，博山的窑业又得以重新繁荣，窑民们还特别设立了大规模的窑货市场，供周围乡县的人们前来选购。乾隆年间，博山的北岭、八陡、山头、务店、窑广、福山、大街南形成了当时博山的七大窑场，《山东通志》形容博山的陶瓷业为“其利民不下于江右之景德镇矣”。光绪三十年（1904 年），德国人修建的胶济铁路全线通车，沿线窑场开始尝试用铁路运输瓷器，从而扩大了博山陶瓷的销售区域。光绪三十一年（1905 年），山东官府出资在博山建立博山工艺传习所，专注于研究制瓷技艺的改良和推广，传习所的陈希龄经过不断尝试，于宣统年间重新做出了宋金时期流行的“茶叶末釉”，并恢复了其制作技艺，在整个中国引起了巨大轰动。民国时期，博山的窑场数量已接近 200 座，工作人员达 6000 多人。在日本全面侵华战争爆发之前，有一大批日本人以各种身份来到博山进行考察，同时筹划与当地人一起合办公司，如日华窑业株式会社等等，试图逐渐控制和垄断当地的主要产业。此后由于战乱，博山的窑场又一次全面关停，直到中华人民共和国成立后才逐渐恢复起来。

关于八陡地区陶瓷业的发展，文献记载时间最早的应该出自博山《薛氏族谱》的记载：“始祖讳德祥，字云堂……陶于八陡，捐员外郎。故于宋仁宗六年（1028），卜葬山头庄西为茔。”②另外，位于今东顶村内的八陡东庵古窑遗址被认定为北宋年间的窑场。而黑山一带则有着更大规模的宋金古窑，

---

① （民国）王荫桂等修：《续修博山县志》卷十三《艺文志》，1937 年。

② 王长永：《我对山头窑业历史的探究》，中国人民政治协商会议博山区委员会编：《博山陶瓷琉璃文化》，天津古籍出版社 2008 年版，第 67 页。

2002年，八陡镇在修建镇中心路时于虎头崖村范阳河南边高地上发现了整体面积达4万平方米的虎头崖古瓷窑遗址，并出土了一大批古陶瓷文物。这些都足以证明北宋时期八陡窑场的繁盛。宋金年间，从博山大街南窑场往东南方向经山头、窑广至八陡10公里的范围内窑场遍布，这在北方地区一时无二。

元末明初，连年的战乱致使山东地区的窑业陷入停顿，只有为数不多的窑场还在坚持，其中就包括八陡窑场(除此之外还有福山窑场，福山窑场所在地福山镇于1984年并入八陡镇)。八陡窑场在勉强维持的同时，不得不改变生产工艺和产品，放弃了费时费力的艺术性陶瓷制品，仅保留了工艺简单、价格低廉的日常用品，当时的陶瓷制品大多比较粗糙，产品类型也比较单一，基本只供当地人使用。后来随着博山琉璃业的发展，大批的琉璃制品开始代替陶瓷制品，在这种情况下，八陡和博山的陶瓷业并没有因战争的休止而重新恢复到宋金时期的最高水平，反而继续保持了低质走量的生产和销售模式，因此也导致了“茶叶末釉”“雨点釉”等高端瓷器的制作工艺再次失传。

黑山上供有遥神爷爷神位

博山明清时期的陶瓷制品以碗、盘、缶、罐、瓶为主，用以供应当地农户使用。《颜山杂记》云：“孝乡之瓷疏土也，其用农氓也而不为贵也。”[①]不过在明成化年间，八陡窑场曾盛产一种颇为高档的瓦当——琉璃瓦，琉璃瓦不同于普通陶瓷制品，是用马牙石、干子土等原料按照不同比例混合后烧制而

① (清)孙廷铨：《颜山杂记》卷四《物产》，清康熙五年刻本。

成，呈现出浅紫、绿、黄等不同的色泽，因工艺复杂、成本高昂而专供皇室或达官贵人使用。八陡庄一直以来都流传着八陡琉璃瓦曾被衡王亲自选中，用于建造北京和青州的衡王府的历史传说。2008 年，八陡镇东顶村在修路时挖出了七八处古代的琉璃瓦窑，随同被发掘的五爪龙纹琉璃瓦当绝非平民百姓所用之物。事实上，早在 20 世纪 80 年代，“时任《博山文物志》主编的钱殷之先生，曾将八陡琉璃瓦和衡王府琉璃瓦作过实物比较，发现其胎质和釉质毫无二致。‘又询之土人、衡王府砖瓦实取资于此’”①。当时，博山不同地方的窑场已经依据陶瓷的种类出现了明确的分工，“孝乡之瓷出于山头、务店者碗钵为多，出于邀光（今窑广）者罐为多，出于八陡者瓶缶为多，出于西河者鱼缸醯瓮为多”②。至于其原因，乾隆《博山县志》从各地土质的特性方面作出了如下解释：“博山疏土宜陶，因地而异。务店土性坚，宜烧制瓮和盆；山头土色亮，宜烧制碗和杂器；八陡土质细，宜烧制罐和瓶，用来盛水不渗漏。”

废弃的古窑

① 马传政：《青州衡王府与八陡琉璃瓦》，《博山陶瓷琉璃文化》，第 106 页。

② （清）孙廷铨：《颜山杂记》卷四《物产》，清康熙五年刻本。

位于今八陡镇北河口村的八陡窑大致建于清中期以后，原名为“东窑胡同”，又名“玉祥窑”。专门从事酒瓶、醋瓶等的当地人称之为“大肚小口瓷嘟噜瓶”和“长脖细口瓷瓶”的生产。玉祥窑烧制的瓷瓶用料均匀，形态端正，表面光滑，深得当地人的喜爱，因此规模不断扩大，至清末民初已经拥有馒头窑[①] 3 座，成为博山地区规模最大的专门烧制瓷瓶的窑场。当时，早已闻名全国的王村小米香醋也开始使用八陡窑造出的醋瓶，这使得当地人对八陡窑的工艺技术水平更加信赖和敬佩。对于醋瓶子来说最关键的地方便是瓶子的“嘴”，即瓶口以及从瓶体到瓶口逐渐聚拢的那一部分，因为“装了醋之后，要在嘴堵一个塞子，要是嘴子不好，不仅在打醋的路上一路抛散，走回来放在厨房里还会跑风、走味、长醭。若是能得到一个有好嘴的醋瓶，这一切麻烦即刻化为乌有”[②]。八陡窑所产的醋瓶完全符合了王村醋对醋瓶形象和质量的要求，因此才最终脱颖而出，成为王村醋瓶的唯一供应商。从此以后，八陡醋瓶一时间名声大噪，在当地更是一度成为最具代表性的特色产品，“八陡的醋瓶——好嘴儿”[③]这句在今天仍然广为流传且使用频率颇高的歇后语就是在此背景之下产生的。它虽取材于地方特色物产的历史典故，但其在乡间的流行与传承则与当地人所拥有的地方性知识以及集体记忆、文化认同密不可分。

八陡窑烧制的陶制石瓶

自唐代以来，我国各地的窑场始终存在官窑、民窑之分。所谓官窑，或为官办官烧，或为官办民烧，或为官监民办，所出陶瓷皆供皇室或政府使用，一般不进入市场流通。民窑也有上下之别：上层民窑系大地主、商人或具有

① “馒头窑”是民间对圆窑的称呼，因形似馒头而得名。馒头窑以烧煤为主，广泛见于北方。八陡庄因拥有丰富的煤炭资源和较早的煤炭开采历史，当地的窑场基本为馒头窑。

② 山曼：《八陡的醋瓶——好嘴儿》，2000 年 11 月 21 日《齐鲁晚报》。

③ 用于形容一个人口齿伶俐，能说会道，能言善辩。

官家背景的人投资所建，所产以工艺品为主，其收藏和观赏价值远远高过实用价值；底层民窑则为普通工匠所建，一般为家庭作坊，以生产日常生活用品为主，不追求艺术性，只注重实用价值。八陡的窑场按性质基本上属于由普通工匠所建的底层民窑，与官窑和上层民窑相比，底层民窑虽然在数量上几倍于二者之和，但缺乏稳定性，受外界环境的影响比较大，一次大的灾荒或者战乱就足以使所有底层民窑在一夜间全部倒闭。但反过来说，一旦有了好的时机，底层民窑就会如雨后春笋一般，瞬时间重新焕发生机。

清末民初以来，八陡的窑场先后经历了德日殖民统治、军阀混战、第二次世界大战、内战等数次苦难的历史，在此过程中，它们扛过了一次又一次的萧条、歇业、倒闭，最终还是倔强地站在了前方。昆仑陶瓷厂退休工人魏春长回忆，他的父亲就曾经营了一家底层民窑，在他的印象中，父亲的窑场非常灵活，时机好的时候就点火烧窑，加快生产；时机不好的时候就封窑停火，父亲就外出做一些小本生意，非常机动灵活。

八陡古窑遗址已经成为山东省重点文物保护单位

中华人民共和国成立以后，淄博的陶瓷业重新发展起来，政府迅速整合博山区的陶瓷资源，继 1948 年建立了博山区第一个国营陶瓷厂后，又以山头镇为核心区域建立了近 10 个国营性质的窑厂。八陡原先的窑场，规模较大的被政府整合，规模小的则干脆废弃，所有的工匠师傅都进入到了窑厂，从一个小作坊的手工业者摇身一变，成为中华人民共和国第一批国家工人。身份的转变不仅仅促使他们重新考虑自我的身份归属和集体认同，也为他们的家庭带来了巨大的变化，甚至于他们所在的村落、地域社会也由此而呈现出了新的文化特征。

三、八陡镰刀

铁矿开采和冶炼在博山拥有悠久的历史，位于博山东南边界的鹿角山曾发现矿洞遗址一处，后经专家认证被确定为明朝时期用以开采铁矿石的矿洞。不过，博山地区冶铁业最兴盛的地方却是在黑山一带。康熙年间《颜山杂记》记载："采石黑山，铸而为铁，百石之坫，三合之屑，火烈石礁，风生地穴，清气如珠，玄精为液，得柔斯和，过刚或折，作为剑器，蛟龙可截，以钢性易脆，生不若熟也。"[①]而关于黑山冶铁的起源则在清乾隆十八年（1753 年）《博山县志》、清咸丰九年（1859 年）《青州府志》、1937 年《续修博山县志》中都有记载，内容也基本相同，应是后两版借鉴了乾隆版。清乾隆十八年（1753 年）《博山县志》载：

> 考石可作铁，其始，乡之人不知也。康熙二年（1663 年），孙文定公召山右人至此，乃得熔铸之法。凿山取石，其精良者为驩石，次为硬石。击而碎之，和以煤，盛以筒，置方罏中，周以礁火。初犹未为铁也。复击之碎之，易其筒与罏，加大火。每石一石得铁二斗，为生铁。复取其恶者，置圆炉中，木火攻其下，一人执长钩和搅成团。出之为熟铁，减其生之二焉。

县志将冶铁技术在黑山的出现归功于孙廷铨，认为是孙廷铨因观黑山富含铁矿而乡民不知熔铸之法，特从山西请来工匠，从而将冶铁技术传入当地的结果。由于历史材料的匮乏，这一说法几乎成为定论，直到今天也被不断引用。

实际上，这种说法很难令人信服，首先它缺乏必要的佐证。孙廷铨在自明崇祯十三年（1640 年）考中进士到康熙二年告病请归的 20 余年间一直在外做官，即便辞官之后也直到康熙三年（1664 年）冬才返回故里颜神镇，并开始纂修《颜山杂记》，至康熙四年（1665 年）成书。书中对"铁冶"的介绍非常简略，仅有 50 余字，且并没有交待自己引荐山西工匠的事情。而从孙廷铨著《颜山杂记》一贯秉持的事无巨细的写作态度（如"琉璃"篇分 17 段详细介绍

① （清）孙廷铨：《颜山杂记》卷四《物产》，清康熙五年刻本。

了烧造美术琉璃的原料、呈色、火候、作工、工具、吹制及历史考证等内容，后于乾隆年间被杨复吉从书中抽出，冠之以《琉璃志》的名字收录于《招代丛书续集》中）来看，他不可能不在"铁冶"篇中详述此事。其次，山东以及淄博地区冶铁的历史非常悠久，在目前已掌握的历史文献与考古资料中，距离黑山不到50公里，位于张店区的铁山是中国最早从事冶铁的地方，在其地保留至今的齐故城阚家寨冶铁作坊遗址中所挖出的生铁冶炼渣被追溯到西周晚期。淄博铁山的冶铁业从古至今一直经久不衰，孙廷铨没有必要舍近求远。而且处于同一文化圈的黑山与铁山在历史的漫漫长河中很难始终彼此疏离，从无交集，更何况鹿角山明代的采铁矿洞距离黑山也不过15公里而已。因此，黑山冶铁的历史始自康熙二年（1663年）的说法值得进一步探讨。

清朝初年，八陡庄的冶铁业逐步走向繁盛，当时该地冶炼钢铁的手工业作坊有百余家，以生产锅、鏊子等生活用具以及镰刀、锄头、镐头等生产工具为主。据传，产品最远卖到了东北地区，其中尤以八陡镰刀最为出名。关于八陡镰刀技艺的由来与兴盛，民间有四种说法：一是由康熙年间孙廷铨所请山西铁匠禄士云传授；二是"李家镰"创始人李氏因避老家长白县水灾举家迁往八陡时带来；三是潍坊铁匠因听闻黑山所产之煤利于打铁而在八陡开办镰刀铺；第四点则与八陡镰刀的兴盛有关系，据八陡村的人讲，大致在乾隆年间，八陡村有位叫徐超的村民与一关东人签订了一宗镰刀生意，却不想那位关东人付了钱之后再也没有了消息，于是徐超用这笔钱帮助八陡村人建了多个镰刀铺，从此带动八陡镰刀走向兴盛。

八陡镰刀以熟铁打制。1937年《博山县志》记载："八陡铁业分生熟二行，生铁之铸法墨守旧制，不知改进，故出货低，销路短；熟铁行在民初极发达。"[①]1912～1937年，八陡熟铁行业中生产镰刀的铁铺极多。当时八陡拥有铁匠炉71只，用以制作镰刀的就有35家之多，整个八陡村有100多名村民在从事与打制镰刀相关的活计。"仅资本家设在八陡专门经营镰刀的铁铺就有'隆兴义''义兴东''德成公''裕丰厚''元兴'等七家之多。"[②]因八陡镰刀声名远扬，销量巨大，所有镰炉不分昼夜、不分春秋地运转生产，八陡村年

① （民国）王荫桂等修：《续修博山县志》卷七《实业志》，1937年。

② 艾修永：《八陡镰刀》，李障天、阎象吉主编：《淄博经济史料》，中国文史出版社1990年版，第160页。

产镰刀数以百万计。当时最有名的镰刀还要数八陡庄人陈汝章、陈汝明兄弟二人开办的“祯祥永”字号，他们生产的镰刀品质最佳，为了以示区别，他们会在镰刀上打上“陈”字标签，因此当地人又称之为“陈家镰”。“陈家镰”虽然在社会政治的大变迁中逐渐消失，但却因一度代表了八陡镰刀的最高水准而被八陡人所铭记。“陈家镰”的后人陈东宜虽然已经不再从事与镰刀相关的工作，但提起陈家镰，他还是非常自豪：

> 俺们陈家生产的镰刀那是几百年留下的手艺，到我祖辈（陈汝章、陈汝明）的时候基本上代表了八陡庄镰刀的最高水平，有句老话说“八陡镰刀硬又快，割草、砍柴都不赖”，实际上说的就是“陈家镰”。我们家的镰刀一是快（锋利），二是坚硬无比。说快能快到什么程度，一般来说用镰刀割麦子割草你得先用另一只手薅住草，扽上劲才能割，越软的东西越得扽劲儿。而我们陈家镰就不用，再软的草，镰刀一挥，齐断！说硬能硬到什么程度呢？据说拿镰刀砍柴、劈柴，刀刃一点都不卷边，你可知道快的东西必须得薄，硬的东西必须得厚，所以一般来说快的不硬，硬的不快，但是“陈家镰”就能做到又快又硬，这个技术谁也学不来。①

1938年，日本侵略者进驻博山，黑山一带成为敌占区，为了确保重要军需资源的供给量，日本侵略者开始对地方的工矿业采取掠夺和强制垄断措施：一方面禁止民众继续开采黑山的煤铁资源，另一方面大面积关停八陡的冶铁作坊。他们出于安全的考虑，不允许民众私自生产镰刀、镐头等具有一定杀伤性的铁器，于是八陡的镰刀产业遭受到了毁灭性的打击。大多数镰刀炉开始转做他业，少数几家坚持下来的也基本处在自产自销、半营半歇的状态。直到1948年博山城解放，八陡的镰刀业才得以复苏。

中华人民共和国成立后，我国全面推行合作化道路，在城乡组织成立生产、运输、供销、信用等各种类型的合作社。1952年6月，八陡庄开始在政府的引导下进行合作化，政府组织从事铁业生产的个体户联合起来，组成八陡胜利铁业生产合作社，有锅炉24只，其中镰炉有14只，社员有100余人。起初社员们分散生产，1952年12月以后开始集中生产，改名为“八陡镰刀社”，

① 讲述人：陈东宜，男，青石关村人。时间：2015年10月14日。地点：青石关村五龙桥。

产品由当地各供销部门统一销售。因此，为了保证质量，各镰炉相互交流学习，制定出了"夹钢铺钢均匀，无残缺，不崩卷，保证硬度，裤口圆整，接头严密"[①]的统一质量标准。合作社统一生产、统一销售的模式消除了行业内部的各种差异，却也使各种老字号商标退出了历史舞台，其中就包括"陈家镰"。

陈家镰后人陈东宜在主持某项仪式

1957 年，八陡镰刀社已经变成由 287 名社员组成，从事镰刀、锄头、铁锅、翻砂、铸件、机械加工等多种项目的大型合作社。1959 年，日益壮大的八陡镰刀社改名为博山八陡机械制修厂，社员们变成了工厂工人，他们做工的地方也从家里的小锅炉挪到了工厂的大车间，红火一时的"祯祥永"等老铁铺也正式成为了一种历史记忆。1960 年以后，生产技术的不断革新和主要工序的机械化，使得古老的端、抢、淬、调等传统手工生产工艺被逐渐遗忘。尤其是 1963 年，八陡机械制修厂首次试验用 40 公斤小型空气锤锻打镰刀获得成功，生产出了我国第一把机制镰刀，结束了我国数千年来手工锻打镰刀的历史，同时也使八陡铁匠们一直以来传承的"十火十锻"热加工技术被舍弃。"十火十锻"不仅是保证八陡镰刀品质的关键工序，更是代表了八陡铁匠的一种工匠精神。但在当时，不断的技术创新所带来的欣喜、生产效益的显著提高、各级政府的一再嘉奖以及其他单位的到访学习等冲淡了人们对传统工艺的怀念，人们甚至来不及认真地保留或者详细地记录一下传统工艺的所有程序，八陡镰刀的传统制作技艺就逐渐失传了。

① 山东省淄博市博山区区志编纂委员会编:《博山区志》第四编《工业》，山东人民出版社 1990 年版，第 147 页。

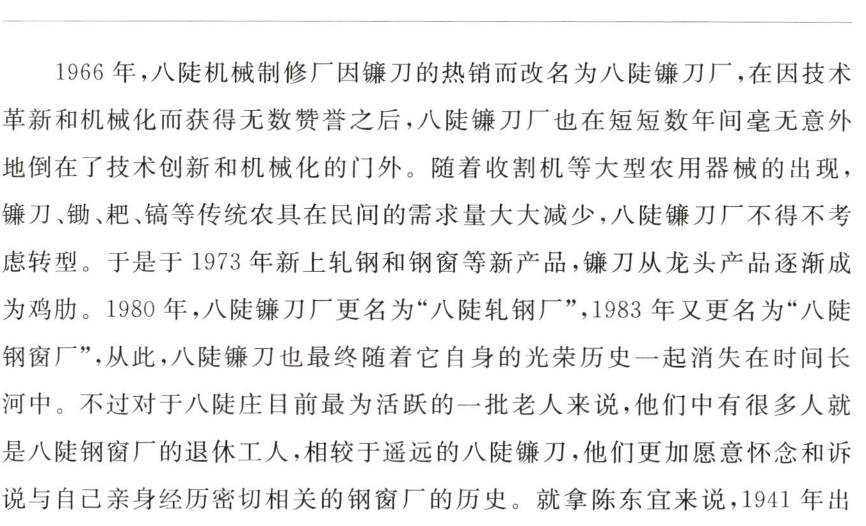

1966年，八陡机械制修厂因镰刀的热销而改名为八陡镰刀厂，在因技术革新和机械化而获得无数赞誉之后，八陡镰刀厂也在短短数年间毫无意外地倒在了技术创新和机械化的门外。随着收割机等大型农用器械的出现，镰刀、锄、耙、镐等传统农具在民间的需求量大大减少，八陡镰刀厂不得不考虑转型。于是于1973年新上轧钢和钢窗等新产品，镰刀从龙头产品逐渐成为鸡肋。1980年，八陡镰刀厂更名为“八陡轧钢厂”，1983年又更名为“八陡钢窗厂”，从此，八陡镰刀也最终随着它自身的光荣历史一起消失在时间长河中。不过对于八陡庄目前最为活跃的一批老人来说，他们中有很多人就是八陡钢窗厂的退休工人，相较于遥远的八陡镰刀，他们更加愿意怀念和诉说与自己亲身经历密切相关的钢窗厂的历史。就拿陈东宜来说，1941年出生的他于60年代进入八陡机械制修厂，他并未见证陈家镰最为辉煌的时刻，却亲身参与了制修厂的现代化历程，制修厂在他们的努力下进行了一项项的技术革新，获得了无数荣誉，让他得到了极大的满足感。因此，即便是国有的工厂收割了陈家镰的老字号，现代化的机械生产导致了陈家镰传统技艺的失传，但是比起陈家镰后人的身份，他更加认同自己国家工人的身份。陈家镰的历史固然让他倍感自豪，但个人与工厂共同奋斗的历史才是他内心里最珍贵的记忆。

四、一个家庭，两种制度

青石关村所在的八陡庄，虽然在明清时期因煤炭、陶瓷、琉璃三大支柱产业的兴盛而在当地小有名气，后来甚至因此而成为胶济铁路线张八支线的终点站，但那时候普通民众的生活却并不见得有多么的轻松惬意，恰恰相反，用“挣扎”一词来形容他们的生活状况可能更为贴切。

在三大支柱产业开始兴盛之前，青石关村当然也是一个传统的以农为本的社区，但是受制于多山多石的地理环境，人们开垦出来的耕地并不算多，平地更是少之又少。据满铁株式会社的统计资料，截至1936年，整个博山区才共有耕地615平方公里，其中光山地就有462.50平方公里[①]，占耕地

① 数据来源：满铁经济调查会编：《山東省中部山地帶に於ける農業事情》，第1页。

总数的75%左右，更不用说处在群山环绕之中的青石关村了。手头上拥有的土地少，加上土壤相对贫瘠，农民的收成欠佳。正如县志中所记载的："外则山也、瘠土也，通邑地不足二千顷，赋不盈九千，农产既不足供食，于是窑冶琉璃等工业兴焉。……舍本逐末，地使然也。"[①]又言："乡区人多地少，垦荒造地，石堰层叠，梯山种植，往往岗陵，山洪为害，又地势不平，田多沙瘠，灌田绝少，旱灾易成。一切种植，墨守旧法，应用动力，悉为人畜，终岁勤劳，不得温饱。"[②]通过查阅文献，我们发现博山地区确如前人文中所说，灾害易成，自明万历年间至今，博山至少出现3次因自然灾害而引起的"岁饥人相食"的惨状。而有关"岁饥""旱饥""水患""瘟疫""虫灾"的记录更是数不胜数，几乎每年都在经历水旱灾害的轮番肆虐。在这种条件与环境下，专靠种植维持生活的百姓该是多么的困苦不堪。

但是，农业的艰难并不意味着工场手工业就是底层民众突破生活困境的破解之路。博山的煤炭、陶瓷等行业很早就出现了社会分工。如《博山县志》卷四上《物产》记载：

> 取山场，纠众敛钱攻采，其主事者必曰井头，率徒下攻者曰洞头，收发钱财者曰账房，此三人者权莫大焉。输钱出分者，谓之攻主。煤已见矣，……攻采无算矣，仍以繁费为辞。彼攻主尤怀欲取姑与之心，任其苛派销算。而井洞头则一文不费，公私十倍坐获。及日久见疑，从而察之，账房又意为舛错，遂使攻主倾家入井，而山场业主办赋无从矣。于是或作偷采，或攘臂明争，甚至放水淹人，因而诉讼，往往愚夫愚妇轻生者有之。闻于官，与此三人若风马牛不相及也，井为之弊如此，长民者知之。

这段话详细地描述了井头、洞头、账房如何通过不正当手段瞒天过海，聚敛钱财，而井徒在这里面往往充当了他们攫取利益的工具。井徒们的身家性命在他们眼中几乎如蝼蚁一般可随意践踏，更不用指望他们能在多大程度上改善井徒们的生活了。孙廷铨《颜山杂记》曾说道："又贫且穷者为井夫、为窑夫、为挽车夫焉"，"烧琉璃者多目灾，掘山炭者遭压溺，造石矾者有暗

---

① （民国）王荫桂等修：《续修博山县志》卷七《实业志》，1937年。

② （民国）王荫桂等修：《续修博山县志》卷七《实业志》，1937年。

疾,炒丹铅者畏内重。纵谋而获,亦孔劳矣”。[①] 从事手工业的底层民众,不仅仅生活困难,还不得不承受所从事的工种给身体带来的不可逆的伤害。由此可见,旧时的博山民众生活条件一般都比较艰苦。

这样的生活状态在进入 1912 年之后有所好转,但却未从根本上改变井徒们遭受剥削和压迫的本质。而且,不久之后,八陡就陷入了连年的战乱以及德日轮番的殖民统治之中。

德占时期因为管理人员有限,德国人采取了外包的方法管理煤矿,按照计件的方式一次性将工资交给包工头。本来德方给的工资就压得非常低,包工头和手底下的大小把头还巧立名目,进一步克扣井徒工资,赚取外快。至今当地仍然流传有许多类似的名目,主要有:(1)“抹尾”。德方付给包工头的工资一般以银元计算,包工头给工人们发工资时要兑换成铜板,并把零头抹去再发给工人。比如说 1 块银元换 2.2 吊,包工头往往就会按照 2 吊来付给工钱。(2)“临时加款”。包工头会以各种名目临时扣除矿工一定数量的工资。如包工头本人得病,扣除每个矿工 5 个铜板算作给自己的慰问金。(3)“开轮子”与“付半工”。包工头规定矿工们的工资每半月结算一次,这半月发上半月的工资,谓之“开轮子”,发工资时包工头往往会突然告知矿工在某某天因某某事而只能给一半的工钱,谓之“付半工”,因为时间已经过去一个月之久,矿工往往难以查证,所以只能忍气吞声。凡此种种,不一而足。当时的矿工们一边遭受德国殖民主义的剥削,一边又受到包工头的二次压榨,生活的艰难可想而知。

日本接管德国的殖民统治之后,最初继承了德国人施行的包工制。1937 年全面侵华战争爆发,日本对煤矿的掌控改变了过去代管和中日资本合办的方式,于 1937 年 12 月直接侵占了包括黑山诸煤矿在内的淄博各大煤矿,日本政府迅速建立起统治机构,派遣正规军队连同警察、宪兵队、伪军一起进驻各大主要煤矿,实施军事化管理,矿工们背地里称呼他们组成的管理队伍为“矿叉子”,用以形容他们在镇压矿工反抗时的血腥与暴力。黑山矿区因为位置的特殊性和煤质的优良而成为日本政府重点关注的对象,派遣了多达 100 余人的警务队进驻黑山矿区,又在矿区周边布满了铁丝网和高压

① (清)孙廷铨:《颜山杂记》卷四《物产》,清康熙五年刻本。

线，还修建了炮楼与瞭望塔。其中，炮楼在当地人心中留下了不可磨灭的印象，这里曾是日军残害民众的地方，被人们称之为“阎王殿”。目前，“阎王殿”的亲历者或见证者基本都已不在人世，“阎王殿”也早已被拆除，但是关于“阎王殿”的一些历史记忆仍然在当地人心中一代代传承着。

中华人民共和国成立后，民众的生活开始向好的方向发展。在农业方面，1951 年淄博市的农村土地改革基本完成，农民们分到了更多的土地，贫雇农所拥有的土地占比已经超过 60%，而地主豪绅则下降到 2%左右，尽管人多地少的矛盾和灾害易发的困境并未从根本上得以解决，但对于分到地的农民们来说已经是一个巨大的进步了，土地的私有至少使他们告别了“穷人头上三把刀，租重，利钱高，拨工派差多如毛”①的穷困生活。

1952 年 3 月，中共淄博地委发出《广泛开展爱国增收劳动竞赛的指示》，要求在农村创造模范互助组和丰产农业合作社，并拟定了《关于 1954 年至 1957 年援助农业互助合作组织发展的计划》，从此全市农村掀起了创建农业合作社的高潮。到 1955 年 8 月，八陡庄 30%多的农户都已经加入合作社，大家依据“地四劳六”的原则参与分红，即土地和劳动力一起入股，年终分红时土地占 4 成，劳动力占 6 成。

1956 年 1 月，淄博市开始建设高级农业合作社，取消了土地分红，将土地重新收为合作社集体所有，全面实行按劳分配。从农业合作化开始一直到 1979 年联产承包责任制在博山推行，近 20 多年的集体生活给老一代的农民们留下了不可磨灭的印象，如今距联产承包责任制的实行已经过去了 30 多年，但他们还是愿意时时追忆那段岁月，并在日常生活中寻找一种集体的归属感。

在工业方面，人民政府一方面全面接管过去由官僚、商人等创建的较大型工厂，将之改造为国有企业，如将八陡、山头等地的煤矿归国有，成立了国营新博煤矿，又将其中的黑山井扩建为黑山煤矿；另一方面则对私营工业实行减税、免税、低息贷款、加工订货、包产包销等办法进行扶持，并在于 1952 年开始进行的生产资料所有制的社会主义改造中将它们改造为私营联营工厂，又在 1956 年的合作化运动中改组为公私合营。如八陡从事铁业生产的

① 讲述人：周贵成，男，八陡大集上的商贩。时间：2014 年 7 月 14 日。地点：八陡大集。

个体户，在人民政府的扶持下于1953年6月联营成为八陡胜利铁业生产合作社，后来又改组为公私合营的博山八陡机械制修厂。国家对工业的社会主义改造使得从事工业生产的井徒、铁匠等底层劳力变身为工人，有着不菲的收入、固定的劳动时间以及合理的劳动强度，生活条件和水平较之以前大为好转。

八陡庄开发历史悠久，工业基础相对雄厚，甚至与城区相比也不遑多让，同时又属于农村，即便地处山区、土壤贫瘠，也总算是有耕有种、有获有得。工农业的齐头并进，煤矿、铁业生产对男劳力的特殊要求与中国特有的阶级划分制度一起催生了当地一个家庭中既有工人又有农民的现象，这被当地人戏称为"一个家庭，两种制度"。一般情况下，一个家庭中往往男主人在附近工厂上班，是工人身份；而女主人则在家里种地务农，属于农民身份。村居两委成立以后，男主人归居委会管，女主人则归村委会管，所以才有了"两种制度"的说法。

第三章
待客、仪礼与节日

一、"四四席"的讲究

在青石关村，喝酒聚餐要分场合，不同的场合有不同的礼节和规矩，日常生活中的家庭成员或朋友聚会一般来说比较随意，但只要涉及红白事、升学、盖房等正式宴请就必须"讲究"起来了。对于村民们来说，二者最大的区别就在于菜品的规格，民间有"成席"与"不成席"的说法，只有菜品的数量和质量达到一定规格才可以称之为"席"，而正式宴请必须要"成席"，因此村里人往往习惯于将普通聚会称之为"喝酒""吃饭"，将正式宴请称之为"坐席"。这种不同并不仅仅只是表现在对不同类型的聚会吃喝的不同叫法，在乡村社会中还具有信息指示和表示尊敬的意义。村民陈维仕说：

> 人家有点红白事，你若没出五服，按说就得去坐席。坐席就是坐席，别人问起来你不能说"去吃饭""去喝酒"。比如说大街上遇见熟人，人问你干啥去，你说"上谁谁谁家里坐席去"，人家一下子就知道，这谁谁家肯定是有什么事，他就得赶紧打听打听是什么事，自己家和人家有没有账（礼账，指人情往来），若有就赶紧叫人捎过去。要是当时你和人家说"上谁谁谁家里吃饭、喝酒去"，人家不知道有账没还上，回来不得怨你没实打实（实实在在）说明白。再说你这么说，那边主家听了还

不乐意呢。我这辛辛苦苦做了这大席，还邀请你来参加，你跟别人说来吃饭，这不是看不起人嘛，是嫌我准备的席不够档次呢还是啥？①

与博山县城一样，青石关村人坐的席一般都是“四四席”。“四四席”是博山人的发明，已有近百年的历史，在整个博山地区影响深远。1919年，博山著名厨师王广镛与栾玉琢合作创办了聚乐村饭店。王广镛曾长期在济南做厨师，栾玉琢则精通北京公馆菜的制作工艺，二人在博山原有的“三台席”“鱼翅席”“全羊席”等传统宴席的基础上进行创新，发明了“四四席”。后来，“四四席”逐渐被博山其他饭店所沿用，并进一步扩散到寻常百姓家中，对博山及其周边地区的宴饮习俗产生了深远的影响。

“四四席”顾名思义，指的是在上菜的过程中以四为单位，先后有四冷盘、四大件、四行件、四扣碗，总计16品菜。除此之外，规格较高的宴席和婚宴还要在上菜之前备上四干果、四点心、四鲜果，并搭配不同的茶饮，名为“喝头”。一般来说，“四四席”专供八人一桌的坐席，多一人名为“挂角席”，少一人则为“敞口席”，座次则以旧时八仙桌为基准，正对门口一方为上席，上席以左为尊，其余按照长幼远近依次排开。上菜的程序一般为先上四干果搭配以普通茶水，次上四点心搭配以杏仁茶，再上四鲜果搭配以黄酒或红酒，谓之“垫底酒”。此后宴席正式开始，按照北方惯常的“一冷二热三汤”的程序，先上以凉拌菜为主的四冷盘，然后便迎来四大件中的第一大件，民间谓之“头菜”，头菜的菜品决定了宴席的名称和规格。比如头菜若是燕翅，则此宴席即名为“燕翅宴”；若是鱿鱼，则为“鱿鱼宴”。在“四四席”诸多名称中以“全羊宴”规格最高，价格最贵，在《简明中国烹饪辞典》中曾有专门的介绍。第一大件之后紧跟着的是第一行件，又叫“第一热菜”。第一行件之后则是第一扣碗。所谓扣碗，指的是做菜的方式，是先用海碗做好然后倒扣在汤盘中，一般为汤菜。此后大件、行件、扣碗依此次序穿插上席，并且当地还有上新撤旧的讲究，每上新菜就要把同类别的旧菜撤掉。

“四四席”不仅仅讲究上菜的程序，对菜品的规格也有严格的限定，要求四大件的菜金占全席之半，其中第一大件即头菜的菜金又占四大件之半；四行件菜金占全席1/3；四冷盘与四扣碗菜金共占全席之两成。因为四四席一

① 陈维仕，男，1941年出生，黑山煤矿兖州分矿退休工人。访谈人：张帅。访谈时间：2014年9月28日下午。访谈地点：八陡镇青石关村五龙桥陈维仕老家。

般用于婚宴、寿宴等正式场合,所以宴席上有着诸多忌讳。比如,四点心中忌上麻花,因麻花谐音"麻烦";四鲜果中忌上"梨",因梨与"离"谐音;四大件中忌上狗肉,因狗肉煮熟之后形状不太雅观等等。与此同时,宴席的师傅们往往依据不同的事由而选择不同的菜品,从而赋予宴席不同的吉祥寓意。如:婚宴的四扣碗中必然有"八宝饭",里面的大枣、花生、桂圆、莲子有早生贵子之意;寿宴中则必有四喜丸子,寓意"福禄寿禧";乔迁宴席上必有晾糕,取谐音"梁高";送别宴中必有饺子,接风宴中则必有面条,以应民间"出门饺子还家面"的说法。可见,"四四席"不仅代表了当地饮食的最高水平,从其注重礼仪与讲究寓意方面来看,还是一种与地方民俗知识紧密结合的地方文化,体现了当地人在饮食聚会之上更高的文化品位与追求。

在青石关村,无论经济条件如何,一向讲究的村民们只要宴请宾客,就必须上"四四席"。黑山煤矿退休工人陈维仕说:

> 博山这边人最能穷讲究,哪怕家里没钱,一办席就是"四四席",钱实在不够,我哪怕给这些菜降低一个档次,牛肉改猪肉,猪肉改鸡肉,鲜鱼改冻鱼,肉菜改素菜,也得在形式上让人看出这"四四席"来。你要不是"四四席",你的菜再好,人家也觉得不是诚心待客;你是"四四席",你的菜不好吃还没有多少肉,人家就觉得你是个讲究人。①

博山人的"穷讲究"即使在经济困难时代也毫不逊色。有村民说:

> 1959 年我结婚,正赶上家里经济困难,那时候全社都困难,一点儿吃的都没有,上哪弄四干果、四鲜果去?但是结婚不是别的,最起码你得有"四四席"的样子。我父亲通过关系弄了一车萝卜,我和我兄弟连夜去拉回来。我母亲把萝卜横着切摆一盘,切成条摆一盘,切成小块摆一盘,整个的摆一盘,这不就凑成四鲜果了吗?煮萝卜、腌萝卜都是菜,大家谁也不嫌,那时候萝卜还是好东西呢。现在提起那事,人都说我这是"萝卜四四席",用赵丽蓉的话就是"萝卜开会",也是没有办法的办法。②

随着经济的发展和社会的进步,民众的生活日益好转,"四四席"也变得更

---

① 讲述人:陈维仕,男,青石关村人。时间:2014 年 9 月 28 日下午。地点:八陡镇青石关村五龙桥陈维仕老家。

② 讲述人:陈维修,男,青石关村人。时间:2014 年 9 月 28 日下午。地点:八陡镇青石关村五龙桥陈维仕老家。

为讲究。2014 年 10 月 3 日,村里有一户人家结婚,婚宴酒席上的菜品如下:

四干果:香蕉片、杏仁、开心果、桑葚花生

四点心:黄金饼、白皮酥、奶油酥条、豆沙卷

四鲜果:西瓜、葡萄、小西红柿、哈密瓜

四冷盘:酱牛肉、冷盘酥锅、博山香肠、秘制凤爪

四大件:海参汤、猪肘子、糖醋鲤鱼、博山豆腐箱

四行件:爆炒腰花、干炸里脊肉、熘肝尖、拔丝地瓜

四扣碗:八宝饭、汆肉丸子、红烧狮子头、清烧蘑菇球

村里的婚宴现场,菜品非常丰盛

婚宴是在邻村的饭店举办的,这个饭店在整个八陡镇算是中等规模。据村里人估算,全桌菜金大概在 600 元以上,再加上酒水、烟和糖果,每桌总价在 800 元左右,按价格来看基本上已经接近淄博市其他区县城区大饭店的婚宴规格。所以对于村里人来说,虽然经济条件有了明显好转,但是“四四席”的规格也随之大幅提高,因此婚宴等大型宴席对于一个普通家庭来说仍然是比较大的负担。

具体到日常生活中的饮食,不同于鲁中其他地区的“对付吃点”[①],村民

① “对付吃点”是笔者在鲁中地区调查日常饮食时听到的最多的回答。鲁中地区民众的日常饮食一般比较简单。比如在淄川洼子村,大部分村民“早饭都是清汤挂面就咸菜,午饭基本就一个菜,炒一大锅,连锅带菜往桌子上一放,全家人一起吃。过节就是饺子,平日里没啥事一年到头不吃点肉。夏天自己种菜吃,冬天顿顿大白菜。吃那么好有啥用,咋也能吃饱,对付对付就行了”。(讲述人:张世豪,男,淄川区罗村镇洼子村人。时间:2012 年 1 月 19 日。地点:洼子村大街)

们也尽量追求精致。也正因为如此,作为鲁菜代表菜系之一的博山菜本身就以家常菜见长。据村里人讲,整个博山的男人都热爱下厨做饭,因此当地有“人人都有半把刀,大老爷们也颠勺,厨子多得过炒瓢”[①]的俗语。这种对日常饮食的精致化追求与博山经济的发展是分不开的。明清时期是博山城经济逐渐走向繁荣的时期,煤、窑、炉三大产业的繁荣造就了博山“车马辐辏,万商云集”的社会场景。来自不同地域的客商和迁移户将不同风格的饮食带到了博山,在充分融合的情况下造就了博山饮食的独特风格。正所谓:“待要吃好饭,围着博山转。吃了博山饭,围着天下转。”[②]就菜品来说,最能体现精细化以及融合性特征的就要数博山“豆腐箱”了。

“豆腐箱”的制作工序特别复杂:首先需选用当地质地结实的特制豆腐,将其切成长方形的豆腐块,放入油锅中炸至表面金黄。然后将豆腐的一面用刀掀开,形成一个带盖的箱子的形状,将里面的豆腐挖出来。将竹笋、海米、黑木耳、粉丝一起剁碎,再煸炒成馅儿,加上香油、胡椒面等调味料后,放到挖空了的炸豆腐块中,再装进笼屉上锅蒸透,码盘后再浇上用蒜黄和醋炝锅加淀粉调成的勾芡汁,才算完成。

“豆腐箱”口感绝佳又寓意丰富,有“开箱取宝”的雅名。据《博山县志》记载和民间传言,乾隆帝游览博山孙廷铨故居时,品尝了孙廷铨后人招待的“豆腐箱”之后赞不绝口。从原材料上看,“豆腐箱”的制作成本并不高,但从工序上看又极其复杂。可以说,当地民众对精细化饮食的追求并不一定在于食材本身的价值,而是体现在烹饪方法和技巧等具体的操作层面上。这种追求看似是个人的自由选择,实则是传承已久的村落生活习惯。“豆腐箱”因其低廉的成本和美好的寓意而几乎成为过年期间当地人餐桌上必备的菜肴,如果谁家过年“连‘豆腐箱’都不做,那只能证明自己不想着过好日子了”[③]。这充分说明,“过年做‘豆腐箱’”已经成为当地的“老规矩”,左右着人们的生活。

---

① 讲述人:陈维仕,男,青石关村人。时间:2014 年 9 月 28 日下午。地点:八陡镇青石关村五龙桥陈维仕老家。

② 讲述人:陈维仕,男,青石关村人。时间:2014 年 9 月 28 日下午。地点:八陡镇青石关村五龙桥陈维仕老家。

③ 讲述人:陈维仕,男,青石关村人。时间:2014 年 9 月 28 日下午。地点:八陡镇青石关村五龙桥陈维仕老家。

总的来说，“四四席”的规制和对“豆腐箱”等菜品的具体要求已经内化到民众的日常生活之中，它代表了一种追求精细和制度的饮食文化。在重要的宴会上，“四四席”几乎是判定主家是否讲究的唯一标准，而“豆腐箱”则成为年节是否充实的重要象征，这体现了当地人对规矩和面子的重视。与此同时，“四四席”在菜品的选择上也具有非常大的弹性空间，这也就意味着“四四席”的花销可多可少；“豆腐箱”则原材料成本非常低廉，因此讲规矩的饮食文化在一定程度上也起到了维护贫穷人家脸面的作用，于是“只要维持了‘四四席’的规格，得到的评价总不至于太差”，“只要有了‘豆腐箱’，就能过个好年”就成为了贫苦人家的自我心理安慰。

“豆腐箱”的制作过程非常繁琐

二、婚礼中的油客与陪客

青石关村的出生、结婚、过寿、丧葬等人生仪礼基本上沿袭了老博山的传统，程序繁琐，讲究仪式感。当地人普遍认为整个淄博地区的人生仪礼都发源于博山，博山的习俗最为复杂且保留最为完整。因此，当问起具体的礼仪程序时，青石关村的一位老人看似埋怨实则骄傲地说：“就俺们博山事儿最多！”

老人所说的“事儿多”，一是指仪式的种类多。比如，关于孩子出生就有送祝米（出生后 5～7 天，娘家人带着麦子、米、鸡蛋、红布、衣服等礼物前来祝贺）、过满月（宴请所有亲朋好友）、过百日（孩子满 100 天要在亲友的见证下给孩子做“穿裤”的仪式）、过周岁（举办抓周仪式）、过生日（做生日糕，煮生日粥）等习俗。二是指某项具体仪式的程序多。据村里的大总（青石关村称红白事的主事人为“大总”，大总之下设文、武两司，文司主管礼仪，武司主管杂

事)讲,在丧葬习俗中入殓之前就已经有净面、换五根领(指为死者穿寿衣,因为当地有要为死者穿5件上衣的习俗,所以人们称之为“五根领”)、移床、点灯、供倒头饭、守灵、报丧、孝子指路、烧纸马、送最后一程等程序。三是指人情往来多。正如陈维修所说:

> 这么多这号、那号的事,说白了都是人情。人情是越还越多,越多越还。比方说我认识你的时候我已经结婚了,你没结婚,到你结婚的时候我给你钱了,你就得想办法还给我。我也不可能再结一回婚,你就找别的机会,比方说我搬家了,你给我温居(前往亲友新居贺喜)柬,还结婚的人情;但是等到你搬家的时候,我就得再去给你温居,还你温居的人情,反正就是一直来回给钱。①

在青石关村的各种人生仪礼中属婚礼最有特色。从总体程序上说,大致沿袭了过去“纳彩”“问名”“纳吉”“纳征”“请期”“亲迎”六礼,不过在具体细节方面却有着很多值得进一步思索的地方,所以本文接下来将重点介绍青石关村的婚礼。

婚礼实际上就是新郎和新娘背后的两个家族在磋商和博弈中磨合相处之道的过程,因此有着娘家人和婆家人定下的各种“老规矩”以及代表新娘的“油客”和代表新郎的“陪客”互相“明争暗斗”的过程。具体有以下几点:

送柬 当地人将订亲的环节称之为“送柬”,还称为“换帖”,指的是双方初步确定关系以后,由男方用红纸将希望两家结缘的话语写下来,做成“柬”或“小帖”,由媒人送到女方家,女方再回帖答复同意结亲的行为。无论是“柬”还是“帖”,都突出强调了这一环节中书面形式的重要性。在民间,纸和字被认为比话语更加具有权威性,双方约定的内容一旦以纸和字的形式记录下来,就意味着不容更改了。而这也是两个家族第一次正式会面,所以双方都非常重视。退休教师魏恒长认为:

> 柬就是民间的结婚证,红纸黑字或者红纸黄字,无论哪种字写上了就是定下了。只要手里有了柬,哪怕第二天全部家当被大火烧了,或是出事成植物人了,只要人不死,就永远有效,谁也不能反悔。就像咱们现在电视上看到的,现在的年轻人去教堂,牧师问“你愿意吗”的程序一

---

① 讲述人:陈维修,男,青石关村人。时间:2014年6月23日下午。地点:青石关五龙桥陈维仕老家。

模一样。他们是在神面前宣誓，咱们是啥呢，咱们就是认这个柬。[①]

魏恒长的这段话突出强调了“柬”在婚姻关系的确立中拥有巨大约束力，他举西方教堂婚礼的例子作对比，实际上是想表明这一老规矩与神灵一样，也是神圣的、不可违背的。

送帖和回帖都需要准备礼品，过去男方需请两名男媒人于农历二月初二或者六月初六这样的月份和天数都是双数的日子将贴送到女方家，同时还要将男方送给女方的聘礼和“压柬钱”（一般为几百元至千元不等）一同带去，这一环节称为“下娶帖”。聘礼一般包括两方面内容：一是送给女方父母的礼物，一般为烟、酒、糖、茶、猪肉、鲤鱼、面条、布料等八种，称为“八色礼”；二是首饰、化妆品、衣服布料等供准媳妇结婚时穿戴的东西，称之为“彩礼”。过去对彩礼的规格并没有太多要求。20 世纪 80 年代以来逐渐兴起了“三金一木”的说法，即男方在送帖时要送女方金耳环、金项链、金戒指以及木兰助力车。90 年代以后，彩礼逐渐以钱来代替，最初为 5000 元以内，有的人家为了图吉利会送 6666 元或者 8888 元，后来彩礼钱逐渐水涨船高，先后曾时兴 10001 元（代表万里挑一）、11000 元（代表一心一意）、15010 元（代表万无一失）、21800 元（意指男方、女方两家一起发）、31800 元（意指男方、女方以及小两口新组成的家庭三家一起发）。

八色礼

① 讲述人：魏恒长，男，青石关村人。时间：2014 年 9 月 27 日上午。地点：青石关魏恒长老家。

金钱代替实物作为彩礼的现象的出现，一方面与当前商品经济的大环境相关，在当前人们的价值观念中，金钱似乎已经成为衡量一切的标准；另一方面也与男女比例的严重失调有关，如果把婚姻关系看作一场交易，那么"物以稀为贵"，女方无疑已经成为卖方市场。尤其是进入 21 世纪之后，我国全面施行计划生育政策后的第一代子女到了适婚年龄，彩礼钱几乎是日日见涨。据村里人讲，有些人家已经为自己的女儿开价到了 51800 元，甚至连这串数字代表的吉祥寓意都还没有想出来。而在其他男女比例失调更加严重的地区更是擅长巧立名目多要彩礼，有"五金六银"（指耳环、项链、吊坠、戒指、手镯等 5 种金饰加现金 6 万元）、"三斤三两"（又称为"新三金"，指送给女方家重达 3.3 斤的百元大钞，合计人民币 13.6 万元左右）、"万紫千红一片绿"（即 1 万张面值 5 元的纸币、1000 张面值 100 元的纸币，再加上数量不作要求的面值 50 元的纸币，合计人民币 15 万元起）等形式。事实上，在农村，男方家庭条件越趋向困难或个人形象、所在村落评价较低的，女方家索要的礼金反而更加多一些；而若是男方家庭条件比较好，或者男方个人条件比较优秀，女方家索要的礼金会相对少很多。所以条件越是不好的，结婚的成本反而会更高。

女方家在给男方回帖的同时，也要准备礼品，谓之"回礼"，只不过相对于男方的彩礼，回礼非常简单，一般有针线（表示千里姻缘一线牵）、香和艾草（表示相爱）、面条（表示长长久久）、盐（表示有缘分）、笔和本子（表示有文化）、女方的头发（表示希望与男方白头到老）等等。此后，男方会托媒人到女方家商定结婚的日期，当地称之为"要媳妇"。女方将准新娘的生辰八字写在一张红纸上，即"年名帖"，交给媒人带回男方家。男方便开始请算命先生"看日子"，算命先生根据"年名帖"确定最终日期，同时详细地排列出新郎迎娶的时间，新娘子过门、坐福的时间，拜天地的时间以及婚礼进行的过程中需要注意或者忌讳的事情，用红纸一式两份写好。再由媒人将红纸送往女方家，谓之"送日子"，同时还要送去一定数量的"盒子钱"：一部分用于女方家置办嫁妆，另一部分在迎娶时提前放进柜子和新娘子的腰中，叫作"子孙钱"，以此预示着以后人丁兴旺。

搬缘房与响门　"搬缘房"又叫"搬圆方"，是博山一直延续至今未曾改变的旧俗。所谓"缘房"或者"圆方"，指的是女方家陪送的东西，主要是衣柜等家具，条件一般的就准备一个大衣柜，条件好的还会加上书桌、饭桌、箱子、椅子、板凳等等。后来“缘房”逐渐成为由男女双方共同准备，以凑齐36条或者48条木头腿为大吉。20世纪80年代，青石关村的“缘房”时兴“三转一响”，即自行车、手表、缝纫机三件可以转动的物件，外加能放出声音的收音机；后又有“五大件”之说，即自行车、缝纫机、电视机、收音机、洗衣机。“搬缘房”一般在结婚的前一天进行，由新郎本家的一位较为年轻的长辈带领众族人一同前往。“搬缘房”所用的工具都要经过特意的装饰，以体现出喜庆的感觉。比如，所用的绳子要染成红色，车辆、扁担、柜子、箱子也要贴上大红“囍”字；“缘房”要用红纸简单包一下，落脚的地方也要提前铺上红纸。从女方家往外“搬缘房”的时候还要故意做出抢夺的态势，女方会派出两名女性跟随队伍一起回到男方家中。

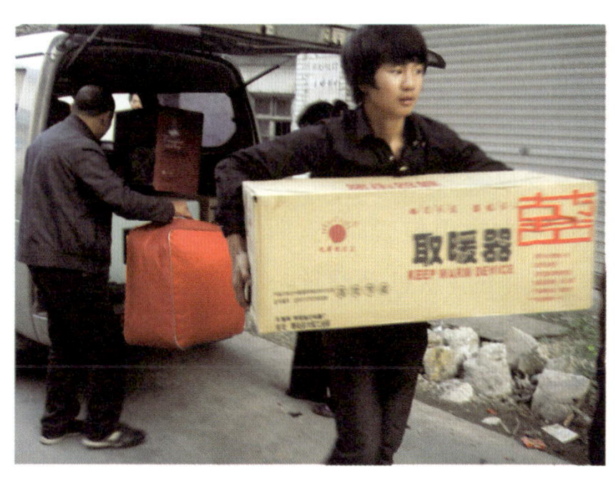

搬缘房

将“缘房”安排妥当之后就已经是傍晚了，男方家开始宴请左邻右舍、亲朋好友，名为“待行人”；同时还要在大门口挂红灯笼和红旗，并燃放鞭炮以驱走门外的邪魔歪道、鬼怪妖精，为迎娶新娘“清道”。灯笼和红旗要挂一整晚，鞭炮也要一直响个不停，村里人称呼这一环节为“响门”。待宾客们酒足饭饱渐渐散去之后，男方家才开始准备迎娶媳妇的事宜，因此过去大多数宾客虽然喝了喜酒但却未曾见到新媳妇。

娶亲　当地过去娶亲有“大娶”与“小娶”之分。大户人家一般会“大娶”。“大娶”白天进行，男方家发官轿、花轿各1乘，并有乐队、仪仗等。新郎坐官轿去迎亲，新娘则坐花轿过门。“小娶”则多为平民家庭，一般在夜间即在入夜12点以后至次日5点天亮之前进行，男方家只发花轿1乘和灯笼、火把到女方家迎亲。“大娶”与“小娶”只在轿子数量、时间和规格上有所不同，具体的习俗则大同小异。准新娘在临出嫁的前几天便开始不再出门，并少

吃少喝，坐炕待嫁。男方到女家迎亲必须带皮袄、红毡并当场出示，否则女方家会拒绝开门。迎亲时，红毡铺地，新郎需要手持燃香迎接新娘子，陪同新郎一同前去的长辈还会拿着半扇猪肉送给娘家人，名为“离娘肉”。婆家人需事先在离娘肉上割下一块肉，仅有一丝肉皮与整片猪肉相连，待新媳妇要上轿前，由母亲将这块肉扯下来交与女儿带走。

在青石关村，结婚之时灯笼、红旗要提前一天挂好

将新娘子接来以后，新郎家要故意将大门关闭，让新娘子在轿内等候时辰，叫作“顿性子”，意思是磨炼一下新娘子的忍耐度。“过门”也是迎亲中非常重要的一个环节，需要提前将一个用红纸糊的马鞍横放在门槛上，由新郎牵着新娘子的手，引导新娘子一步跨过马鞍，意味着新娘从一个人生阶段跨入了另一个人生阶段，担当起了新的角色；也意味着新娘子从一个家族跨进另一个家族。“顿性子”、过门等仪式体现出了婆家对新娘的规诫：一个新娘如果想被婆家所接纳，就必须要与过去包括自己的娘家脱离关系。

至于“小娶”在夜里进行的缘由，村里人大多会用一则关于“恶霸抢亲”的传说来解释。传说八陡东边的西河镇在明末清初出了一个诨号为“翟三虎”的恶霸，他的父亲是尚书，儿子是翰林，因此自诩“头顶尚书，脚踩翰林”。平日里他拿着皇上赐给他家的丹书铁券横行乡里，欺男霸女，规定无论谁家女子必须要在结婚前一天主动送上门来，待他享受初夜之后，再与夫家婚配。乡里人畏惧他的权势往往敢怒不敢言，只好在夜深人静时偷偷举行婚礼。久而久之就形成了夜里娶亲的习俗。

翟三虎在历史上确有其人，真实姓名为翟元会，其父翟凤翀官至兵部左侍郎兼都察院右佥都御史，卒赠兵部尚书，其子翟延初历官翰林院庶吉士、散馆编修。实际上，翟元会在正史中是魁伟、正直、诙谐的个人形象，其名气也比不过前后两代。但在民间的话语体系中翟元会则成为一个箭垛式的人物，被打上了"好色之徒""恶霸""心胸狭隘"的标签。博山等地许多地名、庙名以及习俗由来都与化身翟三虎的翟元会有关，而翟三虎的故事也一直在民众口中代代相传。不过，如今也有了不同的声音，有一大批翟三虎的相关者(多为西河翟氏后人、同乡)认为翟元会在民间的形象缘于好事者的诬陷，他们开始以各种方式为翟三虎洗刷这些标签，试图还原其心目中的翟三虎。这一文化现象的出现非常值得注意。

油客与回门 结婚后第二日一早，女方家会派来两人为新娘子送来梳头油之类的化妆品，谓之"油客"。油客一般由新娘的伯叔或者堂兄弟充当，要求必须为男性，以显示新娘在娘家有后台，以免遭受婆家人欺负。因为油客过后会把在男方家受到的待遇反馈给女方家，所以男方往往会以最高规格的酒席，并派出家族里面地位较高、比较有文化和声望的长辈来招待油客，谓之"陪客"。娘家设置油客的目的与其说是探望新娘，不如说是对新娘婆家的一种试探。油客所代表的是娘家的整个家族，如果他们遭受冷遇，就意味着婆家人并没有把娘家人看在眼里，新娘在今后的生活中有受到婆家压迫的可能，两个家族之间也往往会以此交恶。两个家族的"博弈"也会在招待油客的酒席上体现得淋漓尽致。倘若娘家家大业大、人丁兴旺，油客往往抬头挺胸、趾高气昂，婆家人则唯唯诺诺、低三下四，因此本地有"油客嚷嚷，眼瞟房梁；陪客嘟囔，门什欠儿(门槛)悠荡"①的说法；倘若娘家穷家敝户、人丁单薄，那么酒席上就完全是另一番光景了。油客的重要性还体现在，一个能说会道的油客很有可能会使婆家对新娘子高看一眼，从而使得新娘子在婆家原本不受待见的现状出现反转。村人魏树高讲道：

> 我大哥一家都是老实人，我的二侄女嫁给了当地一户人家。她出嫁的时候正赶上我们全家在沂源下乡。我们在这边孤苦伶仃、势单力薄，人家都在这里发展了几百年了，你想想我侄女去了那里还能有好？

① 讲述人：魏恒长，男，青石关村人。时间：2014 年 9 月 27 日上午。地点：青石关魏恒长家。

结婚第二天，我就寻思咱得去给俺侄女长长气势，也不管那边有没有这风俗，我就和我侄子(你别看是我侄子，实际上比我还大一岁呢)两个就去当油客去了。到那边以后刚开始人家也没正眼瞧啊，后来落了座，我就和他们那边交际(交流)，咱别的本事没有，就这嘴还行，也是逼出来了，三两句就把那边说得一愣一愣的。人家都举着大拇指跟我侄子说，你这个"小老"(博山人称呼年龄与自己差不多的长辈为"小老")行，从那以后他们那边要是有什么事都直接来找我商量，我就能给他们做主。①

尽管取得的实际效果不得而知，但魏树高的这段话表明，他在潜意识里已经把油客当作了给新媳妇长脸、长气势的重要方式，并认为油客在宴席中发挥得好坏直接影响了新媳妇在婆家的地位和未来。所以说与婆家设置"顿性子"、过门仪式一样，油客的存在也是结为姻亲关系的两个家族进行博弈的重要方式之一。

全国各地普遍都有"三日回门"的说法，但在青石关村却不遵循此例。因为新娘"过门"之后要"坐庐帐"两日，即两日之内不能下炕，直到第三日方可下炕，但仍不能自由活动。婚后第三日，新娘子不但要由妯娌姐妹陪同上坟祭祖，还要给婆婆做条新裤子，因为当地有"待要富，三日给婆婆做条裤"的说法。在这之后，新媳妇才可以回门。回门的形式有两种：一种是娘家人来接新郎和新娘一起回去，两位新人当天必须返回家中；另一种叫"住日子"，娘家人接新娘子自己回去，一般要在娘家住6天，第七日再把新娘子送回去。选择哪种回门方式实际上也与娘家是否强势有关。如果娘家相对强势的话，回门往往会是第二种方式，而且有的新娘子甚至会在娘家住10天或者半个月；如果婆家比较强势的话，往往当天就返回了。总之，婚礼的规矩有着巨大的张力，在娘家与婆家的博弈中，老规矩根据双方的实力而在平衡线附近左右移动，但最终都会在各种摩擦和协商中达成一致。

① 讲述人：魏树高，男，青石关村人。时间：2015年2月13日上午。地点：青石关魏树高老家。

三、过节烧包

“烧包”是当地一个特有的词汇，指的是通过不计后果的花费来炫耀自己。在向来崇尚节俭的鲁地，“烧包”往往带有强烈的讽刺意味。但是当其与“过节”联系起来时，意义就不一样了。“过节烧包”是当地人在节日期间的口头词，用以形容节日期间的铺张浪费。青石关的村民们普遍有着忙忙碌碌、省吃省穿的日常生活习惯，但是长期的压抑必然需要一定的宣泄，于是在节日期间民众往往放下手中的活计，不惜花费数倍于平日的金钱去享受节日带来的快乐。当然对于农村大众来说，过节的花费有相当大的一部分用在了购买和制作各种供品和祭品上。据当地人回想，“过节烧包”这四个字总是在花钱的时候从自己口中不自觉说出来。这一方面体现出一种自我调侃的意味；另一方面也是对自己的一种心理暗示和安慰，提醒自己“大过节的多花点钱无所谓”，高兴就好。

青石关村的村民们虽然大多数都从事着与工业生产相关的劳动，但其在岁时节日方面仍然保留着农耕社会的传统，不但民间所有节日都遵从农历，还在一些环节体现出了浓厚的“春祈秋报”的意识。不过从过节的具体细节方面，我们还是能够看出人们因特殊的身份和经历而演绎出的地域特色。

（一）春节

赶年集 青石关的民众一般从农历腊月二十就开始为春节忙活了，因为这天是八陡年集正式开市的日子，大家要置办小年以及忙年所需之物。八陡大集规模盛大，历史悠久，逢五、十开市，以流动摊贩为主，按经营种类分为不同的区域，蔬菜调味、肉蛋鱼类、瓜果干货、糕点零食、服饰布匹、烟花爆竹、花鸟鱼虫，甚至风水算命等都有自己的专属区域。八陡集原本位于东顶、北河口、青石关三村之间的五龙溪滩涂上，沿五龙溪河道往西与岳阳河道相连接，绵延数里。中华人民共和国成立后，随着河道变窄、河流干涸以及村落的发展，五龙溪滩涂基本消失，八陡集转移到了岳阳河谷地。但五龙桥上的八陡大集碑和一侧的关帝庙仍然保留了老八陡大集的记忆，尤其是

当地的老人们对于过去的八陡集有着非常浓厚的感情。对于关帝庙的由来，村民有着自己的一套解释：

> 传说八陡过去有俩集：一个阳集，一个阴集。阳集就是五龙溪边的这个集，是给人赶的；阴集在现在青石关的观音堂附近的水沟里，是给小鬼赶的。阴集不如阳集地方大，东西也不如阳集那边全，小鬼们隔段时间就让岳阳河发次大水，淹死几个外地的小贩，到那边给他们卖东西。眼看着八陡大集外地人都不敢来了，大家才在河边修了关帝庙。后来又有人提出来，修关帝庙光管着小鬼不能祸害阳集，是治标不治本，还不如盖个观音堂把阴集压住，所以就又有了青石关的观音堂，又叫“南庙”。①

这段充满了神异性的历史记忆来自于青石关村的农民周庆栋，其中包含了对岳阳河洪涝灾害的记忆，这与青石关村及周边村落的空间设置有关。八陡的居住空间大多位于山脚至山腰一带，河谷地带作为村落中少有的平地，既是村落通往外部世界的主要干道所在地，又是村落主要的群体活动中心。一般来说，集市都会设立在空间充足、交通方便、有一定人气的地方，所以河谷地带几乎是集市的唯一选择，但选择了河谷地带的同时，也就意味着要承担洪水的风险。

民国时期的《八陡集记》石碑

在中国北方的乡村社会，历史久远的集期市场往往会伴随有关帝庙的出现，八陡大集也不例外。过去的八陡大集缺乏必要的管理机构，集市各个摊位的位置、大小以及相同产品的定价等事务完全依赖商贩们自己推举出来的自组织管理和大家的自觉遵守，因此八陡大集在当地又有“义集”的称号。在无文字的传统乡土社会，集市的秩序很难用文字在固定的地方一一

① 讲述人：周庆栋，男，青石关村人。时间：2015 年 2 月 12 日。地点：青石关周庆栋家。

呈现出来，而是作为一种“老规矩”内化于人们心中。这也就意味着需要有一个唤醒和强化的机制来保证这些老规矩在市场中持续发生作用，于是在操控民众精神方面有着先天优势的信仰被推了出来。而关帝因为自身带有忠义的标签，自然而然地成为了集市管理秩序的守护之神。

腊月二十的八陡集只能算是年集的一个序曲，但因为它是小年前的最后一个集市，所以也很热闹。小年夜是灶王爷上天的日子，旧的灶王爷上天了，新的灶王爷就得预备下，因此每年的这一天也是灶王爷贴符脱销的日子。当地所卖的灶王爷贴符除了有灶王爷像外，画像上方还会有新年二十四节气的分布、太岁方位等一些信息，生产厂家为节省成本只在腊月批量生产，再投入市场，所以腊月二十的集市就变得尤为重要。在通信方式不甚发达的年代，买灶王爷像实在是一个很麻烦的事情，因此也有人称腊月二十的集为“麻烦集”：

坐落在老大集一侧的关帝庙中的关圣帝君神位

> 腊月二十又叫“麻烦集”，为啥呢？腊月二十得买灶王爷像，那时候没有手机，干啥都得寻思着来。比方说，大哥去赶集一看到灶王像就想着二哥、三哥可别忘了买，就一次性买了三张，这要是他俩真没买还好说，要是有一个买了，灶王像多了，麻烦事就来了。灶王爷是一家之主，家里不能容二主，你还不能撕了扔了，就得往外送。于是便挨家挨户问问谁家还没有灶王爷，赶紧往外送。反过来情况也有，大哥想着二哥买，二哥想着三哥买，到最后哥仨谁也没买，那就得挨家挨户管人家要去，也是个麻烦事，谁家能多个灶王爷啊！①

① 讲述人：魏省长，男，青石关村人。时间：2015年2月7日。访谈地点：八陡庄魏省长家。

腊月二十五的八陡集是年前最大规模的集市，家庭中的每个人都有自己的任务，主妇要买蔬菜、肉蛋、水果，男主人则忙于为家里添置花鸟鱼虫，买下几挂鞭炮烟花，还有买瓜子、花生等干货炒货，新衣服，上供用的黄表纸和香，年画春联等，也有很多人趁此机会添置一些新家具，好多家庭要来往好几次才能把所有年货都备齐。

腊月三十的集市在当地又被称为“穷汉集”，主要是因为有些家里生活困难的实在是没钱置办年货，就一直往后拖着不买，直到腊月三十眼看着明天就要初一了，实在没办法了才去集市上逛逛，看看能不能捡个剩，好歹对付对付。实际上按照民众的经验，年三十大集上的东西要么特别便宜，要么特别贵。卖家卖不了的东西才会便宜处理，但是像包饺子用的韭菜、肉之类的则只会越来越贵。青石关村的一位老人回忆 20 世纪 70 年代的时候，自己家里穷，一直过了腊月二十九才凑出来 10 元钱用来置办年货。大年三十的时候他去八陡集上去买肉，却发现肉的价格比以往贵了近 1 倍，为了省钱他只得一个肉摊一个肉摊地对比，看哪家便宜，最后竟然一直走到了近 5 公里路之外的窑广，在那里买了块相对便宜的肉，这才过了年。

赶年集

按照当地的传统，一过了腊月二十三，各地的集市就开始“乱了架了”。所谓乱了架了是指集市的市场秩序开始松弛，任何人都能随意去市场上售卖任何物品。究其原因：一是具有官方背景的市场管理人员也开始休假忙年，他们不再严格控制摊位，也不再收取摊位费；二是过年时候各家各户都开始储备年货，有许多东西比如年前杀的猪和羊等，自己家用不了、吃不完就会拿到集市上卖，因此腊月二十三后的年集比以往任何时候都要热闹、拥挤。而“乱了架了”这个词后来也从专指集市扩展到年节期间的日常生活整体，慢慢地人们也经常用“乱了架了”来形容某个人家里出现家庭矛盾或者遭遇变故，从而导致生活进入一种无序状态。

对于青石关村的退休工人来说，娱乐休闲性逐渐代替了置办年货，成为他们赶年集的主要目的。他们不只去八陡年集，而是周边城镇的所有大集都去体验，2 公里外逢一、逢六的石炭坞大集，1.5 公里外逢二、逢七的岳庄大集，甚至是 10 公里外博山城区的大集也都会去，他们称呼自己这种到处赶集的行为为“赶串集”。实际上几个大集所售卖的东西基本相同，因为都是同一批商贩在不同集市来回“串”。不过，平时清静到近乎孤寂的他们也并没有特定要买的东西，只是在集市上闲逛，跟老熟人唠唠家常，跟陌生人随意搭讪，体验一种熙熙攘攘、热热闹闹的感觉。“赶串集”的现象也从侧面体现了民众生活水平和区域经济发展水平的显著改善。随着物质生活条件的提高，以往在过年才能吃、用的东西在现今的日常生活中随时随处可见，所以年货相对也就不再那么重要。另外，民众生活水平逐渐提高，尤其是退休工人每月的退休金少则三四千元，多则过万，他们不再需要在集市上精打细算，货比三家以求买到最便宜的年货，这也就大大减少了用于办年货的时间。还有就是，博山区内的公共交通已经辐射到城郊的乡镇，八陡大集所在地即为 11 路公交车的终点站，而前述几个大集恰巧都在 11 路沿线上，退休工人们持老年卡就可以免费乘坐公交车到任何一个集市，为他们“赶串集”提供了方便。

小年 当地以腊月二十三为小年，白天大扫除，人们称之为“扫屋”。床、柜子这些大物件都要搬来挪去，以方便清扫房顶屋角，床单被罩要换洗干净，锅碗瓢盆这些小物品也都擦得一尘不染，庭院、厕所、厨房甚至是水池这些附属物也得清洗得干干净净。因此，“扫屋”是一个颇费时力的大工程，一般需要全家人忙碌一整天。不过对于刚刚搬到社区不久的住户来说，没有了庭院、水池，又是新房子，周遭的环境也比较好，尘土不多，扫屋就显得

轻松多了,甚至有些住户都不再专门打扫。

小年夜要送灶王爷上天。传说灶王爷管理家庭的事情,因此人们经常会借用灶王爷来对孩童进行道德规劝。三四岁的孩童尚不懂得礼数,有时候会对自己的父母及其他长辈出言不逊。每当这时,家中长辈便会告诫孩子们:“你所说的所有的脏话,门后面的灶王爷可都听到耳朵眼里去了,你要再说,等到腊月二十三那天灶王爷上天可就把这些话全部告诉玉皇大帝了,到时候玉皇大帝想法子把你收走,我们可管不了。”[①]当地人都非常认真地表示:“别的理儿他们都不信,就这个信!”[②]可见灶王爷作为一家之主的信仰认同在当地拥有着深厚的根基,而且在维护家庭伦理秩序中发挥了重要作用。

除夕 全国各地几乎都有除夕之前贴春联的习俗,但在当地,由于腊月三十事情比较多,民众大多在腊月二十九贴春联。过去人们都是自己准备红纸,然后带着小礼品去请村里的文化人帮忙撰写对联。村里的文化人会根据请求者的家庭特点,如做小买卖,或者新添了人口等,写出适合他们的春联。张贴春联并不使用胶水胶带,而是自己煮一碗黏稠的面糊,依靠面糊的黏度来贴春联,有些淘气的孩子还会一边贴春联一边顺嘴吃两口面糊。现在市面上出现了各式各样的春联和年画的印刷品,虽然无论从制作工艺上还是形态上都要比手工制作的美观精致,还自带胶水,但统一的内容和形象在保留住了过年的喜庆气氛之时,却失掉了自家的特色。

腊月三十“请家先”。因为当地人在和第三者对话时习惯称呼自己的长辈尤其是父母为“俺家客”,所以请家先在当地又被称为“请客”。相比去祖先墓地上坟,请客在仪式程序上更加简单,事先需先用长方形红纸折叠成牌位的形状,中间用两根筷子支撑起来插在馒头上,在红纸正面写上“本门三代宗亲”六个大字,放置在堂屋正中方桌上,然后摆上饺子、春卷等供品以及香烛、烧纸等祭品,按“神三鬼四”的说法烧四盘香,烧尽后磕四个头,再把备好的烧纸烧掉就算结束了。不过若是家中有长辈故去,则 3 年之内不能“请客”,只能去坟前拜祭。据说是因为害怕故去的人恋家,请到家中后不肯离

---

① 讲述人:陈维修、魏春长、周庆栋等,男,青石关村人。时间:2014 年 10 月 23 日下午。地点:青石关村居民委员会会议室。

② 讲述人:陈维修、魏春长、周庆栋等,男,青石关村人。时间:2014 年 10 月 23 日下午。地点:青石关村居民委员会会议室。

去，使家中的小孩子不健康。

除夕夜也是举家团圆之夜，已经独立出来的小家庭和在外地安家的晚辈都会回来，带着各自准备的美食聚到大家长家里，一起吃饭，庆祝除夕。现在，随着经济的发展，有好多家庭图省事，直接到饭店聚餐。而许多大饭店也顺应形势，推出了专为除夕定制的“年夜饭”。年夜饭的价格往往比平日高出数倍，但由于时间集中，数量有限，年夜饭还是持续升温，预定早在10月份就已开始。聚会过后便各自回家，旧时八陡庄也曾有通宵守岁之俗，但现今早已被观看春节晚会和燃放烟花爆竹所代替，上千响的鞭炮、二踢脚、礼花弹、钻天猴竞相燃放，大人小孩齐声叫好，场面甚为壮观。随着手机的普及，人们也多了一项互发短信拜年的任务，为自己不在身边的亲朋好友发一条祝贺短信已然成为新的文化内容，而各式各样的春节祝福短信也几乎成了新的民俗事象。

我们看到，在当今社会，年夜饭和春晚似乎已经取代了各种习俗和禁忌成为除夕的核心文化，尤其是“看春晚”这个只有近30年历史（单考虑最早一届春晚开播的时间，忽略电视在农村普及的时间）的文化现象，我们虽不能肯定地说已经成为一种新民俗，但不可否认的是，春晚一诞生就以一种“众乐乐”的姿态将中国千万个家庭的个体时空汇集成整个民族的集体时空，大家在此时此刻做的基本是同一件事情，这是一年之中少有的现象。可见春晚已经被大多数的民众所认同，即使它近年来遭受了非常多的质疑和批评。而且从某种程度上说，对春晚的质疑和批评也恰恰表现出了春晚在民众心中的地位以及民众对春晚的期待。

可以说，春晚的出现客观上使一些旧的习俗消失了，却完全没有抹去年节在民众心中的神圣感。春晚时间仍旧是那个多种信仰与禁忌集中、佛道仙各种神祇扎堆的时间段，看春晚并不能阻碍家庭成员之间聊家常以及通过短信、电话等方式向远在他方的亲朋好友拜年，同样也不能阻碍民众内心对美好事物的期盼、对年的期盼和对神的信仰。春晚以其强大的吸引力使家庭成员聚集到一起，而其舒缓的节奏、冗长的篇幅又为大家在尽量不离开电视屏幕的前提下思想的走神提供了可能。因此，春晚为人们提供了一个人与人交流的时空，也为人们提供了一个人神沟通的时空。

从春晚本身的内容来说，晚会中年年都会出现的中国龙、对联、火红的

唐装、民族舞蹈都是一种民俗符号，它们时刻提醒着电视机前的观众，我们都是“炎黄子孙”。这些民族符号作为一种身份象征给予人们强烈的归属感和认同感，而节目中对祖国大好河山的不吝赞美则增强了民族自豪感和自信心。

初一早上四五点钟，家家户户开始祭拜天老爷、颜奶奶、财神、观音等神灵，需在庭院放置一张天地桌，摆上供品，面向南方烧香鞠躬，恭请诸位神灵下界享用供奉，待三盘香烧尽以后，全家男女老少按辈分前后排开一起磕头祭拜，磕完头后再将提前准备好的烧纸烧掉，至此仪式就全部结束了。需要指出的是，财神在八陡庄被认为是不能随便请的神，只有做生意的、开工厂的买卖人才可以请财神。所谓请财神实际上就是买一个财神像，然后再找当地的神职人员开光即可。像财神、观音这种在家里有神像、神龛的叫作“住家神”，逢初一、十五就得简单祭拜一下。住家神需要在家中发挥作用，如果神灵没有了用武之地就需要送走。俗话说“请神容易送神难”，所以当地人不做买卖的很少会请财神。

祭拜天神的仪式结束后，民众会在庭院正中堆木柴点火，火要一直燃烧到初一午夜以后，而灰烬则要过了五马日才能清除，谓之“插火头”或“燃火头”。插火头的仪式源自当地一个传说：当地有一种鸟名为“苦泪鸟”，每到大年初一的时候就会出来到处飞行，边飞边流泪。它的眼泪传言是苦泪，滴到谁的家里，谁家在新的一年就会备受磨难，使得家里人泣涕涟涟，天天以泪洗面。所以，人们就纷纷在庭院中燃起火把，驱赶苦泪鸟，企图在苦泪鸟的眼泪落地之前将其及时烤干，因此就有了插火头的仪式。不过这则传说太过久远，就连六七十岁的老人都有很多人不知晓。所以当问起点火把的原因时，大多数人都会根据火的形象特征和一贯的寓意，说是为了在新的一年里红红火火。

初一早饭后要去拜年，当地流行晚辈要在天亮之前给长辈拜年，若是别人来拜年的时候一家人刚好在吃饭就会有一种特别不体面的感觉。因此，每逢过年，老人们大多彻夜不睡，连夜包饺子做饭，往往四五点钟就已经吃完饭等待晚辈前来拜年。另一边，去长辈家拜年的晚辈一般是由同一祖父的堂兄弟组成一个小团体，一起去五服内的长辈家拜年。出门拜年要尽量在中午吃饭前拜完，一是由于拜年的人一般在中午有聚会，另外还担心下午

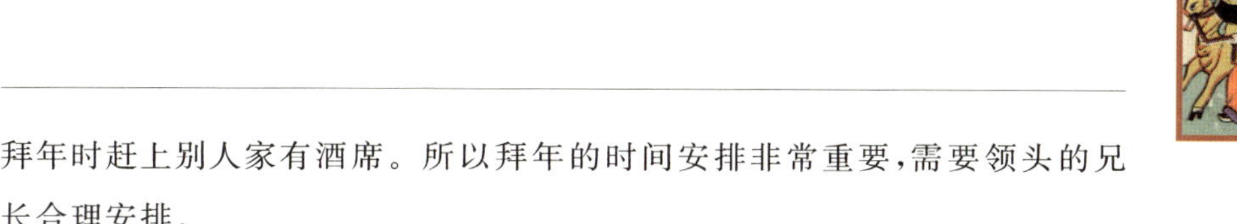

拜年时赶上别人家有酒席。所以拜年的时间安排非常重要,需要领头的兄长合理安排。

另外,要去哪些长辈家拜年,有哪些长辈因为故去、生病、搬家或是其他原因而不用去,又有哪些原本不用去的长辈今年必须要去了,怎样能用最短的线路把所有要拜的长辈家“串联”起来,也需要带队者来规划。因此带队者便在队伍中有了一种权威,而且这种权威也不仅仅体现在安排时间和规划路线上。在队伍的行进中,带队者要走在最前面,以与大街上遇到的相熟的队伍寒暄。去长辈家后也是带队者给长辈拜年,其他弟兄都会很自然地走在队伍后面,待带队者与长辈握手之后再与长辈寒暄。在长辈家待的时间长短也是由带队者决定,带队者起身辞别之后,其他人也要立刻起身。要是有人因故离开,也会与带队者打好招呼。需要指出的是,权威的取得不会有相应的赋予仪式,而是年龄最长者自动获得。权威的维护也不需要制定必须遵守的规则和惩戒措施,权威的变更也仅仅是因为前带队者年满 60 岁自动退出。当然以上所说的种种权威表现,也并不像族规家法那样是当权者自己制定的,而只是一种带队者不要求,其他人主动维护和遵守的约定,是建立在长幼尊卑观念之上的一种“天经地义”的权威。

元宵节 正月十五元宵节,青石关村家庭条件比较好的人家会在大门上挂两个大红灯笼,元宵节如同中秋节一样也是一个团圆的节日,因此元宵节的活动主要是晚上的家庭聚会。聚会中重要的内容就是吃汤圆,以期望全家团圆、合家欢乐。聚会结束后,有条件的家庭会赶到博山城观看挂灯。每年从正月十四到正月十七,博山主要街道会连续展灯 4 日,即十四试灯,十五、十六正灯,十七末灯。在张灯期间,假如一连 4 天都没有大风大雨,挂灯一直明亮如初就叫作“收灯”,意味着大吉大利。对当地的农民来说,“收灯”的出现象征新的一年会有好的收成。他们认为,正月十四的灯象征了在夏季收获的作物,正月十五的灯象征了在早秋收获的作物,正月十六的灯象征了在晚秋收获的作物。元宵期间,除了展灯,博山城区还有来自各个街道、村庄居民组成的秧歌、高跷、舞龙、跑狮、旱船、抬芯子等“扮玩”队伍,热闹非凡。

与农民将五谷丰登的希望寄托于挂灯相比,市民和工人阶层显然并没有这样的想法,他们更加注重元宵节的娱乐性。村里一位从山东机械厂退休的老工人就经常回忆起他年轻时候骑自行车看挂灯的事情:

我年轻时候刚买了自行车，大二八(指车轮为28英寸的自行车)，骑着带劲，就愿意出去走走。正月十五下午五六点钟吃完饭，拿上几张大煎饼，脚蹬子一蹬就出发了，直奔周村旱码头，专挑小路走，人少车少，40公里的路程不到2小时就到了，七八点钟周村的挂灯刚刚开始，边休息边来回转转。九十点钟再从周村出发，一口气蹬40公里到张店，那就已经12点以后了，在张店再转一圈凑凑热闹，休息够了就骑20公里到淄川西关。那年代，淄川西关大集那边还有打铁花的呢，那时候的人都实在，精力也旺盛，冲着那孝妇河，一打就打一宿。看看打铁花，就已经是晚上3点钟了，这才再骑着车子回博山，又是20公里。实际上仔细想想这一晚上都折腾到路上了，当时不觉得啥，过后可是好几天腿疼腰疼，骑的这个三角形的路线加起来可得有120公里呢，都能从咱这里骑到济南了。这么走一回成习惯了，年年都想去，连着去了好几年，一直到后来孩子们大了，吵着也要跟着，这才没法去了，就光去博山城看看算事。①

每年元宵节期间，八陡镇各个村落都会在文姜大道上布展

① 讲述人：王士祥，男，青石关村人。时间：2015年2月13日。地点：八陡11路公交终点站附近。

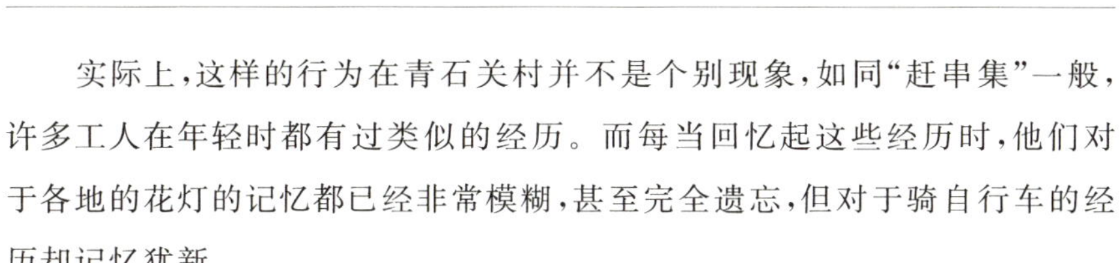

实际上，这样的行为在青石关村并不是个别现象，如同“赶串集”一般，许多工人在年轻时都有过类似的经历。而每当回忆起这些经历时，他们对于各地的花灯的记忆都已经非常模糊，甚至完全遗忘，但对于骑自行车的经历却记忆犹新。

（二）其他重要节日

二月二　二月二在当地除了有“二月二，龙抬头”的说法之外，还是一年中难得的好日子，因为本身有两个“二”，所以有很多与结婚相关的仪式，如“送柬”“看日子”等等。而已经结婚的女子，则有在正月初二与二月二回娘家的习俗，正如民众口中所说的顺口溜一样，“两个二，回娘家；六月六，给俺娘割块肉”。过去，一到了二月二，煤矿上的工人们就不再愿意下井采煤。有村民给我们解释道：

> 你看这俩“二”，你再想想“井”这个字，“井”也是俩“二”，但是有竖着的。二月二就不行了，都倒了，不就是意味着井要塌嘛。你再看看这俩“二”，像不像倒了两口井？所以二月二这天给多少工资都不下去。①

青石关村还有在二月二这天炒豆子的习俗。炒豆子最初的目的在于用豆子象征冬眠出蛰的蝎子、蚂蚁等昆虫，人们主动“吃掉”这些昆虫，就可以避免它们叮咬民众，因此当地人称呼二月二炒豆子的行为为“炒蝎豆”。炒蝎豆要去有泥炉灶和大铁锅，又相对宽敞的人家去炒，炒完后边走边吃，路上遇到熟人还会相互品尝对方的豆子。如村民所讲：

> 炒蝎豆就吃它那股热乎劲儿，豆子热乎，心里也稀罕、也热乎，路上你吃吃我的，我吃吃你的，实际上都一个味，就是图个乐呵。回到家以后，再给孩子们口袋里装点儿，他们又跑出去边玩边吃。吃没两天，热乎劲儿过去了，就都不愿意吃了，时间一长就不能吃了。所以，现在不像以前那么实在，狠狠地炒上半袋子，现在做得少了。②

二月二吃炒豆与煤矿工人不下井的习俗都与地域社会的特殊地理环境

① 讲述人：陈维仕，男，青石关村人。时间：2014年6月23日下午。访谈地点：青石关五龙桥陈维仕老家。

② 讲述人：陈维仕老伴，女，青石关村人。时间：2014年6月23日下午。访谈地点：青石关五龙桥陈维仕老家。

密切相关。青石关村地处鲁中山区，居民都在山上居住，居住环境中的虫蚁自然非常之多，因此才有了隐喻虫蚁的“炒豆”习俗。吃炒豆的行为既体现了当地虫害频繁的现实，也象征了当地人灭绝虫害的美好愿望。煤矿工人不下井的禁忌一方面体现了当地煤矿业的发展，另一方面也体现了人们在开发和利用自然的过程中，对未知领域的恐惧。

清明 清明节在当地除了家人集体去先人墓地扫墓、祭拜之外，也是一个与农业有着密切关系的节日。过去春耕往往在清明前后进行，农户会在清明这天特意蒸一碗米饭喂牛，边喂边说“打一千，骂一万，清明一碗饭”，以此来宽慰被人类驱使的牛，并感谢牛在春耕中的辛苦劳作。另外，人们还会祈求祖先和上天保佑今年的春耕能有大的收获，并以清明当天的天气来预卜今年的雨水状况，因此，清明节充满了“春祈”的意味。

每逢端午节，家家户户都要往门上插艾蒿

端午 农历五月初五是端午节，当地又称“过单五”，家家户户都会在门上插桃枝、艾草，并在家中孩童耳内和囟门涂雄黄，并用雄黄、艾叶等香料缝制荷包或用桃木雕刻成桃木人，以红绳拴住悬挂于房内或佩戴在家人身上，所有这些行为目的都在于驱毒除瘟、避除虫蝎、驱邪却鬼。家中大人还会让孩童用艾叶煮好的水洗脸以祛除百病，有很多老人至今仍对小时候的这一习俗记忆犹新。当地端午节的特定饮食除了粽子之外，还会吃用艾叶煮出来的鸡蛋，还流行吃用糯米或黄米做成的糕，以取步步高升之美好寓意。

六月六 农历六月六为继二月二后又一月日相同且吉利的双数日子，适合举办与婚姻相关的仪式。此外，当地还有六月六女子回娘家纳鞋底的习俗，八陡庄“接颜奶奶回家歇伏”的仪式就源自这样的习俗。六月六还与农业有关。六月六恰逢新麦收割，人们会取一些新麦炒熟，磨成粉，制作成“炒面”，加温水和红糖搅拌，然后攥成团食用。这一方面品尝新麦，意在表明今年收成不错；另一方面，民间认为炒面和红糖性温，食之可以褪睡凉席所淤积在体内的凉气，祛有关腹泻的疾病，同时也能祛暑气。如果六月六天气晴暖，阳光充足的话，人们还会将自家衣服、书本拿到太阳底下暴晒，有“六月六晒龙袍”与“六月六晒皇经”的说法。

在青石关村，六月六还被认为是山神老爷的生日，是日，所有从事与山有关的职业的人都会到山神庙祭拜山神老爷。据老人们回忆，就连当初生产队时期，生产队上下都非常重视山神。如村民所讲：

> 每到六月六，村里生产队的队长就会派队里养羊的去山神庙拜拜山神。为啥拜山神呢？是因为羊虽然不归山神管，但是羊需要到山上吃草，草归山神管，而且山上吃羊的狼也归山神管，所以养羊的也需要祭拜山神老爷。①

对山神老爷的重视也体现了山在当地经济生活中所起的重要作用，还表明纯农业生产也需要遵循一定的秩序和规矩。

七月十五 农历七月十五为祭拜祖先的日子，与除夕一样，七月十五祭拜祖先的方式也为“请客”，无须去祖先茔地，只在家中祭拜即可。在包括博山、淄川等地在内的淄博地区以民间传统的清明、七月十五、十月初一三大鬼节以及除夕这四个祭拜祖先的节日来看，选择上坟还是请家先是有讲究的，其中的“逻辑建立在人与祖先所处不同空间的互动关系之上，人和祖先分居

当地庙宇中的麻姑形象

① 讲述人：陈维仕老伴，女，青石关村人。时间：2014 年 6 月 23 日下午。地点：青石关五龙桥陈维仕老家。

于不同维度的空间之中，墓地作为两个空间的连接点是唯一可以与祖先进行‘物的流通’（如寒食扫墓添土以象征修缮祖先的居所、寒衣节给祖先送寒衣等等）的地点，因此在祖先不被允许进入人的空间之时，就需要以上坟的形式祭拜祖先。而七月半在当地被认为是鬼的节日，有‘七月十五鬼门开’的说法，所有的鬼都可以自由进入到人的世界；腊月三十因为过年的原因，鬼门关会第二次被打开，人们才会选择请家先的祭拜方式。将祖先请到家中赋予了祖先回归家庭的权利，但同时也是民众必尽的义务。按照村里的传统，如果没有做请家先的仪式，那么他的祖先就会抢别人家的酒菜供品，在给别人带来骚扰的同时自身也会失去祖先的庇佑。因此，祖先祭祀的相关仪式映射出的是村落文化体系对家族、宗亲、世系的情感维护与道德约束”[①]。

不同于除夕祭祖，七月十五的祭祖需供以新熟的谷豆瓜果等丰收之物，农历十月初一也需要以玉米、大豆、高粱等秋季收获的粮食为供品，意在报告祖先全年收成良好。过去八陡庄在七月十五还有祭祀“麻姑姑”的习俗，麻姑姑即为道教系统中的女神麻姑。在我国北方一些地区，七月十五祭祀麻姑的传统由来已久，究其起源也有诸多说法。而八陡地区祭祀麻姑的活动缘由已无可考，在仪式上也与其他地方有所不同。祭祀麻姑的仪式一般为集体活动，为首两人需手持两根经过盐水浸泡的长麻秆在前引路，后面的人则拿着新收的谷子一起恭请麻姑下凡，可见当地人是以谐音的方式理解麻姑的神职。在他们眼中，麻姑并不是违抗父命的秦始皇之女，而是专门掌管麻和谷的农业之神，因此对麻姑的祭祀也就与其他地区大不相同，体现的是“秋报”的农本思想。

---

① 张帅：《“礼”与“事儿”：信仰体系与实践的存在机制探析——以鲁中洼子村为例》，《民俗研究》2016年第4期。

第四章 修庙与拜庙

青石关村的信仰活动非常多，除了岁时节日以及人生仪礼中的诸多信仰习俗和禁忌之外，村里的善男信女还会在特定时期去各地的庙宇参拜神灵。与此同时，他们还通过修庙来积累功德，村里已经故去多年的王老太太在其中发挥了重要作用。

一、王老太太的传奇

"王老太太"是村里人对村里一位颇有传奇经历的信仰权威的尊称，她的真实姓名为王会彩，1909 年出生于八陡庄，后嫁与青石关村的孙家，因此村里的一些农民也会按照传统习惯称呼她为"孙老太太"。王老太太自小时候起就喜欢跟随大人们参加各种信仰仪式，回家后就在家里模仿大人们在庙里的行为，摆弄各种香篓纸钱，口中还不时念念有词，因此村里人都认为她天生就带有"神行"。当地民众对"神行"有着非常明确的概念界定：

> 有神行和有神根不一样。神根是注定的，你出生的时候带着神根出来，就意味着你以后得通神，神找着你身上的神根才能上你的身，这就叫"通神"。神行就是说你虽然没有神根，不能通神，但是你知道怎么伺候神，这个有的是天生的，有的就是后期自己修炼的。后期修炼的肯

定不如天生的，天生的都是神自己选的，他看你有资质，就让你有神行来伺候他，孙老太太就是天生的有神行。[1]

按照村民的理解，有神根的一般会成为神婆，借助神灵的力量来解决现实生活中的问题；而有神行的则指专事伺候神灵的仪式专家。可见在村落社会中，在信仰方面看似含混的民众对民间各种权威的区分实际上是比较清晰的。村里人对王老太太最初的定位就是仪式专家。事实上也的确如此。王老太太在村落集体社会中的登场就是从复兴仪式开始的。村民陈立和讲道：

我今年（2014年）57岁，十七八岁（1974、1975年左右）的时候，我就跟随王老太太偷偷接送颜奶奶了。那时候王老太太跟我们四五个人说，咱们已经有20多年没请奶奶了，于是她就带着我们去请奶奶。那时候政府查得严，我们都是趁晚上偷偷摸摸地去，偷偷摸摸地回。……

有一年请奶奶，民警知道我们的时间早就埋伏好等着了。我们一见民警就跑，你跑得再快也是没准备，而且我们也是走了20里路了，哪比得上人家跑得快。眼看着就要被抓住了，老太太一下子趴到地上，就抱着民警的腿，让我们先跑。从那以后，我们这帮人对王老太太更加尊重了。她也从来不藏着掖着，认认真真地教我们这些年轻人怎么上供、怎么唱经，我是学得最多的一个。[2]

从陈立和的回忆中我们看到，王会彩是一个具有一定号召力和感染力的人物。她依靠个人的努力以及不计后果的付出，成为当地拜神灵的仪式专家。1988年，时年79岁的王老太太因病“去世”。那时候博山还没有推行火葬，当地的丧葬仪式非常繁琐，往往要几天以后才入土为安。她的家人将灵堂装扮好，白纸贴满门框，烧了纸马。当各方亲朋好友都前来吊唁之时，“去世”了7天的王老太太突然又起死回生了，并且看起来比以往更加硬朗。在众人惊奇的目光中，王老太太告知大家，她“去世”以后见到了玉皇大帝，玉帝跟她说在那边还有好多活没完成，就又把她打发回来了。这样的神奇经历让王老太太在信仰仪式中的权威得到进一步强化。但王老太太显然也并不满足于仅仅作为一个仪式专家，于是借着这段神奇经历，她开始将注意

① 讲述人：周庆栋，男，青石关村人。时间：2015年2月21日。访谈地点：青石关周庆栋家。

② 讲述人：陈立和，男，青石关村人。时间：2014年10月3日下午。访谈地点：青石关五龙桥陈维仕老家。

力转向公共性的信仰事务，如修庙、组织大型朝会等等。

在“死后余生”的10多年间，王老太太几乎凭借一己之力，组织人重建了3座庙宇，参加了几十次拜庙，成为整个八陡信仰世界的中心人物。此时的王老太太在一些民众心中已经近乎是半人半神的形象。2001年，王老太太以92岁高龄离世，因为家人对她不顾自己和家庭、完全投入到信仰事务中的行为颇有微词，所以选择了低调处理老太太的后事，反倒是她的那些追随者们在另外的场合以其他的方式展开了对王老太太的隆重悼念。时至今日，仍有很多人在感念王老太太的功德，以各种方式来怀念她。

二、乐此不疲的修庙活动

八陡各大庙宇的复兴与重修就是从王老太太重修黑山顶玉皇庙开始的。1988年，王老太太“死而复生”之后，感念于玉皇大帝在梦中对她说的话，决定将黑山上的玉皇庙重新修建起来，于是便开始攒钱（即筹钱）。她从青石关村开始一路往西走，每家每户地敲门，反复地劝说甚至哀求，用了2个多月的时间，敲了近千家的大门，一直攒到了石炭坞。但由于那时候国家对民间信仰的态度尚不明朗，大家还是比较谨慎，所以攒的钱并没有预想得多。王老太太只能四处借钱，并亲自参与修庙活动，还得时常应付政府部门的盘问和调查。对此，村民陈维修回忆道：

你是不知道王老太太那时候有多苦，攒了一路钱也没攒到多少，找了两三个匠人，买了砖块，钱基本上就花得差不多了。黑山顶那可是500多米高呢，不好爬，匠人们上去了就轻易不下来了。那时候山上光秃秃的，啥也没有，王老太太就给他们送饭。年轻人爬黑山都觉得费劲，她那时也是80岁的人了，提着瓦罐，拿着干粮，那小脚“噶哟噶哟”地一趟趟往山上跑。就这还有人跑派出所去告她呢，说她搞封建迷信。派出所的人也知道她不容易，有人告的时候，公安就在山脚下截住老太太不让她干了，老太太就歇几天接着干。

公安也实在是没有了办法，就告诉了咱们公社武装部的徐部长。徐部长这个人为人正派，他亲自去黑山找老太太。大老远就看到老太太一个人背着一大捆柴火，还拿着东西，头发也乱七八糟，一点一点往

山上爬，眼看着就像是累得要晕过去一样。徐部长就想，这么不容易的一个老太太，她能图啥，让她折腾去吧。就跟老太太说，政府这边我给你担保，你自己就好好弄吧，等你修好了庆贺的时候跟我说一声，我给你在庙前头支上三张大桌子用来放供品。从那以后，政府才不再去找王老太太，这也保证了黑山玉皇庙的顺利完成。①

王老太太对于复建黑山玉皇庙有着一种近乎疯狂的执着，以至于公安多次阻止都没能成功。老太太的这种执着源于自身的使命感。“死过一回”的真实经历作为一种阈限，让老太太觉得自己已经告别了原来的身份而进入了一个新的人生阶段。她通过玉皇大帝托梦这件事，来赋予新的人生阶段以存在的意义和向前的动力，正是有了这样牢固的人生信条，老太太才能一路坚持到底。

黑山玉皇庙中的玉皇大帝像

另外，国家顶层设计向地方社会传达的过程，因为地方政府都存在一定的缓冲期和应对期，所以呈现出一定的滞后性和反复性。武装部徐主任最后的态度表明，国家对民间宗教的态度已经有了很大的转变，民间宗教活动在国家大环境中已经有了一定的自由度。而从公安人员的多次劝阻以及徐主任亲往查看的过程来看，地方政府对民间宗教的态度仍旧比较暧昧，充满了对与错的纠结。最后，从普通民众不愿意攒钱甚至不断去告状的行为来看，当时的社会最底层缺乏与国家层面直接互动的渠道，无法及时获取国家的政治方针和基本政策，但是民众却能通过当前的社会事实感知和捕捉国家的大致态度。

① 讲述人：陈维修、陈维仕夫妇、陈立和，青石关村人。时间：2014 年 6 月 23 日下午。地点：青石关五龙桥陈维仕老家。

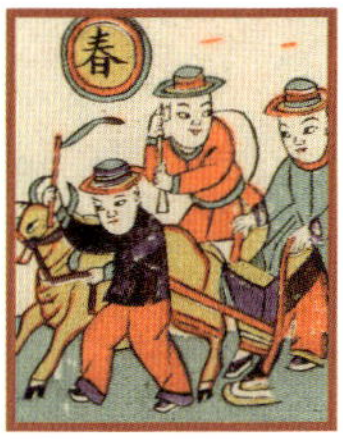

因此，王老太太复建玉皇庙的行为成功地激发了民众对恢复传统庙宇和信仰仪式的热情，王老太太也趁热打铁又在黑山顶山重新修建起了碧霞元君庙。

当时八陡庄已经改制为八陡镇，黑山在行政上隶属杏花崖村，而王老太太所在的青石关大队成为青石关村，因此王老太太频繁在黑山上修庙的行为让青石关的村民们在私底下颇有怨言。年轻的陈立和凭借与王老太太良好的关系，直接“责问”她：“为什么自己村的庙不修，去修别人村的庙？”①那时已经是1996年，王老太太虽然已经87岁，却仍旧主动牵头，带领王孝长、王传俊、魏省长、魏树高、陈维修、陈维仕、周庆栋、陈立和等人着手修缮青石关村观音堂。在村里人的踊跃参与下，观音堂的修缮过程异常顺利，不光恢复了观音殿，他们还增修了颜文姜祠一间，意欲当作颜奶奶回家歇伏的寝宫。但当大家沉浸在成功的喜悦中时，却遭遇了当头一棒。博山区房管局的一纸封条让新落成的观音堂还未来得及举行开光大典就被隔离开来。

王老太太差人四处询问才知道，原来“四清”之后，观音堂曾被改造为八陡南庙小学，产权也被划归为博山区房管局，在没征得房管局允许的情况下任何人不得随意改造和使用。万般无奈之下，王老太太开始为村里争取南庙产权而奔波。在接下来的几年中，他们处处碰壁，却始终未曾放弃。2000年，魏省长、陈维仕和陈立和等人终于找到了“门路”，他们联系到了博山区文物管理所所长穆若信，并按照穆若信的要求，委托村里的文化人根据几人的口述，整理了一篇名为《关于对

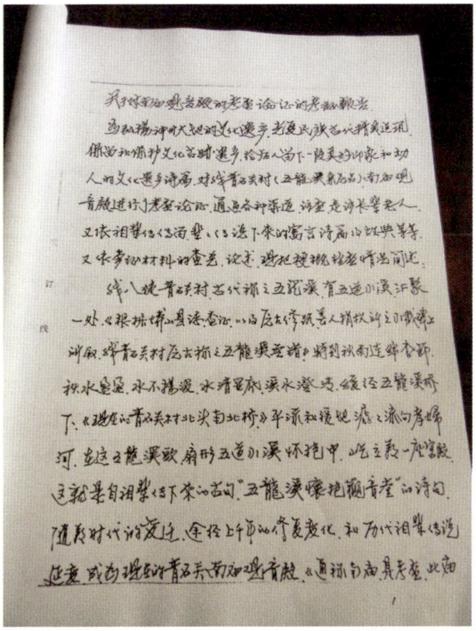

青石关人提交的《关于对南庙观音殿的考查论证的考证报告》的复印件

① 讲述人：陈立和，男，青石关村人。时间：2014年6月23日下午。地点：青石关五龙桥陈维仕老家。

南庙观音殿的考察论证的考证报告》的文章。先由穆若信以博山区文物管理所的名义，将论证报告交予房管局，确定南庙为文物遗址；之后两方签订代管协议书，房管局将南庙交由文物管理所代管；最后青石关村的这帮老人以老人会的名义与文物管理所签订协议，声明文物管理所将南庙交予青石关村老人会委托管理，从此青石关村才顺利拿到南庙的管理权。

2001 年王老太太去世以后，村里的这帮老年人开始以老人会的名义继续从事信仰方面的活动。王老太太留下的修庙的传统也被他们继承了下来。从 2001 年至今，他们先后重修了青石关村的山神庙和村外的二郎庙，并在观音堂里增修了文昌阁、毛主席纪念堂，新塑了观音、颜文姜、文昌老爷、毛主席、门神等神像，几乎每年都有修复的工程。八陡镇的其他村落也是如此，修庙几乎成为各个村老年人晚年生活的重要内容之一：北河口村修复真武庙，阁子前修复观音阁和奶奶棚，东顶村修复关帝庙，虎头崖修复土地庙，杏花崖修复炉神庙以及八陡庄西邻石炭坞各村修复三元庙、关帝庙等，这些行为几乎都是出自老年人的倡导并且以老年人为主要参与力量。

三、拜庙走四方

“拜庙”指的是外出参加其他地区的庙会。村民说：“人家那边的寺庙有庙会，咱们去朝拜，就叫‘拜庙’。”①青石关的民众历来就有去周边地区赶庙会的传统。20 世纪 90 年代初，博山及周边地区的各大传统庙会开始复兴，作为当地有名的信仰权威，王老太太收到了许多庙会的请帖。由于拜庙这项活动在“四清”之后已经中断了近 40 年，所以拜庙活动的复兴从一开始就被框定在老年人这个特殊的年龄群体中。

（一）拜庙的规矩

拜庙并不是简单地逛庙会，宗教活动才是朝会的最主要内容，因此朝会之前需要花费大量时间和金钱制作万民伞、黄罗伞、锦旗、锦标、金墩等信

① 讲述人：陈立和，男，青石关村人。时间：2014 年 6 月 23 日下午。访谈地点：青石关五龙桥陈维仕老家。

物。除了旗、伞、扇等仅用作信仰活动的神物外，他们还会注意哪个庙宇缺什么东西，下次庙会就会送来。这些物品中，以万民伞最为重要，朝会的主要仪式活动就是向庙会主祀神灵敬献万民伞。万民伞的尺寸有着非常严格的规定："万民伞的伞盖必须得是黄色镶绿边，这是皇上才能用的颜色，伞盖打开以后直径必须为 1.8 米，差一点都不行，直径 1.8 米，那么半径就是 90 厘米，9 是最大的数字，又是个吉祥的数字，正所谓一边能遮半边天。万民伞伞盖下面拴着一条条 2 寸宽（约 6.6 厘米）、1 米长的带子，上面写着'某年某月某日某人敬献'。这些人都是当初捐款造万民伞的，万民伞就相当于他们一起敬献的，所以必须得留下他们的名字。"①需要注意的是，每次拜庙并不是只献一把伞，敬献的数量需要与庙中神殿的数量保持一致。所以如果是周边村落的庙会，王老太太都会派年轻人提前去数清有多少间神殿，再开始做万民伞；若庙会的距离比较远且又是初次去，王老太太就叮嘱众人带 18 把伞，到了现场后由她来具体安排。村民陈立和说：

八陡庄村民拜庙时敬献的椅子

我们这些人里头，只有王老太太能跟神家、佛祖对上话。比如说万民伞，我们是出门就带 18 把，到了以后怎么安排全凭老太太一人做主。比方说，去的庙不到 18 间殿，伞送出去又不能拿回来，老太太就得跟佛祖们商量，玉皇大帝是主神给他多献一把，今年大旱给龙王爷多献一把，快要考试了给文昌老爷多放一把。这些东西咱们是安排不了，安排了佛祖也不听，王老太太就行，她有神行。也有不够的时候，我们第一年去泰山，从山下到山顶，伞就不够了。有些殿就光送了锦标，锦标就是按佛祖送，一个佛祖送一面。锦标实际上就是现在常见的"助人为

① 讲述人：陈维仕，男，青石关村人。时间：2014 年 6 月 23 日下午。访谈地点：青石关五龙桥陈维仕老家。

乐”“拾金不昧”的那种锦旗，我们叫“锦标”。那年去泰山献了 18 把伞，外加 80 面锦标。[①]

标有捐献人名字的万民伞

拜庙是一项集体活动，因此在每一个环节都要尤其注意集体性的呈现，对于王老太太等组织者来说，“敬献万民伞”无疑是仪式的最核心环节，需要等到所有人都到齐才开始进行。但对于参与者们来说，他们更加注重居于次要地位的“升文书”的环节。所谓文书指的是登记民众捐款的账簿，一般的写作格式为“某村某人出伞资某元”；升文书则指将账簿烧与众神灵过目。升文书的仪式一般于唱经之后进行，由识字的人先在主祀神灵面前逐字逐句地将文书上记载的姓名、地址、捐资全部通读一遍，再与烧纸、金墩等物件一起升了（当地人认为直接说烧纸、烧文书、烧金墩是对神灵的不敬，应用“升”代替）即可。大家都深信并期待“黄表文书升上去，自有老天赠福人”这句不知流传了多少年的老话，所以升文书的时候，他们都会特意留心自己或者亲友的名字有没有被落下。

拜庙的组织中虽然以女性居多，并且王老太太发挥了核心作用，但每次

① 讲述人：陈立和，男，青石关村人。时间：2014 年 6 月 23 日下午。地点：青石关五龙桥陈维仕老家。

外出拜庙都必须有一定数量的男人，这也是拜庙的规矩。在当地人看来，只有有男人的加入，拜庙的队伍才能成为一个组织，才能作为一个地域的代表：

咱们这个队伍，只有里面有男人才是一会人，要是全部都是女人，甭管多少人，就是一群女人，永远不会说是一会人。咱们接待外面来的人也是这样，只要是由男人领着来，接待的就进来喊“来了一会人”，这时候咱们这边的负责人就得亲自出去接待，问清楚人家代表的是哪个村、哪个镇，这就表明是人家过来支持咱们了；要是来了一群女人，接待的就说“来了几个磕头的”，咱们这边也就不用正儿八经接待了。这就叫男女有别。①

拜庙活动恢复的时候，八陡庄的名字在行政区划上已经消失，被六村所代替，因此这批老人们打出了“淄博市博山区八陡镇众弟子”的旗号，统一以八陡镇的名义与外界交流。但真正参与其中的还是原八陡庄的人。村民说：

这也没有办法，地址必须得是真实的，要不佛祖找不到，你总不能把六个村村名挨着都写上吧。虽然石炭坞、苏家沟、福山没参与，咱们也希望佛祖能保佑他们，都是一个地方的，这也是做好事。②

以八陡镇的名义去拜庙固然有村落政治变迁的原因，但实际上也是老人们现实的需要。

自 1991 年恢复拜庙开始，王老太太带领青石关村以及原八陡庄的善男信女们先后去了八陡附近的岳阳山、五阳山、陈家山、岳庄小南海观音庙等，博山境内的凤凰山、颜文姜祠、峨眉山、城隍庙、莲花山、小顶山、西万山等，淄博其他地区的黑铁山、梓童山、簧山等，以及山东省内的云门山、明山、千佛山、泰山等庙宇。王老太太去世以后，他们还曾远赴省外的五台山拜庙，有的地方他们还会反复去，比如泰山就连续去了 3 次。陈维仕、陈立和等人大致算了一下，他们那几年敬献给各神灵的万民伞已有 150 多把，黄罗伞、锦

① 讲述人：陈维修、陈维仕、陈立和、陈维仕老伴，青石关村人。时间：2014 年 6 月 23 日下午。访谈地点：青石关五龙桥陈维仕老家。

② 讲述人：陈维修、陈维仕、陈立和、陈维仕老伴，青石关村人。时间：2014 年 6 月 23 日下午。访谈地点：青石关五龙桥陈维仕老家。

旗、锦标更是不计其数，走过的地方也基本遍布淄博全境和鲁中的主要信仰区，用陈立和的话就是“拜庙走四方”。

青石关村的善男信女们参加博山城隍庙举行的威灵公出巡仪式

(二)拜庙的经历

村民陈维修对于1996年的泰山拜庙活动印象非常深刻：

1996年，王老太太找到我说：“维修啊，你说咱们天天拜玉皇大帝、拜泰山老奶奶，也没去过泰山，那不是心不诚吗？咱今年去拜拜吧，我召集召集，你安排安排。你有这方面的能力。”老太太一说，我就往心里拾掇，和维仕、陈立和、周庆栋天天研究怎么去，还得安排好，还不能花太多钱。关键是不能花太多钱，吃的大家自己带上点干粮对付对付就行了，实际上就是门票、住(宿)和车费这三块是大头。车我很早就找好了，两辆小客车，车费按人头一人18块钱，这就算是很便宜了。

门票和住(宿)成了难题，我也不能提前去泰山跟那边商量，天天愁得睡不着觉。后来我想起来在厂子里的时候，有年厂里派我去大

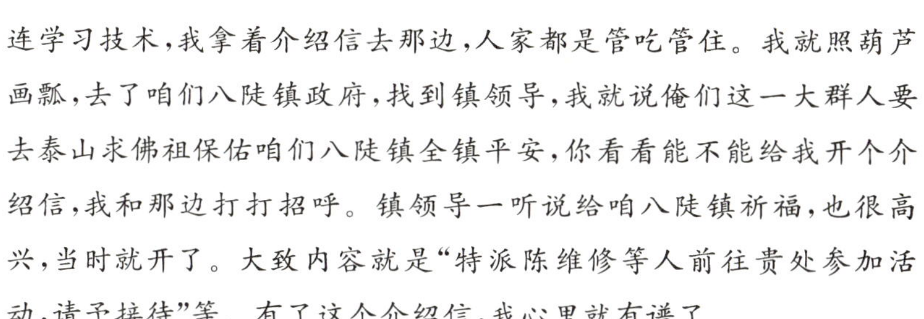

连学习技术，我拿着介绍信去那边，人家都是管吃管住。我就照葫芦画瓢，去了咱们八陡镇政府，找到镇领导，我就说俺们这一大群人要去泰山求佛祖保佑咱们八陡镇全镇平安，你看看能不能给我开个介绍信，我和那边打打招呼。镇领导一听说给咱八陡镇祈福，也很高兴，当时就开了。大致内容就是"特派陈维修等人前往贵处参加活动，请予接待"等。有了这个介绍信，我心里就有谱了。

一开始大家心心念念的又想去又不太愿意去，本来说就 50 来个人，结果到了前一天晚上，都去敲我家门，说明天要去，还都说跟老太太打好招呼了，实际上都没打招呼。到了第二天一早，五龙桥上满满的人，得有上百个，两辆车根本拉不了。我先领着司机师傅到居委会，司机师傅打电话又联系了一辆车过来，还是坐不下。这不又让他们那些后报名的回家拿板凳，到最后，三辆车挤得满满的，再多一个人都不行了。那时候也没有超载不超载这一说，按人头收钱，人越多司机还越高兴。一路上到了泰山，挤得这些老头、老太太都没劲了，这不就得先找地方住下。我拿着介绍信找到招待所，招待所一看介绍信，也是觉着我们这些人不容易，就说也不按照房间收费了，就是按人头，一个人交上 5 块钱，你们自由结合，4 个人一个房间，要不这里也装不下。我又和招待所沟通，说我们是镇上派来的，招待所的人这不才又决定 80 岁以上免费住。

当天下午，我就拿着介绍信和所有人的老年证、身份证找到了泰山的管理人员，说我们是来给泰山上送万民伞和锦标的，人家那边也很高兴，就拿着介绍信去找领导去了。过了大半个小时拿回一张纸来，盖着大红章，叫我填上人数，在纸上登记上姓名，跟我说明天领着人直接拿着这张纸进就行了，这不也没花钱上了泰山。你别看说得容易，可是费了不少工夫。老太太还说呢，你想省钱就得费工夫，你想省劲就得费钱，可不就是这个理。从泰山上回来以后，我半个月都没出门，天天在家躺着休息。[①]

① 讲述人：陈维修，男，青石关村人。时间：2014 年 6 月 23 日下午。访谈地点：青石关五龙桥陈维仕老家。

在乡土社会中，“守规矩”是不言自明的，规矩一旦被破坏，必然会带来苦果，因此在公共行为中最好就是不触碰规矩的警戒线。陈维修的经历告诉我们，在“守规矩”的同时，还可以巧妙地利用“规矩”。陈维修在解决住宿和门票问题时并没有直接的参照，显然也缺乏与泰山管理人员以及招待所打交道的经验。所以说陈维修被评价为“有能力”的老年人，主要体现在了他的见识和胆识。作为走南闯北的工人，他的视野要比被牢牢束缚在土地上的农民开阔得多，与各种人打交道的经验也更加丰富。与农民相比，陈维修能够更加清楚地知道对方在乎的是什么，底线在哪里。只要不越过对方的底线就能够大方得体地与对方交流，因此在王老太太他们这些纯正的农村人看来，陈维修要比拘谨惯了的农民“大胆”得多。但在陈维修自己看来，他之所以能够成功，是因为“依葫芦画瓢”，照搬了工厂外派员工的“规矩”而已。

第五章 颜文姜的娘家村

在青石关村民们的信仰世界中，最受他们崇敬的神灵是当地的一位因孝成神的女神——颜文姜，民间多称呼其为“颜奶奶”，而他们最为重视的仪式自然也是与颜文姜有关的祭祀仪式——接颜奶奶回家歇伏。之所以如此，是因为在博山广泛流传着颜文姜的娘家村就在八陡庄的说法。八陡庄尚未划镇之前，接颜奶奶回家歇伏的仪式由八陡庄所有善男信女共同举行，后来因为政策的原因仪式一度中断了二三十年，后来青石关大队的王老太太领着一群人偷偷地举行仪式。到20世纪80年代末，国家政策宽松以后，新成立的各村开始各自组织仪式，青石关村由于开展最早，再加上王老太太的个人作用使其成为仪式规模最大的村落，青石关村顺势提出了本村即为颜奶奶“正娘家村”的说法。这在民间得到了一定的认同，从此以后青石关村围绕“颜奶奶娘家村”这一前提，在修庙和仪式方面做了许多文章。在具体描述青石关村的信仰及仪式之前有必要先介绍一下与颜文姜有关的传说、信仰、空间及仪式，以期展示颜文姜在当地民众日常生活中的重要作用。

一、颜文姜传说的历史演变

颜文姜的传说在漫长的历史发展过程中形成了众多版本，通过对相关

文献和口碑资料的收集整理，我们发现颜文姜的传说始终存在着官方与民间两套叙事结构。两套叙事结构尽管在历史发展的过程中不断地相互借鉴和融合，却也在原则上保持着相对清晰的边界。

将现今流传的颜文姜传说的主要故事情节、时间、地点等信息过滤出来，形成关键词，再对照相关历史文献，我们会发现颜文姜传说的官方记载最晚见于东晋或南朝成书的《续述征记》中："梁邹城西有笼水，云齐孝妇诚感神明，涌泉发于室内，潜以缉笼覆之，由是无负汲之劳。家人疑之，伺其出而搜其室，试发此笼，泉遂喷涌，流漂居宇，故名笼水。"[①]这段文字还先后被欧阳询的《艺文类聚》以及徐坚的《初学记》引用。南朝顾野王《舆地志》也有相关记载："笼水古名孝水，齐有孝妇颜文姜，事姑孝养，远道取水，不以寒暑易心，感得灵泉生于室内，文姜常以绢笼盖之，姑怪其须水即得，非意相供。姜不在，私入姜室，去笼观之，水即喷涌，坏其居宅，故俗亦呼为笼水。"[②]

博山城区颜文姜祠旁的文姜塑像，已经成为博山的标志性建筑

从内容来看，两篇文字的叙事结构都比较完整，《续述征记》的记载相对比较简单，《舆地志》则在细节上更加丰富一些。更重要的是，《舆地志》的记载注意到了事件中"人"的存在，虽然只比《续述征记》的条目多了不到20个字，却不但给出了主人公的名讳[③]以及婆婆的身

① (东晋)郭缘生:《续述征记》，中华书局1976年版，第147页。

② (清)王谟辑:《汉唐地理书钞》，中华书局1961年版，第194页。

③ "姜"在山东一带的历史典籍中多用来指代美丽的女子，尤其多见于先秦时期的文献，用于指称齐鲁两国上流社会的贵妇人。而"文姜"则用来指代或有才气或有教养的美丽温顺的女子，因此，"文姜"的称呼在当时并不一定是专人专用的特定名称符号，很有可能是对一类人的概称。

份，还交待了颜文姜"事姑养孝"的故事背景，暗含了婆媳矛盾的戏剧冲突。后世的文献无论笔记小说还是志书碑刻大多借鉴此文，内容也大略相当。《续述征记》《舆地志》等书籍虽以游记、地理志为名，却多有诡怪不经之谈。这是因为作者在收集山川古迹典故之时所采录的旧闻多来自于乡间传唱，这也就意味着颜文姜的传说在当时的民间已经比较成熟。

唐朝李冗所撰写的怪谈小说《独异志》又一次收录了颜文姜的传说："淄川有女曰颜文姜，事姑孝谨，樵薪之外，归后复汲山泉以供姑饮。一旦，缉笼之下，忽涌一泉，清泠可爱。时人谓之'颜娘泉'。至今利物。"[①]与前面的文章相比，《独异志》的记载多了"颜娘泉"的名称，与前述"灵泉"相比，"颜娘泉"更加贴合民众的称谓和命名习惯，不过在此之后的官方文献以及流传至今的民间口传资料对颜文姜祠内的泉水仍旧沿用了"灵泉"的称呼，这大概与颜文姜祠内设"灵泉庙"有关，灵泉庙的存在让"灵泉"的称谓更加深入人心。

孝妇河即因孝妇颜文姜的传说而得名

得益于唐朝年间凤凰山颜文姜祠的修建，宋代关于颜文姜的碑刻资料非常之多，仅在颜文姜祠内就有三通宋碑完整保留。其中，宋熙宁六年(1073

① (唐)李冗:《独异志》卷中《颜娘泉》，中华书局1983年版，第40页。

年）淄州教授商亿所撰写的《增修孝妇庙碑》有文："距淄之南五十里，有水发源于山足，趋梁邹而贯乎清济。昔人构室于源上以为祠。按地志：齐有孝妇颜文姜，常逾历山险，负汲新泉，奉姑之所嗜。一旦，感泉涌室内，派流远注，故其地曰颜神，水曰孝水，祠曰颜姜之庙。"①这段文字除交待了颜神、孝水、颜姜之庙的由来之外，与前人的版本并无二致。

还有一通碑刻名为《续翁姑因地记》，由承议郎、前任顺安军州学教授陈琦于宋宣和七年（1125 年）所作。碑中有文："夫人祠之左有所谓翁婆堂者，夫人之舅姑也。舅姓李氏，家于邹邑李颜村。姑郭氏，故居之地，今颜庙是也。舅赘于郭氏，生夫人之夫壮室，颜氏即亚圣之裔顺德夫人也。"②这段文字与前述任何文字都大不相同，一方面详细介绍了颜文姜公婆的身份信息，进一步丰富了传说的细节，同时也更加贴近日常生活；另一方面又把颜文姜穿凿附会为颜回的后代，同时点出了宋神宗敕封颜文姜的封号——顺德夫人，渲染出了政治、说教的意味。宋代其他碑刻以及金元时期的碑刻大多与修缮庙宇有关，没有提及颜文姜的相关传说，在此不多赘述。

元代于钦撰写的《齐乘》作为目前山东地区已知最早的地方志，也有关于颜文姜传说的记载："齐有孝妇颜文姜，事姑孝养，远道取水不以寒暑易心，感得灵泉生于室内，文姜常以缉笼盖之。姑怪其需水即得，值姜不在，入室发笼观之，水即喷涌，坏其居宅。故俗呼为笼水，今孝妇河也，出益都县颜神镇孝妇祠下。"内容与《舆地志》的记载基本一致，不同的是沿用至今的"孝妇河"的称呼第一次在文献中出现。

明代曲阜颜氏《陋巷志》记载："晋烈女文姜，复圣后裔之女也，幼许聘青州李氏，未婚夫亡，悯翁姑失养，往事焉。尝远汲新泉，以奉姑嗜，诚感神明，泉涌室内，以缉笼覆之。家人待其出，发其笼，泉涌成河，故名'笼水'，一名'孝妇河'。事见《述征记》并灵泉庙碑。"文章将颜文姜当作晋人以及延续了宋碑中将颜文姜认作颜回后裔的说法，这些暂不作讨论。尤其需要注意的是，文字中增添了"未婚夫亡"的细节，在为人物形象渲染悲惨气氛的同时，也透漏出一种将颜文姜塑造为儒教烈女典范的意思。

明万历四十二年（1614 年），颜神镇捕盗通判范一儒的《重修顺德祠记》

① （清）孙廷铨：《颜山杂记》卷三《颜文姜灵泉庙》，清康熙五年刻本。
② （清）孙廷铨：《颜山杂记》卷三《颜文姜灵泉庙》，清康熙五年刻本。

更是体现了这一点："夫人颜姓，字文姜，复圣兖公裔也。舅李公、姑郭媪，咸颜李村望族云。李公子未聘不禄，姜以柏舟自誓。归，事舅姑唯谨。姑甘泉水，离宅三十里外，姜汲供之，彳亍险峨，无间寒燠。一日感神授泉，如缕窦阈下，复畀麻笑，戒'汲足则塞，慎勿泄为'。夫人以笼覆泉，坐是不出户而水不匮。家人异之，乘归宁，潜启扃发笼，见水浸浸从筴出，误一提而怒浪奔涛，汪洋澎湃矣。亟归莫挽，投波涯，水即由故道派流三百余里，合清河注海，盖古所称笼水，即今之孝妇河者。"①这段带有抒情的文字用更多的细节描写刻画了颜文姜在丈夫"未聘不禄"的情况下"事舅姑唯谨"的贞洁烈女的形象。清代的文献资料如孙廷铨《颜山杂记》、康熙九年《颜神镇志》、康熙十一年《益都县志》、乾隆十八年《博山县志》等都是对前述文献的总结或引用，因此无须多言。

与追求相对真实，习惯史传体书写方式的官方文献相比，民间口头叙事更加追求丰富的细节、戏剧化的剧情以及激烈的矛盾冲突。此外，民间传说往往不受时空和文本限制，民众在传承的过程中出于各种需要会不断地添加其他故事类型，不同时空的叙事不断地累积形成了更加生动丰富、有血有肉的文本。另外，颜文姜的传说在民间还延伸出了两则后续故事：一是唐王因在东征时受到颜文姜帮助而为其修建颜文姜祠的传说；二是颜文姜与碧霞元君结为姐妹共同执掌凤凰山的传说。"唐王东征"与"碧霞元君结拜"是山东乃至华北地区普遍流行的类型性传说故事，它们的加入分别为唐代建筑颜文姜祠的存在以及凤凰山上万历以后颜文姜祠与碧霞元君行宫并存的现象作出了解释，更重要的是为作为神灵的颜文姜的神力与神格作出验证(帮助唐王)和说明(与碧霞元君平级)。村民魏省长讲了这样一则故事：

> 我讲一个颜文姜的故事。颜文姜是从外地迁来青州府益都县八陡颜家庄，家庭贫困，父亲不能养活全家这几口人，就给她找了个婆家，在博山城凤凰山郭家庄。定下来一个年头后，她的未婚夫就大病卧床了，男方他母亲想让他结婚冲冲喜，所以就叫他结了婚。结婚过门还没超过一个小时人就断了气了，颜文姜的苦处就在这个地方。她丈夫死后，她婆婆就开始骂她："你这个扫把星，你这个丧门星，你不来我儿也死不

① (清)叶先登等：《颜神镇志》卷五，清康熙九年(1670年)。

了，你来我儿死了。"出了殡后，她婆婆就难为颜文姜，做这个也不行做那个也不行，这个也做不好那个也做不好，就连她小姑子都欺负她。

已经过了一年了，颜文姜也没回过娘家。她就问婆婆能不能回娘家看看，她婆婆说："行是行，你得今天去今天来。"博山到八陡来回 40 里啊，但也没办法，颜文姜就同意了。她婆婆又想起一个问题说："行是行，你拿个 1 丈 2 尺布，家去给我做上 7 双袜子、8 双鞋再回来。"颜文姜就拿上那 1 丈 2 尺布，她家里那七大姑八大姨、邻居、亲戚、朋友都给她帮忙，一天下来这 7 双袜子、8 双鞋是基本做出来了，就是还有一双鞋没有做完，所以她就拿着那双没做完的鞋回来了。她婆婆一看，不高兴："我叫你做的这些鞋你为啥做不出来？"这就开始动棍打，动口骂。颜文姜是个孝妇，任婆婆打骂。她婆婆心想："我拾掇你，你也没反应，你啥意思？我还得出个点子。"

她婆婆就说："咱这儿净喝井水，井水不好喝，不养人，你得去给我打那长流水！"长流水得去石马打，翻山越岭来回 100 里地。颜文姜就挑着那扁担去打水。为不让她中途歇着，她婆婆故意把桶给打成底下尖尖、放不到地上的那种，她挑着水在山上边走边哭。正在这个时候，那边来了个白胡子老汉，牵着一匹白马，拿着一个拂尘走过来了，说："小娘子你挑着这筲水累不累啊？"颜文姜说："我累啊，我想歇歇也没法放（水桶）。"白胡子老汉就在地上戳上两个窝，那桶啊搁上去正好。颜文姜还没有反应过来，那老汉和马就不见了。据说这是太白金星下凡，惊动了玉帝了啊！

挑了这水来家以后还是得天天挑啊。这天颜文姜又去挑水，挑上水到坑那里又搁下桶，歇歇的工夫那老汉牵着那马又来了，他问："小娘子，我这个马渴了，用你的水饮饮我这马行不？"颜文姜寻思：你弄这两个坑让我歇脚，喝点水当然不要紧。就说："喝吧。没用布盖着的这头，是我喝的，马喝剩下的我喝不要紧。那一头干净的是给俺婆婆和公公喝的。"颜文姜挑水有个特点，就是盖着布子的永远在前头，没盖布子的永远在后头。因为前头眼睛能看得到，万一刮风把布吹跑了，还能及时捡回来，也能知道有没有进去沙子。所以说颜文姜孝顺就在这里，考虑很周道。这老汉长出了一口气，掏出了一根小皮鞭："给你这个东西，回

家你谁也别说，你放在缸里头，没有水你稍微提一点，你可别提大了，多使多提，少使少提。”

颜文姜把皮鞭弄家去，接连几天没打水，她婆婆看出问题来了，就想了个办法叫颜文姜走娘家，目的就是支开她，看看她屋里到底弄了啥东西。等颜文姜走后，她婆婆就上她那屋找，结果啥也没有找到，就一支小鞭放在缸里。老年人看见挺气得慌，这咋让我喝水，所以她一拖一甩那支鞭，那水就冒出来了。颜文姜刚走出那大门还不远，走到那小山坡上就听她家那个方向“嘣噔”一声，和地雷爆炸了似的。她一寻思，坏事了，赶快跑回来，一看她婆婆把那支鞭提出来了，水“咕嘟咕嘟”地往上冒。颜文姜赶紧上去坐到那瓮上，一只手抓着她婆婆，一只手抓着她公公，一只脚挑着她小姑子。无论平时颜文姜婆婆怎么对她，这个时候她还得救她，还是得有那个孝心。就这样，颜文姜就坐在瓮上成了神，冒出来的水成了泉，泉从山上淌下来就成了孝妇河。[①]

普通民众口述的颜文姜传说与《博山民间故事集》收录的版本在基本情节上完全一致，只是具体表述有所不同，可见颜文姜的传说在八陡庄已经形成了一个比较稳定的话语结构。由此可以推测，在当地老人相关知识得来的过程中，文字在其中发挥了重要作用。事实上也的确如此，在八陡和博山有一大批地方文化人热衷于挖掘与整理颜文姜传说，并形成了一大批内容丰富的文献，有《八陡孝乡风情录》《颜文姜祠历代碑刻集》《孝水古韵》《华夏孝文化概览》以及引发争议的长篇章回体小说《孝贞演义》等等。这些书无一例外详细地记述了正史与传说中颜文姜的不同形象，并在当地的广泛传阅中，不断加深着人们对颜文姜传说的记忆，从而也保持了颜文姜传说的完整性。

有一个传说中的人物形象不得不提，就是颜文姜的小姑子。实际上小姑子的形象在传说中仅仅出现过两次：一次是小姑子帮着自己的母亲骂颜文姜，一次是在故事的末尾颜文姜赶来救人时，用脚勾住了即将被大水冲走的小姑子。而在历代文献中都不曾存在小姑子的形象，重修之前的颜文姜祠中也没有小姑子的神像，就连爷娘殿中都没有小姑子的痕迹。那么这个

① 故事主要讲述人：魏省长，男，青石关村人。陈维修补充。

青石关村南庙颜文姜祠上挂着村里人自己制作的颜文姜故事连环画

小姑子是怎么来的呢？笔者在查阅相关文献的过程中，曾看到有位学者在翻译颜文姜相关文献时，将“事姑养孝”翻译成了“伺候小姑子，侍养公婆”的意思，于是从中得到启发。是不是有些当地文化人在向民众传达文献记载的时候也出现了类似的错误，从而误导民众在流传的传说版本中也出现了小姑子的形象？实际上无论是传说还是史料都是为立意服务的。颜文姜的传说要突出的立意就是一个孝字，更何况在民间话语中，姑嫂关系一直以来都是最不好处理的人际关系之一。正因为如此，山东的吕剧中才有了《小姑贤》这出深受民众喜爱的剧目，所以民众也乐于为传说加一个姑嫂关系的主题来衬托主人公的善良与慈孝。

二、颜文姜信仰

从凤凰山上北周（557 年）始建的颜文姜祠来看，颜文姜由地方传说人物向地方神灵的转化至迟在北周之前就已经开始了，距今已 1500 年以上。在这1500年间，颜文姜的神职依据社会背景的变迁发生了数次变化。

无论是文献记载还是民间口述，颜文姜传说中本身就含有与水相关的超自然力量。正如前文所述，水的反复出现与区域地理环境和民众生活有着莫大的关联，涌泉而出和孝妇河的形成代表了民众对水的渴望。颜文姜在传说中虽没有超能力，却曾操控水源，并间接创造了一泉一河，因此，颜文姜的神化也是从拥有操控水的能力开始的。需要指出的是，颜文姜并没有因此而成为类似于河神专事掌管河流的神灵。在传统的农耕社会，百姓所需的实际上是水而不是河，而降水对农田的泽被显然比有着固定流域的河流要更加广泛，所以，颜文姜从一开始就被赋予了能兴云布雨的职能。

颜文姜在宋代以前被赋予的职能都是围绕着水展开的，最主要的是降雨治旱。唐五代时就有一些地方官到颜文姜祠祈祷，主要为求雨。如唐代淄川县尉李阳冰曾到祠内祭拜，并立碑以记。颜文姜祠内现存宋碑《增修孝妇庙记》记载："……梁乾化中，刺史高霸以岁旱祈祷，即日获雨。"又载："阅明年，农事既兴，眷肃宾僚，(比部员外郎王公)躬谒祠下，因以雨泽为请。觞奠既毕，嘉霖继霈……又明年盛夏之月，天久不雨，民胥告劳。公夙驾再往，旋及中途，雨大作。浃日之间，阖境告足。凡州居之民，无有远近，歌咏欢呼。"值得注意的是，碑文中所记载的第二次祈雨的过程，正是民众与地方官礼俗合谋的结果。宋熙宁八年(1075年)，宋神宗敕封颜文姜为"顺德夫人"，在《敕封文告》中陈列敕封原因："凡山林川谷之神，能出云雨，殖财用……将遍加礼命，以褒显之。"[1]这是官方对颜文姜祈雨神职的正式认可。唐至北宋时期，社会相对安定，百姓专心稼穑，别无牵挂，唯独担心旱涝灾害，因而水就成为当地民众最关心的问题，颜文姜自然由人到神担当起了水神的职责。当时地方文人创作的诗词也体现了颜文姜的神职。如：

---

① (清)张廷铨:《颜山杂说》卷三《颜文姜灵泉庙》,清康熙五年刻本。

谒顺德祠

王　樵

山村勤远汲，供馈苦迟回。
孝感天心动，泉翻地脉来。
遗墟空草树，久旱起风雷。
寂寞千秋事，残碑锁绿苔。[①]

颜文姜祠内被保留下来的宋代碑刻

元朝时，战乱频仍，颜文姜又成为地方保护神。史载："贞祐年间，兵戈遽兴，连年大扰。加之以饥馑，群盗蜂起，恣意劫掠。(陇)水忽而变黄，流四十里，人见之无不惊异。因相谓曰：此水从来清且久矣，今日如是，莫非神明之示异，救我民乎？因相与避之。顷之，有外寇至，得免其窨，水明日如初。"[②]与此同时，颜文姜也仍旧担负着水神的"责任"。元代般阳路总管潘继

① 《颜神镇志》卷五，清康熙九年(1670年)。
② (清)孙廷铨：《颜山杂记》卷三《颜文姜灵泉庙》。

祖曾先后两次到颜文姜祠祈雨，每次都能应验，于是特意作诗颂扬其功德：

荒年能作稔，旱月解为霖。
懿德丰碑载，神功奕世钦。[①]

明清时期，在博山的地域社会中，经济结构呈现新的特征：一方面，传统的农耕文明依然根深蒂固；另一方面，新兴的工场手工业开始发展，社会再生产与社会分工的出现打破了原有的社会结构，促发了新的社会阶层。这使得社会分层更加复杂化，不同阶层的民众最根本的利益需求也各不相同。颜文姜则逐渐演变为全能之神：既能降水，又能去病免灾，还能驱鬼，劝励风俗，保人口平安、合镇清宁。如：明邵山《祈福碣》载："祝：世代荣显，人口平安，合镇清宁，国家长久。"明杨文卿《修灵泉庙记》载："重念国家以孝治天下，而孝妇有庙若此，何以劝励风俗？……岁用登兮时雨时旸，人用康兮厉鬼潜藏，惠孔嘉兮佑善以祥，昭厥鉴兮有恶斯殃，俗用熙熙兮俪美陶唐。"明代博山赵氏家族八世祖赵敬简，曾任卢龙县令、巩昌府通判，他写的《咏孝泉》也提及了颜文姜降雨、治病等神职：

闺门昭顺德，纯孝格天心。
地轴翻龙窟，源泉涌石跟。
疗病起沉疴，祈雨霈甘霖。
予疾梦饮泉，五内妖香醇。
心爽体随健，形和气亦欣。
仍诲疾吾母，公药活里人。
锡类永无极，神功万代新。
勒石依庙貌，灵气熙殷殷。[②]

同时，社会分工的出现使得贫者愈贫、富者愈富的社会现象更加严重，不少走投无路之人开始啸聚山林，反抗官府。再加上明末清初连年的战争，使得当时的社会极不稳定。根据 1937 年《续修博山县志》记载，自明初至清末，博山地区大规模的战事达 13 次之多，其中包括：明永乐十三年(1415 年)

① 《颜神镇志》卷五，清康熙九年(1670 年)。
② 《颜神镇志》卷五，清康熙九年(1670 年)。

唐赛儿起义、明天顺年间冀景周起义、明正德十二年(1517年)矿工李可大起义、明嘉靖二十四(1545年)年矿工姚世清起义、明崇祯十七(1644年)年李自成部下郭升过境、清顺治四年(1647年)谢迁陷淄川、咸丰十一年(1851年)捻军入境、同治元年(1862年)刘德培起义、同治二年(1863年)6万捻军入境等。每次战事都给当地社会经济带来巨大的破坏,民众苦不堪言。颜文姜也继续发挥了地方保护神的职能,力保一方土地的平安。明万历年间通判范一儒的《重修顺德祠记》重点陈述了颜文姜在这方面的职能与贡献:

> 唐天宝征辽,兵经笼水,神以七箸饷军。今城南营栏,尚其故处。后复助阴兵成功,天子特命汾阳郭公创建祠庙……每遇盗警,预涌黄流,示民趋避,其恤灾捍患,保障一方,尤烜赫哉![①]

具有多重神格的颜文姜在今天的社会中尤其是在农村地区依然发挥着巨大的作用,人们对颜文姜的信仰并没有随着政治上的变迁以及现代化的发展而有所减弱,当民众遇到一些在现实生活中难以解决的问题时,还是习惯于向颜奶奶求助。

三、颜文姜庙宇

八陡作为传说中颜文姜的娘家,总共有3座庙宇,最古老的一座位于今阁子前村的顺德馨祠。顺德馨祠又称"顺德夫人神棚"。根据棚内碑刻记载,神棚建于清嘉庆二十三年(1818年),最初只为一间草棚,因此有"神棚"的称呼。现今经重修已成为颇具规模的庙宇,不过当地民众仍习惯以"奶奶棚"相称。庙内东西墙各镶嵌清代石碑一块,其中东墙石碑为光绪二十八年(1902年)立,碑中有文:"吾乡有顺德夫人神棚,其来已久,请送之时善信等皆欢欣鼓舞,乐为捐输……"由此可见,至迟在清光绪年间,当地就有请送颜奶奶的习俗,而且安放颜奶奶神位的地点就是顺德夫人神棚。青石关村80岁以上的老人还有着年幼时旁观自己的长辈去往神棚接送颜奶奶的记忆。

---

① 《颜神镇志》卷五,清康熙九年(1670年)。

镶在奶奶棚内墙的清代石碑

现今的顺德夫人神棚于2004年重修，将原本的神棚改为前后相连、中间贯通的两间大殿。殿内并没有颜文姜的塑像，只在正中端放着接送颜奶奶的轿子，轿子中有颜奶奶牌位和画像一幅，轿子前摆着香案供品。除了轿子和供桌之外，殿内其他布置展现出生活化的特征，有床、桌椅、板凳、柜子、箱子等简单家具，按照阁子前居委会成员王桂芬的说法，奶奶棚是供颜奶奶回家省亲日常起居的地方，当然要各种家具一应俱全，而颜奶奶并非长住娘家，所以塑像也就没有必要了。

在八陡青石关村有一观音庙，当地人称之为“南庙”，庙前有一棵直径约1米的老槐树，被有关部门鉴定为唐代古槐，与当地民间传说中古槐的年代(唐朝初年)基本一致。当地人根据古槐的历史推定南庙约形成于南北朝时期，不过这一说法尚无其他证据，且经不起推敲。青石关村还流传着观音镇阴集的故事。青石关村内有月牙河五条支流经过，俗称“五龙溪”。五龙溪于村口南北桥汇集成河，此地即为老八陡大集所在地，距离老八陡大集约200米处，有一条五龙溪支流流经的地方，民间传言此地为依附于八陡大集的八陡阴集所在地，每逢八陡大集的当天深夜，八陡阴集开市，十里八乡的小鬼都会来此地赶集。为了压制阴集驱散小鬼，人们才在阴集之上修建了观音庙。当地人认为，观音殿因供奉的是南海观音菩萨，所以庙宇一般坐南朝北。但碍于地势，以及周围住户的反对，青石关的观音庙不得已修成了坐北朝南。为了纠正方位带来的不适感，人们特意将庙取名为“南庙”聊以自慰。

奶奶棚里的轿子

坐北朝南的南庙观音殿

南庙本来仅有一座观音殿,1996 年青石关村民自发组织重修南庙,在恢复观音殿的同时,还在其对面增修颜文姜祠一座。该祠占房屋一间,起初仅仅是为了安放颜奶奶的神位,后来逐渐添加塑像、壁画,形成了正式的神殿。2009 年以来,南庙在青石关村老人会的组织下又增修了文昌阁和毛主席纪念堂,规模不断扩大。南庙内颜文姜祠的修建让青石关村多了一些

底气，他们向奶奶棚所在村落——阁子前村发出挑战，提出青石关村才是颜奶奶真正的娘家，阁子前村的奶奶棚只不过是颜奶奶回娘家省亲时避雨的地方。从此开始，两个村落为谁才是颜奶奶正娘家而相互争夺，一直持续至今。

2014 年，青石关与阁子前抢夺颜奶奶正娘家村时，为了与凤凰山颜文姜祠形成隔空互动，体现出一脉相承的特点，青石关老人会仿照颜文姜祠于门后新置门神塑像 2 座：一为薛仁贵，一为尉迟敬德，与颜文姜祠完全一致；同时还新塑颜文姜神像 1 座，并特意将颜文姜塑成刘海前垂的未出阁少女的形象。

属于杏花崖村的黑山顶上有以玉皇大帝、黑山爷爷为主的庙群，其中设有颜文姜祠。实际上，黑山的颜文姜祠是 2008 年以后杏花崖村开发黑山旅游区时新修的庙宇，历史上的黑山庙群中并没有颜文姜祠的存在。据杏花崖村居委会负责人讲，修建颜文姜祠首要的目的是为了放置接送颜奶奶用的枣木轿子，而最根本的原因则是为了宣传孝文化。不过，据当地普通百姓说，颜文姜祠的修建一方面出于景区招揽游客的需要，毕竟颜文姜在民间有着最广泛的信仰基础；另一方面实际上是为了响应区政府与镇政府打造孝乡文化的号召。

青石关南庙的颜文姜少女像

黑山的颜文姜祠占房屋一间，门前连廊两端分别画有薛仁贵与尉迟敬德黑白画像。殿内正中塑有颜文姜神像，颜文姜为慈眉善目的夫人形象，左、右各有一名小童，手捧茶水点心侍奉在侧，神像前摆着写有“顺德圣母之位”的牌位。不过，这并不是颜文姜独享的大殿，殿内颜文姜神像左、右还分

别有路姑、麻姑两位女神的塑像，而且颜文姜神像后方的墙壁上画的也是“路姑赐安”与“麻姑献寿”的壁画。名为“颜文姜传奇故事”的连环壁画则位于两面侧墙上。几位神仙共居一室的设置实际上与黑山其他神庙一致，大抵是因为房间相对神灵来说比较紧张的缘故。

黑山上的颜奶奶与炉姑、麻姑共处一殿

这三处庙宇与凤凰山颜文姜祠在性质上有所不同。后者是原本就存在的庙宇，现实中的民众被动地接受了庙宇的存在，然后主动地依托庙宇来实践自己的信仰。而八陡的三座庙宇，包括全部重修的奶奶棚在内，实际上是现实中的民众主动创造的结果。他们先于庙宇的存在而实践自身的信仰，然后再主动地修建庙宇，因此庙宇的创建对于他们来说也是信仰的一种实践行为。相较于习惯本着“修旧如旧”原则的庙宇重修，创建庙宇拥有着更大的自由度，民众可以随心所欲地按照自己的想象与理解，或者说按照自己的需求将庙宇建成自认为正确的形式，这也就导致了阁子前、青石关、杏花崖三村颜文姜祠（棚）的巨大差异。

四、接颜奶奶回家歇伏

不同于“顺德夫人”这个庄重严肃的“书面用语”，民间多称呼颜文姜为

“颜奶奶”[1]。从八陡阁子前村“顺德夫人神棚”中的碑文来看，这项仪式最迟在清代就已经存在了。[2]

“接颜奶奶回家歇伏”与博山旧时农历六月女子回娘家纳鞋底儿的民俗有关。仪式的程序非常复杂，规模也非常庞大，接颜奶奶的队伍有着完整的仪仗，包括轿、半朝銮驾[3]、锣鼓、横幅、彩旗、灯笼等等，需用上百人。过去每年农历五月三十晚上，数以千计的村民都会自发聚集在神棚前，跟随仪仗队步行前往 9 公里外的凤凰山颜文姜祠。等到子夜 12 时一过，近 20 名老妇会进入正殿，摆上六盘大供，焚香诵经，最后高喊：“请颜奶奶上辇，大驾光临，一路平安！”随后将颜奶奶牌位放入轿中，便步行返回八陡，沿途所经过的许多商户、住家都会点起明灯，摆好供品，磕头下跪为颜奶奶送行，抬轿子的逢此则进三步、退三步示意。到达八陡后，众人会先到村内的观音庙、三官庙、关帝庙、志公庙等大小庙宇巡游一番，再将颜奶奶牌位放入奶奶棚中。

自此一个月之内，大家 24 小时轮流值班，保证香火不断。因为颜奶奶是女神，所以值班人员必须为女性，除上香外入夜还要铺好被褥恭请颜奶奶就寝。而附近的人也会三五成群带着供品前来上香诵经，布施，许愿还愿。另外，六月初六、六月二十六还要分别请戏 3 天以酬谢颜奶奶。六月三十还要送神，也是整个仪式的高潮。民众带上提前准备好的鞋底儿、神袍以及各种纸扎，晚上 12 点之前将颜奶奶送回大庙，沿途的住户、商铺照例会在颜奶奶经过时进行烧纸、放炮、摆供、磕头等一系列敬神活动，并试图摸到轿子以沾福气。将颜奶奶送回大庙并焚烧祭物之后，整个活动才算正式结束。

中华人民共和国成立以后，“接颜奶奶回家歇伏”的仪式在受到多次禁止之后最终废止，“奶奶棚”也被改造为当地的供销社。20 世纪 90 年代初，仪式重新大规模恢复起来。彼时八陡村已经成为八陡镇，最先恢复仪式的

---

① “奶奶”是当地人对道教女神的尊称，如碧霞元君又被称为“泰山奶奶”；而对佛教女性神灵则多称之为“老母”，如“观音老母”“普贤老母”等等。

② 顺德夫人神棚建于清嘉庆二十三年(1818 年)，最初为一间草棚，今经重修已成颇具规模的庙宇，但当地民众仍习惯以“奶奶棚”相称。庙内东、西墙各镶嵌清代石碑一块，其中东墙石碑为光绪二十八年(1902 年)立，碑中有文：“吾乡有顺德夫人神棚，其来已久，请送之时善信等皆欢欣鼓舞，乐为捐输……”

③ 因为颜文姜是女神，民间按照古代正宫娘娘出行的规格设定仪仗规模，包括“肃静”和“回避”开路牌一对，芭蕉扇、金瓜、朝天凳、龙头杖、佛手、钺斧各两对，筷子两双，万民伞一把，民众称之为“半朝銮驾”。

是青石关村和阁子前村，随后其他村落也逐渐重新操办起了仪式，从此“接颜奶奶回家歇伏”就演变成了各村落独自组织、共同参与的公共仪式。仪式刚刚复兴之后，被憋坏了的人都热情高涨，都愿意拖家带口参加仪式，一个村的接送队伍竟有几百人之多。大家都赶着农历五月三十晚 12 点以后进颜文姜祠迎奶奶，又都赶六月三十晚 12 点以后将颜奶奶送回颜文姜祠，再加上沿途观看的普通民众，因此每逢仪式时期，北神头村至八陡一带的交通都完全停滞，政府也不得不出动大批警力来维持现场秩序。

接送颜奶奶所需要的仪仗

2012 年以后，博山区政府开始限定参加仪式的人数，原则上每村不得超过 200 人，并强制性地分散各个村进庙的时间，要求各村必须在下午 5～7 点进庙。2015 年，受上海外滩踩踏事故的影响，全国各地的政府部门都开始严格设定集体活动参与人数的上限，博山相关部门进一步将每村派出的接送队伍控制在 80 人以内，并加大管控力度。

（一）青石关村“接颜奶奶回家歇伏”仪式素描

为了便于了解接送颜奶奶仪式的全部过程及细节，本文特将 2015 年八陡镇青石关村的仪式过程呈现如下：

（1）准备阶段

2015 年 5 月 1 日劳动节，青石关村老人会主动清理了村内五龙溪河道垃圾，工作完成后利用晚饭的机会，会长陈维修提议开始准备新一年接送颜奶奶的活动，要求各负责人按照往年经验列出需要购买的物件和预算，并将之交予会计陈东宜，并确定 5 月 10 日集中开会讨论。

2015 年 5 月 10 日上午，会长陈维修、副会长兼会计陈东宜、副会长许红娟、会员魏春长一起到青石关居委会副主任同时也是老年会最年轻的会员戴光喜办公室，审核各负责人交上来的预算。众人一致通过之后，将预算总表交予居委会主任魏玉凤过目。下午，担任现金保管的陈维修将所需现金一并交予陈东宜，陈东宜打好借条将钱取走。晚上，老人会召集各负责人于南庙，陈东宜以同样的形式，将钱分发给各负责人，并收取了他们的借条。

2015 年 5 月 18 日，戴光喜召集大家开会，告知大家接收镇政府通知：受上海踩踏事件影响，今年各村接送颜奶奶队伍不得超过 80 人。负责文艺表演队的副会长许红娟第一个提出异议，并询问今年的管控力度，得到肯定答复之后面露难色。最后老人会决定今年的文艺表演队人数要减少多半，不得超过 30 人；倡议老人会成员发扬风格，除了重要人员外一律不参加。副会长许红娟、擅长调解纠纷的陈立本、老人会中的农民代表周庆栋负责与众文艺队沟通和解释。陈维修、魏省长、陈维仕等年纪较大的成员表示主动退出队伍，让给年轻人参与。

2015 年 6 月 20 日，即端午节，老人会再次在南庙聚会，陈维修询问各负责人准备情况，岳厚爱提出迎接颜奶奶所用的轿子的外罩、黄罗伞的伞盖需要清洗。聚会花销由老人会成员自付。

2015 年 7 月 7 日小暑，老人会再次集结，最后确定参与仪式人员名单。为了平衡和稳定村民情绪，陈维修决定老人会所有成员除负责抬轿的魏源长，负责进庙请神仪式的岳厚爱、丁建爱以及统领仪仗队和表演队的许红娟之外，所有人都退出仪式队伍，专门做好后勤工作。

2015 年 7 月 12 日，即农历五月二十七，接送颜奶奶所需车辆找好了，为两辆五十铃货车，价格往返一次每辆 350 元。戴光喜将烟花爆竹买好，花费 5000 多元，放在南庙仓库。

2015 年 7 月 13 日，魏树高带领众人大扫除，将南庙以及南庙通往村外的近 400 米大街清扫干净，同时在南庙门前广场安装两盏 100 瓦灯泡，外加红灯笼 4 组。周隆平在南庙空地上安装炉灶，并将购置的馒头、白菜、豆腐等食品运至南庙管理员办公室暂放。晚上，整个南庙灯火通明，李强将锣鼓大件运至庙前广场，众人开始敲锣打鼓热闹起来，村里的腰鼓队及各种文艺表演队也在晚饭后齐聚南庙，按次序登场表演。

2015年7月15日，即农历五月三十，老人会成员一早来到南庙开始通过电话通知各负责人将各自负责的物品、器具以及人员带至南庙。

中午，周隆平带领众人生火做饭，凡是在南庙忙活公共事务的都有份吃大锅菜和馒头，文艺表演队则原则上不招待。

下午，居委会主任魏玉凤、村委会主任魏敏泰来到南庙，参与仪式准备工作。陈维修、陈东宜、魏省长、许红娟、陈立本、魏春长最后一次确定人员和物件。魏树高、戴光喜、周庆栋带领众人将烟花爆竹从南庙一路摆到村口五龙桥上，所雇佣车辆已在村口等待。

下午5点，陈维修让村里年轻人将轿子抬出南庙，仪仗队都已经换好印有“青石关村”的T恤，表演队则也换好专门的服装，大家按照队伍行进的次序站好等待出发。

青石关村接颜奶奶的队伍开始出发

(2)接颜奶奶

2015年7月15日下午5点半，随着一声炮响，魏源长大喊：“接颜奶奶回家省亲，起驾！”仪式正式开始。2名年轻女子展开“八陡镇青石关南庙”横幅走在最前面；其后是红旗、灯笼各1对，黄罗伞2幅，大鼓1面，铜锣4面，钹2幅；再之后则是队伍的核心，包括八人抬枣木轿子1顶、半朝銮驾计17人；再之后为手提金山银山、香烛烧纸的妇女计10人；最后为文艺表演队计30人，再加上前后调度的魏源长、许红娟2人，本次队伍总计83人，实际上已经超出了政府规定的80人的最高限制。

在队伍行进的过程中，戴光喜等人点燃沿途的烟花爆竹，一时间，锣鼓喧天，鞭炮齐鸣，烟花和各色衣服交相夺目，一片热闹的气氛。尽管不能到颜文姜祠全程参与仪式，但是广场前还是聚集了三四百名民众。大家手拿一根燃香，跟随仪仗队、表演队一路前行至村口五龙桥前。仪仗队在五龙桥稍歇片刻后，至晚上6点半，大家将轿子、锣鼓等全部装到车上，仪仗队表演队再悉数上车。对此陈维修解释道：

> 之所以不再走着过去，原因有两个：第一，现在年轻人不像以前那么务实了，以前大家都抬着轿子走着去，现在不用说抬着轿子，你让他啥都不拿走着去博山，他们也不愿意。第二个原因就是政府对人数的管控，限定在80人，咱们的轿子是实木的，得将近500斤，以前都是至少24个人轮流抬还累得够呛，现在指望8个人一口气抬到大庙，那肯定是不可能的。[①]

沉甸甸的轿子让轿夫汗流浃背

① 讲述人：陈维修，男，青石关村人。时间：2015年9月29日。地点：青石关村居民委员会办公室。

虽然改用坐车前往颜文姜祠，但锣鼓队还是会始终敲响锣鼓，沿途仍然有商户摆出神袍祭品等待颜文姜圣驾。晚上 7 点，青石关村抵达凤凰山下，但增福村及其他村落的仪式还未完成，青石关村仪仗队便在一旁静静等待，表演队则找到空地开始表演起来，吸引了众多观众前来观看，直到所有村落都完成之后，仪仗队伍才于 7 点 35 分左右来到颜文姜祠前。

按照政府的新规定，文艺表演队和仪仗队的成员们被限制在车上不能下来，只有请奶奶的人和抬轿子的人才能进场。进入庙中之后，众人把轿子停放在大殿门口台阶之上，岳厚爱、丁建爱领着几位手持金山银山的妇女带着顺德夫人牌位步入大殿颜文姜神像前，将牌位摆至颜神像前，大家齐齐下跪，摆上供品和祭品，开始唱诵经文，唱的是《请神经》《奶奶经》《十二愿》和《延生真经》等。经文唱完以后，大家一起磕三次头就算是将颜文姜的分灵请下来并安放到牌位中了。岳厚爱毕恭毕敬地将牌位捧在怀里，丁建爱则将一块事先准备好的黄布罩到牌位上，二人在众人簇拥下共同踱出殿外。魏源长见势大喊："请颜奶奶上辇，大驾光临，一路平安！"众人立马打起了精神，毕恭毕敬地站好，等待岳厚爱和丁建爱将牌位放于轿子中。此时已经快晚上 8 点了，魏源长再次大喊："起轿！"此时颜文姜祠门外等候的锣鼓齐声响起，众人再次将轿子抬上汽车，按原路返回。

回去的路上，沿途的商户、住家还在等候。去的时候他们一般不会有什么反应，因为此时颜奶奶的分身尚不在轿中。返回的时候就不一样了，大家在车辆经过时纷纷焚香磕头。要是遇到提前准备好瓜果梨桃、茶水点心来招待他们的商户，青石关的车辆会停下来，锣鼓队会为商户们演奏一曲锣鼓乐，表演队也会下车表演一番，算是对商户的答谢。一般沿途需停三四次，一次需耽搁 10 分钟左右，所以等回到青石关南庙的时候已经是晚上 9 点多了。此时，陈维修、魏省长等老人们还在南庙等候迎接颜奶奶圣驾。

在南庙的仪式非常简单，还是由岳厚爱和丁建爱二人将颜奶奶牌位放到南庙颜文姜祠内神像前，将黄布拿走，大家一起磕头跪拜就可以了。晚上 10 点，大家已经收拾妥当，除了已经提前安排好的两位值班女性外，整个南庙再也没有其他人，一切都归入沉静。

(3)侍奉颜奶奶歇伏

在颜奶奶"住在"南庙的一个月中，南庙门口始终挂着一张值班表，每天

颜文姜祠大殿内诵经请神

都有两人搭伙值班，交接班在清早颜奶奶"起床梳洗"之后，新来的两位值班人员先各自给颜奶奶上一炷香，代表告知颜奶奶前来侍奉，然后便开始在颜奶奶神像两旁坐好，等待前来上香、许愿、还愿的香客。如果有捐款的，或者以村落为代表的文艺队前来献艺的，他们就会通知在南庙管理室的老人会核心成员，由他们来负责接待。中午 12 点左右，二人会为颜奶奶摆上饺子、炸鱼、肉丸子、豆腐等供品，告知颜奶奶享用午膳。下午 2 点左右，因为天气炎热，还要在颜奶奶供桌前摆放西瓜，以供颜奶奶消暑。晚上 6 点左右，再次为颜奶奶摆放供品，请颜奶奶享用晚餐。

夏天的博山入夜之后就会变得清凉，村里的妇女们晚饭过后会三三两两带着板凳来到颜奶奶庙前，一边陪着颜奶奶，一边唠家常；村里的腰鼓队、文艺队也喜欢来南庙外广场表演节目。到夜深众人散去之后，两位值班人员会打好洗脸水和洗脚水，并把为颜奶奶准备的床铺好，被子展开，然后烧香请颜奶奶洗漱休息。她们把灯熄灭庙门关好之后，就去值班室过夜。第二天早上 6 点便又起床准备好洗脸水，烧香请颜奶奶起床，并问候颜奶奶圣安，然后将被褥收拾妥当就可以等待交接班了。

在八陡，能够侍奉颜奶奶是一件非常光荣的事情，而且侍奉颜奶奶就意味着能够得到颜奶奶特别的优待，每次接颜奶奶回来歇伏之后，村里的妇女

们都会争先恐后地报名要求值班，所以对于负责安排值班的老人会来说，最大的难题并不是找不到合适的人选，而是如何能够尽量安排每个人都至少值一次班。以前每逢初六、十六、二十六还要分别请戏3天来酬谢颜奶奶，现在由于附近的戏班子已经很少，且大家尤其是年轻人都不太喜欢传统的戏剧，于是就改成了现代歌舞表演，最近几年则以规模比较大的纳凉晚会代替。2015年的纳凉晚会由村居两委和老人会共同筹办，村属企业、村居两委提供财力支持。由于舞台布景较大，且观看人数较多，便从南庙前的小广场挪到了村居两委办公楼前稍大些的广场。晚会总共有16个节目，其中本村占了10个，有广场舞表演、腰鼓表演、地方戏、小品、三句半、现代舞、歌曲等民间艺术形式，外请的则既有周边村落的拿手好戏，又有从博山县城请来的专业表演团队，整个纳凉晚会包括镇领导、村居两委领导以及赞助企业领导讲话在内持续近2个小时，花费约2万元。

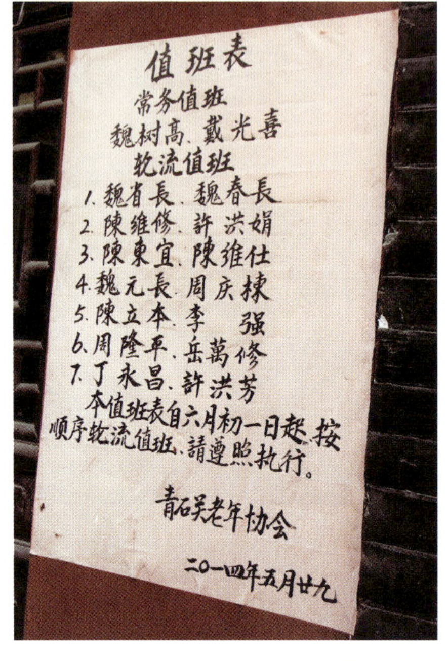

2014年时侍奉颜奶奶的值班表

在颜奶奶歇伏期间，青石关的信众各有任务，男人一般忙于与外村进香的团队对接，并收取香火钱，向布施者赠送纪念品；女人除了值班之外，还要忙于为颜奶奶纳鞋底儿，因为本地有出嫁女子归宁期间要为公婆及丈夫做鞋的习俗（在颜文姜的相关传说中已经有所体现），还要为颜奶奶准备神袍、披风、绣花鞋等物件，同时还要尽可能多地轧制金山银山、摇钱树、亭台楼阁等纸扎。所以女人在这一个月期间往往都比较忙，甚至没时间做家务和做饭。而在这时候家里的男人一般都不敢生气发脾气，只能默默地把所有家务活都揽过来，所以说在这一个月中妇女们虽然忙碌，却总能体会到一种非日常的彻底放松的感觉。

(4)送颜奶奶

2015 年 8 月 13 日，即农历六月二十九（当年没有六月三十）下午 5 点，青石关的仪仗队与表演队再次集结，与接颜奶奶相比，送颜奶奶的队伍中多了好几个个大红包袱，里面装的是在这一个月之内赶制出来的鞋底儿、神袍、披风、绣花鞋和其他衣物，包袱上贴着红纸条，上写“八陡青石关众弟子敬献”的字样，还有各种纸扎。因为拿的东西多了，表演队的阵容只得一再压缩。大家还是先一起将颜奶奶送至青石关五龙桥，再坐车前往凤凰山颜文姜祠。

送颜奶奶时沿途虔诚的信众

因为轿子中有颜奶奶的牌位，所以这次在去颜文姜祠的路上，就会受到沿途香客们的热情招待。大家除了在路边磕头、焚烧提前准备好的纸扎和神袍之外，还会争先恐后地去摸车上的轿子，传言摸了以后能祛百病，还能心想事成。在整个仪式过程中，送颜奶奶实际上才是仪式的最高潮，就连沿途的商户、香客也都陷入了一种近乎疯狂的状态，整条街道基本已经站满了人，所以车辆行进得特别慢，直到 7:15 才抵达凤凰山颜文姜祠。整个队伍除了锣鼓队之外，所有人都一起将轿子和圣物抬进山门，岳厚爱和丁建爱依旧捧着颜奶奶的神像步入大殿，放置于颜文姜神像前。等唱经之后，颜文姜的分灵就又回到大殿里了。此时，大家会一起把携带的所有圣物放到焚化炉烧得一干二净。当地人很忌讳说“烧”，他们称焚烧圣物的行为为“升钱”，意

思是让钱财圣物升上天空交给颜奶奶。等圣物烧完以后就可以返回了，此时大家可以不必再严格按照仪仗队和表演队的要求和姿态行进，而完全是一种自由的、放松的、散漫的姿态。回去的路上，沿街的香客也都已经散去，等回到青石关南庙时已经接近10点钟，大家就直接就地解散了，至此持续一个月的仪式宣告完成。老人会过后会及时统计花销和进账，并总结经验教训，为明年的仪式做好准备。

（二）集体仪式中的个人诉求

在八陡庄内各村参与的"接颜奶奶回家歇伏"仪式中，我们看到尽管有负责抬轿子的中年男人和文艺表演队的中年妇女，但参与其中且发挥主导作用的大多数是老年人。他们出于各种目的而参与进祭祀仪式中，在群体行为中有着个人诉求。

（1）还愿

2015年，66岁的魏淑英又一次出现在了青石关村接送颜奶奶的队伍中，她是亲自去大庙还愿的。2014年，魏淑英的老伴生病，咳嗽得睡不着觉，跑了很多家医院都不能确诊，打针吃药也都不管用，魏淑英就利用去大庙请颜奶奶的机会在颜奶奶真身前许愿：若能治好老伴的病，明年一定亲自打着黄罗伞前来迎接颜奶奶回乡，歇伏期间日日去奶奶面前唱经诵佛，送奶奶时敬献神袍、神带、神履、金墩、摇钱树各1个。回家以后不出三天，老伴的病竟然好了，魏淑英喜出望外，当时就置办好了布料、纸扎，并在陈立和的帮助下制作了一把黄罗伞，等待明年仪式的到来。

2015年，博山区政府将各个村接送颜奶奶的队伍进一步压缩到不超过80人，青石关村老人会发出两条倡议：（1）文艺表演队减去多半；（2）老人会成员发扬风格，尽量不去。听到这个消息后，既为文艺腰鼓队负责人之一，又是老人会成员的魏淑英非常震惊，但还是决定尊重政府和老人会的意见。腰鼓队按照倡议由40余人缩减为10人，魏淑英主动声明放弃参加仪式。正在愁眉不展之时，许红芳找到了她，原来许红芳虽然也是老人会成员，但她是仪仗队（也就是半朝銮驾）的总负责人。鉴于仪仗队的重要性，老人会要求她必须全程参与。许红芳与魏淑英年龄相仿，两人都是出生于八陡庄又嫁到了八陡庄，从小感情就不错。许红芳知道魏淑英的情况，就主动找到会长陈维修，希望能让魏淑英代替她的位置。征得会长同意以后，她立马就来到了魏淑英家里，将仪仗队需注意的事项一一告知魏淑英，魏淑英最终得以成行。

2015 年 7 月 15 日，即农历五月三十下午，魏淑英带着自己家制作的黄罗伞出现在了青石关村的队伍中，黄罗伞在整个仪仗队中是最重的，以往大家都会相互替换着拿黄罗伞，但魏淑英却一再拒绝了大家的好意，始终坚持自己拿着。到了大庙以后，魏淑英却被告知仪仗不能进庙，魏淑英与众好友一起向庙会管理员诉说了缘由，庙会管理员认为这是颜奶奶造福一方百姓的体现，应该进去，就特意网开一面，魏淑英这才成功地亲自打着万民伞将颜奶奶迎了回来。

颜奶奶回到青石关村南庙颜文姜祠之后，魏淑英果然天天都去颜奶奶面前念经。她特意从陈立和家借来他保存下来的近 200 页纸的经本，天天诚心祷念，整个农历六月一天都未曾停歇。就连村里开的纳凉晚会，魏淑英都没参加而是主动留下来值班。此外，魏淑英还向庙上布施了 200 元。

2015 年 8 月 13 日，即农历六月二十九，魏淑英早早地把自己做好的神袍、神带、神履用红色包袱包好，上面贴了写着“八陡青石关魏淑英敬献”的黄色封条，连同半米高的金墩和一人多高的摇钱树一起搬到了青石关五龙桥。等颜奶奶的轿上车以后，魏淑英立马把自己准备的东西放到了离颜奶奶轿子最近的地方，一路跟随到了大庙，亲眼看着筹备了好几个月的东西在大庙焚烧处逐渐化为灰烬升上天空。这时，魏淑英长舒了一口气，脸上露出了笑容。

许愿与还愿是乡村神灵祭祀仪式中的主要内容之一，也是神庙祭祀系统最原始功能的体现。在许愿与还愿的行为实践中，“灵验”由一种抽象的逻辑观念转化成为一种具体可感的身体体验，存在于人神之间的具体关系之中。在相当长的历史发展过程中，这样的身体体验逐渐转化成为地方社会的生活经验，此时带有丰富情感和主观感受的个人关于许愿、还愿的历史记忆也成为了“无事件境”的长时段的集体性历史记忆。

(2)行善

实际上参与仪式的老人们并非都有着明确的与切身利益相关的现实需求，也就是说有相当一部分人参与仪式并不以解决实际存在的问题为目的，

而仅仅是出于“行善”的心理。

“行善”在鲁中地区不仅仅指代做好事、做善事，还指代一种民间宗教行为。“善”趋向一种人们内心中抽象的难以定义和描述的宗教向往，因此“行善”也可以指出于实现宗教理想而付诸行动的所有神灵崇拜仪式。青石关村的丁建爱与岳厚爱两位老太太就是常年专注于“行善”的人。她们二人虽然都是80多岁高龄的老人，但每年都会参加接送颜奶奶的仪式，并在其中发挥了重要作用。

实际上，她俩每年从仪式正式开始的两个月之前就已经忙碌起来了。因为每年以青石关的名义敬献给颜奶奶的“大礼”[①]，都要由她俩提前置办，这并不是一件很轻松的活。本来会制作“大礼”的人就已经越来越少了，那些多少会做点的又因为年纪大、看孙子、家里不支持等各种原因缺席这个场合。而且在她们看来，与其天天在别人家帮村里扎制这些东西，还不如给自己扎，然后敬献给颜奶奶呢。所以在大多数情况下，两个老太太能有两三个帮手就已经很不错了，但她们还是毫无怨言地默默做着该做的工作。

在接送颜奶奶的仪式中，丁建爱和岳厚爱具体负责在大庙颜奶奶像前将颜奶奶的分灵请至轿中，或者送回大庙，以及引领众人唱经的关键环节，这也就意味着她俩根本没有机会为自己或者家人单独祈祷些什么。在将颜奶奶请回青石关村后，丁建爱和岳厚爱每天还要去给与颜奶奶共处一庙的观音、文昌老爷和毛主席分别上香磕头。按她们的理解，几位神灵都住在一个院子中，不能让其他神灵眼睁睁地看着颜奶奶一个人享受供奉，大家都有份儿。

需要特别强调的是，经历过战争年代的丁建爱和岳厚爱对毛主席有着一种特别的崇敬之情。她们于2008年去博山其他地方拜庙的时候看到很多地方都有专门给毛主席设的神龛甚至神殿，于是就建议王传喜领导的老人会也建一个毛主席祠。当时南庙刚好开发出一小片新地，老人会就顺势在那里盖了一间房子，在里面塑了毛主席坐像，并命名为“青石关南庙毛主席纪念堂”。丁建爱与岳厚爱依照博山其他地方的习俗，于每

---

① “大礼”是当地人对献给某个神灵的一整套祭祀用品的代称。具体包括：神袍、神衣、神带、神靴等衣物，金墩、银墩、摇钱树、洋楼、白马、金山、银山等纸扎。

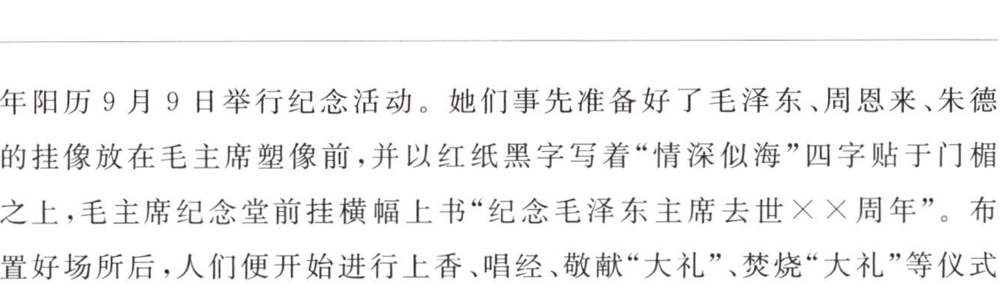

年阳历9月9日举行纪念活动。她们事先准备好了毛泽东、周恩来、朱德的挂像放在毛主席塑像前，并以红纸黑字写着“情深似海”四字贴于门楣之上，毛主席纪念堂前挂横幅上书“纪念毛泽东主席去世××周年”。布置好场所后，人们便开始进行上香、唱经、敬献“大礼”、焚烧“大礼”等仪式活动。在她们的心中，毛泽东与颜文姜一样，都是“人有功而成神”。

博山有阳历9月9日纪念毛主席的习俗

像丁建爱、岳厚爱这样为了“行善”而参加各种祭祀仪式的行为，实际上追求的是一种较为高尚的利益追求，即整个社区共同体的清平安宁。这说明在普通民众心中普遍都存有社区共同体意识，这种意识也可以在具体的行动中与身体的主观感受相结合，让民众在体验中逐渐建构起一种身体与意识、个人与整体的新的行为逻辑观念，这种观念再反过来赋予他们的行为以公共价值体现的意义。

(3)诉求

接送颜奶奶的仪式作为一个由不同圈层、不同利益需求、不同价值观念的个人或群体构筑而成的仪式之场，每个群体或个人都可以在这个场域中随意、自由地发出声音，借由仪式的公共空间表达自己的诉求。

2015年8月9日，即农历六月二十五，青石关老人会主要成员都聚集在了南庙中，一是因为石马镇有个村落的祭祀组织要来拜庙，由于两村在信仰方面多有往来，会长陈维修向来比较重视；二来也是为组织好明天晚上的纳凉晚会开一个准备会，所以老人会超过2/3的人都已到场。由于

石马镇那边迟迟没有来人，也不清楚他们到的具体时间，老人会决定午饭在南庙解决。他们凑钱订了几个菜，还打开了笔者于2014年带来的白酒，一番推杯换盏过后，一直比较沉默的周庆栋突然开了腔：

这几年庙上也没有大的修庙盖庙的活动，手头上应该也有点钱，鉴于孙老太太（即前文所提王会彩老太太）给咱们做出来的贡献，我觉得咱们至少应该给她老人家立一个碑！

实际上这已经不是他第一回发表类似意见了，以前的时候他甚至主张要给王老太太盖一间小庙。因为按照他的逻辑，王老太太早已经成神了：

山上所有东西想要成仙必须先成人，因为仙就是山上人，而如果人成精了那就需要上天为神，这就是'神仙'两个字的来历。话说回来并不是所有人都能非常轻易地或者阴差阳错地成精成神，只有大人物才会，比如颜文姜、关公，这些人都是因为对这个社会有着突出的表现而成为神。王老太太别看在别处不行，在咱们八陡庄那可是数一数二的人物。

周庆栋的诉求当然暂时还没达成，但是从周庆栋的话语中，我们也能读出来身份感所带来的不同的身份认同。周庆栋实际上是这届老人会的男性成员中唯一的农民，尽管他一辈子都在工厂里上班，但越是跟工人们进行一样的劳作，所经历的身份上的反差反而越多。所以不管现实情况如何，多年的劳作经验让周庆栋在与工人打交道时，潜意识里就有一种为农民争取利益的诉求，于是便搬出了王老太太这位在农民群体中最受爱戴的人，企图通过为她争取"地位"的方式来引起退休工人们对农民的重视。

从以上例子可以看出，八陡庄"接颜奶奶回家歇伏"的仪式，实际上形成了一个非常具有包容性的场域，所有人和组织都可以参与其中，利用参与仪式的身体实践来表达各种诉求，解决现实生活中有关个人、家庭、家族、组织甚至是村际间的各种问题。

第六章
老人与老人会

青石关村与华北经济发达地区的其他村落形态一样，年轻人基本都已外出工作、求学，甚至在城市里定居，即便还留在村里的也几乎都住进了村里规划的小区。他们的工作、娱乐休闲、主要的社会交往、大部分的日常生活都发生在附近的城区，在村落中他们大都呈现出一种“隐身”的状态。因此，老年人成为村落生活世界的主体。

老人在村落中占据主体地位并不意味着整个村落会呈现出一种萧索的状态，恰好相反，在青石关村我们看到老人们正以一种热情、积极的态度投入到自我价值的实现与村落共同体的治理之中。他们不仅像一般的老年人那样找到自己的兴趣爱好，养鸟下棋，修身养性；他们还成立老年协会，主动担负起维护村落秩序，复兴传统礼仪的社会责任。

一、成为老人

在青石关村，无论是正式工人还是农民，大部分男性老年人都有长期在工厂里工作的经历，严格的生产制度把他们带入到工厂的工作节奏中。经过长期的磨合和适应，他们的日常生活节奏也完全被工厂的时间制度所整合和同化。国家制度操控下的工厂对一个人是否成为老年人有着非常明确

的界定，工厂的退休制度规定男性一旦超过60周岁，女性一旦超过55周岁，就必须要办理退休。退休不仅仅从经济方面外在地确定了一个人已经步入老年，也在客观上为个体带来了关于自己老了的情感冲击和心理暗示，从而让他们去认真地考虑这个问题。

但是在传统的农耕社会，民众通过从事农业生产获得收入，与现代化的机器生产和专业分工不同的是，农业生产方式的种类更加多样。而且作为生产资料的土地对劳动力的质量展现出了强大的包容性，劳动个体可以根据自己的身体条件在土地上从事或轻或重的不同活计，农业生产也没有退休机制，只要不完全丧失行动能力，老人们即便年龄再大，也都能在农业生产中找到自己的位置。因此，对于一个农民来说，他很难在劳作中的某一特定时间点突然形成关于自己是否老了的心理暗示，而是在劳动强度从强到弱的长期转换中慢慢地去理解和体会。

所以说，对于生活在乡村社区，曾经或正在从事农业生产，却又从现代化的工厂里退休的老人们来说，什么时候才能够成为老年人确实是一个比较纠结的问题。如魏省长认为：

> 现在和过去可不一样了。过去这人一过了50岁可真就成了老头了，明显就看出老了。现在60岁就跟那时候40岁一样。60岁就让咱们退休了，咱们又不是不能干了，一天到晚什么也不干，国家还得出钱养着。你看看那些农民，多大年纪了都有，那些七八十的还得天天在地里扒扒撸撸，也没人让他们退休，也不说给他们补贴。①

魏省长对60岁退休的规定持有保留意见，其理由就是60岁的人并不老，因为七八十岁的农民都能始终保持劳动的状态。对于一件事物提出意见的前提是承认它的客观存在，所以，这也从反面反映出了作为国家正式工人，尽管在具体年龄设置上提出了异议，但魏省长还是首先明确了他对“退休就意味着成为老年人”的认同。

那么具有农民身份的人是怎么认定的呢？周庆栋说：

> 干着一样的活，人家老了就可以退休，欢欢喜喜给你送走，国家还按月给你发三四千块钱，让你在家里随便玩；我们这些农民临时工到年龄了，人家就不说退休。退休后国家给的每月七八十块钱，那还是当初我们

① 讲述人：魏省长，男，青石关村人。时间：2015年2月11日。地点：青石关村魏省长家。

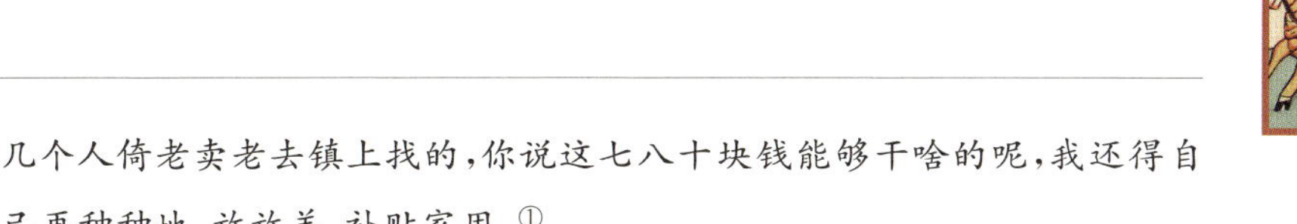

几个人倚老卖老去镇上找的，你说这七八十块钱能够干啥的呢，我还得自己再种种地、放放羊，补贴家用。①

周庆栋对工人与农民临时工同工不同酬的方式非常不满。农民身份的他长期做临时工，虽然对退休之于老年人的客观规定性缺乏敏感，但却还是把老了与退休结合了起来。而且从他的话语中不难看出，他内心是极其渴望自己能够被退休规定为老年人的，所以他才发出了对工人"老了就可以退休"和农民"老了也不说退休"两种待遇的感慨。

无论是工人魏省长所理解的"退休确定了成为老人"，还是农民工周庆栋所理解的"老了所以退休"，虽然在因果逻辑上刚好相反，但都在一定程度上承认了"退休"和"老了"之间的连缀关系。不过从二人话语所传达出的意思来看，他们并不一定愿意从心理上承认自己老了，反而是体现出了一种不服老的心态。退休对于老人自身来说是一种被动行为，老人们被退休也就意味着他们被确定为老年人，退休所带来的心理暗示自然也是被动的，不以主观意志为转移的。所以，老人们需要一定的时间来消化这种身体和心理上的双重冲击，将这种被动施加转化为主动接受。如陈维修说：

刚退休的时候不太习惯，早上一起床就想着赶紧推自行车上班去，有时候都碰到自行车了才想起来已退休了，没事就在家里一遍遍擦自行车。后来习惯了就好了，老了就是老了，就像养儿子一样，我在厂里上班上了30年，就相当于我养了他30年。现在我老了，厂子开始养我的老了，按月给生活费。②

除了"退休"对老人的客观确定及老人的自我界定之外，整个地方社会还对达到一定年龄的人或者退休了的工人是否成为"合格"的老人有着一套评价体系，这套评价体系实际上就是建立在作为长时段历史记忆的传统礼仪制度之上的。总的来说，社区对老年人是否是"合格老人"的评价主要有以下几点：

第一，"老有老样，少有少样"，即合格老人的个人形象与涵养。"老有老样，少有少样"，看起来似乎是在老人与青年人的对比中来说的，按字面意思来说是强调老年人就要有老年人的样子，年轻人相应地也得有年轻人的样

① 讲述人：周庆栋，男，青石关村人。时间：2015年2月9日。地点：青石关周庆栋家。

② 讲述人：陈维修，男，青石关村人。时间：2014年8月22日下午。地点：青石关村陈维修家。

子。但从这句话的实际作用上来看，主要针对的还是老年人。当下的社会由于城乡文化的大交融，城市文化和其他外来文化的涌入，让年轻人成为了村落中“新观念”和“新潮流”的主导者，村落中的老年人虽然不一定能够完全理解和接受这种新文化，但却在一定程度上给予了宽容。因此，在当前的乡村社会中，“少有少样”仅仅指代年轻人在长辈面前所应该具有的状态，而“老有老样”的内涵则要丰富得多。陈东谊说：

“老有老样”就是说作为一个老人你得有一个老人的形象，不能说七老八十了你还戴着个小洋帽，穿花花的衣服，让人一看就不正经。老年人就应该穿得朴素一点，走路不能松松垮垮，也不能急急嘮嘮的，这就是老年人的样子。要是说穿得花花绿绿，走起路来里正歪斜的，那要不就是有精神病，要不就是没正形。①

陈东宜从外在形象上强调了作为合格的老年人应该具备的形象，但在年轻人看来，老年人却不一定非得是单色调的。如张萌萌说：

电视上有个 77 岁的老头参加走秀，一头白发很飘逸地甩在后面，光着上身，一身的肌肉，下面穿的是红绿搭配的短裤，看起来特别有精神。我觉得老年人也可以享受现代文明。②

作为刚从英国留学归来的硕士，张萌萌的观点相对来说比较新潮。她认为是不是合格的老年人与外在的形象并没有太大关系，但当她把这段话说出来的时候，旁听的中老年人纷纷表示反对。

“老有老样”还对老年人的内在气质作出了规定。如陈东宜认为：

有句古话说得好：“老不读《三国》，少不看《水浒》；男不读《西游》，女不看《红楼》。”为啥这么说呢？因为看了《三国》人奸诈，看了《水浒》爱打架，看了《西游》不听话，看了《红楼》不能嫁。光从老年人来说，他就是告诉咱们老年人应该实实在在的。老人本来就够“贼”的了，平时不能把这个“贼”表现出来，更不能再去学“贼”。贼眉鼠眼的那种一看就不是好人。③

从这段话中我们能看到，老年人对自我作出了严格的约束。

---

① 讲述人：陈东宜，男，青石关村人。时间：2014 年 8 月 25 日下午。地点：八陡镇东顶村社区陈东宜家。

② 讲述人：张萌萌，女，八陡镇增福村人。时间：2014 年 8 月 20 日下午。地点：八陡镇增福村。

③ 讲述人：陈东宜，男，青石关村人。时间：2014 年 8 月 25 日下午。地点：八陡镇东顶村社区陈东宜家。

第二，合格老人在家庭秩序中的责任与义务。“老有老样，少有少样”，在家庭秩序中强调的是“长幼有序”的伦理观念。对于老年人来说，他们在家庭中的责任与义务主要体现在以自身为核心的大家庭的关系调节上，其中的关键点就在于妥善处理大小家庭之间的各种矛盾。在八陡庄，大部分年轻人并没有从真正意义上离乡离土，而是以小家庭为单位居住在村落边缘的社区楼房中。老年人虽不太愿意与子女居住在一起，但是仍需要在子女之间频繁地走动，并在特定时间召集小家庭参与聚会，以增强大家庭内部的沟通与联系，从而维系大家庭的和睦。更重要的是，老人们必须设法将家庭之间不可避免的大小矛盾隐藏起来，尽管矛盾的双方不一定涉及老人，但矛盾的解决却往往是以老年人的忍让和牺牲为代价的。村民王士祥给我们讲述了村里这么一件事：

老徐家里有点积蓄，当初分家的时候不知道怎么弄的，二儿子和三儿子因为600块钱的事有点小矛盾，后来就越来越不好处。除了过年过节去老徐家里吃点饭，平时基本不往来，这将近20年过去了。老徐就想着自己也是80多岁的人了，再不处理好，哪天走了，子孙们说不定得世世代代当仇人，就开始着手解决。老头子在这两家跑来跑去，跑断了腿也没解决问题，老三的意思是可以给老二600块钱，老二肯定不干啊。20年前的600块钱和现在没法比，老三最后决定顶多给2000块钱，老二就说1万块钱少1分都不行。最后没办法，老徐让老三拿出来2000块钱，自己掏了8000块钱凑了1万给了老二，最后才把矛盾给平了。[①]

社会公德（爱德）

姓名	爱护环境	关爱他人	奉献社会
陈维修		乐于助人	积极参加公益活动
许红娟		乐于助人	积极参加公益活动
魏树高	爱护环境卫生		
张绪清			积极从事村级事务活动
毕粗琴			积极从事村级事务活动

陈维修、许红娟、魏树高等老人受到村委和村民们很高的评价

① 讲述人：王士祥，男，青石关村人。时间：2014年8月26日。地点：八陡11路公交终点站附近。

第三，合格老人与社会交往秩序。如果村落中的社会交往被简单地认定为是年龄大的与年龄小的之间的交流，在这二元对立的场域之中，按照中国传统“长幼有序”的伦理道德，年长的通常被置于受尊敬的地位。但是伴随这种地位的赋予，年长者也同时被推向了道德审视的前台，相较于年轻者，他的言语和行为更容易受到别人的监督。我们当然不能排除有个别老人利用自己老人的身份贪图小便宜，甚至以碰瓷等各种方式获取不正当回报，但是所谓的“为老不尊”“无德老人”等评价，在很多情况下其实都是人们带着显微镜审视老人行为的结果。如王士祥讲：

从文姜大道通向八陡大集北河口段有一条都是台阶的小路，平时不太有人走，有一群老人喜欢坐在台阶上聊天。有一天八陡大集，几个老人照例坐在那里，后面来了一个年轻人，让老人让路。当时一位姓王的大爷背对着年轻人，离他最近，大爷听力不太好，加上注意力都集中在了聊天上，没注意到青年人的存在。年轻人脾气很冲，一脚将老人放在一边的拐杖踢到了大集上，老人一生气，倔脾气也不由自主冒了出来，决定一整天都坐在那里不走，以表示对年轻人不讲礼貌的规劝。然而没等过半小时那里就已经聚集了几个人来反复劝说老头子，别与年轻人一般见识。①

“不与别人一般见识”往往能够有效地避免争吵和受侵害，同时还能让自己抢先占据道德的制高点，表现自己的宽宏大量与高风亮节。因此，“不与别人一般见识”实际上既是这个社会对老年人作为社会交往中合格老人的最基本标准，同时也是在身体条件上处于弱势的老年人的一种自我保护的策略。

总的来说，由于老年人已经成为村落行动的主体，且对“合格老人”的评判以作为长时段历史记忆的传统礼仪制度为基本参照，而老年人又是村落礼仪制度的主导者和解释权威。因此，对于“合格老人”的认定大多数都是老年群体对自己或群体内部他人的自我评价。鉴于老人群体所具有的价值观念和所掌握的传统文化资本，这种评判标准往往是传统的、严苛的、不变的。而对于年轻人来说，他们实际上并不太在意老年人是否为或者如何为合格的老年人。

① 讲述人：王士祥，青石关村人。时间：2014 年 8 月 26 日。地点：八陡 11 路公交终点站附近。

这个台阶下面经常有老人在这里聊天，平时很少有人走，但是一到大集就有些拥挤不堪

二、老人活动的场所——“老头窝”

在乡村社会中，村落中的老人们历来有自然而然聚集在一起的习惯，村落中的公共设施如井边、庙宇、树荫下、村碑旁、大街等等都可以作为老人们日常聚会的场所。这些老人并不是出于一定的社会责任或建设公共事务的目的而结成正式组织，而仅仅是出于休闲娱乐的目的而集结在一起。经过走访调查我们发现，青石关村的老人们最常去的聚会场所主要是附近几个村落开办的老年活动中心以及位于11路终点站的石桌周围。村里的老人们戏称这些地方为“老头窝”或“老汉窝”。

(一)老年活动中心

2005年以来，八陡镇政府为了保障老年人“老有所养”“老有所乐”，号召所辖各村在有条件的基础上创建老年活动中心，为老年人提供休闲娱乐的场所。八陡庄内北河口和杏花崖两个行政村最先响应号召建立起了老年活动中心。

2001 年，北河口村修复了村内的真武庙，真武庙为两层结构，位于八陡镇公交 11 路终点站附近的小斜坡上。斜坡之上恰好为真武庙二楼，由真武庙和观音庙组成；顺斜坡下行右转为真武庙一层，一层由宽 4 米、进深 3.5 米的门洞以及东、西耳房构成。2005 年，收到八陡镇政府相关通知后，北河口村将真武庙一层开辟为老年活动中心，在门洞前、后两门装上帘子，大厅内装了电灯、风扇、电暖气等电器，又添置了一张麻将桌、两张扑克桌和椅凳若干，将左耳房改造为办公室，右耳房改造为储存室，还以每月 800 元的工资聘请本村的一位妇女为管理员兼服务员，负责打扫卫生、为老人们烧水倒水、管理财务等工作。北河口村老年活动中心正式开始运行之后，几乎每天都有至少 10 多位老人在这里打扑克、打麻将、闲聊天。他们认为，老年活动中心的开办“直接提升了村里老年人的幸福指数十好几个百分点”。

因为是邻村，且历史上本来就是同一个村落，所以青石关村的老人们也经常去这里凑热闹。青石关村一位几乎每天都到这里打扑克的老人说道：

> 青石关村没这么个地方，南庙里面庙太多、太小，腾不出屋子来。再说老年会还在里面开会什么的，咱这些不在会的就不好去；再说就是去了也没有打牌的，不如这边热闹。这老哥几个咱也都认识，挺多老工友，原本也都是一个公社的，在这里玩玩挺好。青石关爱来这里玩的少说也得有四五个。[①]

北河口的老年活动中心

① 讲述人：岳大爷，男，青石关村人。时间：2015 年 4 月 23 日。地点：八陡镇北河口村真武庙老年活动中心。

北河口村老年活动中心的热闹场面让邻村杏花崖的老人们艳羡不已，在他们的建议下，“财大气粗”的杏花崖村在村里的铁路大桥旁边收拾出了一大块场地，在北边盖起了两间大瓦房，一间为老年活动中心，一间为舞蹈室，房前则为铺了花砖的小型广场。老年活动中心可以打扑克、下象棋、打麻将，舞蹈室则专门为村里的舞蹈队排练用。杏花崖村的老年活动中心与北河口村相比虽然面积大了好几倍，但每天来这里的人却比北河口少很多。杏花崖村因为拥有黑山的资源而相对比较富裕，是较早规划村属住宅小区的村落之一，村民们尤其是退休工人们大多搬迁到了住宅楼中。而老年活动中心距离住宅区太远，且因为铁路大桥的遮挡，房间采光不好，比较阴冷，所以人们多选择在小区的广场上活动。因此，老年活动中心成为在周边居住尚未搬走的老农们的活动场地，他们很少从事打扑克、下象棋等娱乐活动，而是喜欢围坐在一起七嘴八舌地聊聊共同拥有的历史记忆，所以青石关村的农民相对比较喜欢来这里。

杏花崖村的老年活动中心

不过，在各村都最大限度地为老年人提供休闲场所和服务时，仍然有一些老人不愿意加入到所在村落的老年组织或老年活动中心，而是依照传统的习惯，自由搭伙选择场所，其中最出名的就是位于 11 路终点站旁的“厂部办公室”了。

(二)厂部办公室

在11路终点站八陡站以东有一张石桌带着几个石凳,若是没人的时候走上前去,你会发现四个石凳旁边摆着各式各样的硬纸板,这些硬纸板就是平日来这里唠嗑拉呱的老人们当坐垫用的。每天早上9点以后,就会有许多退休工人陆陆续续地来到这里,大家坐成一圈,讲讲过去的趣事儿,等到中午11点多,就纷纷散去了,各自去买菜、买馒头回家吃饭。下午2点以后,还是这拨人又一次聚到这里来,一直等到下午5点以后再各自回家。因为都曾是工厂的工人,所以他们把这里叫作"厂部办公室",把他们一天两次来这里报到的行为称之为"上班""坐班""下班",如果有哪位没来的话,就会被称为"歇班"。

如果天气晴好,在厂部办公室"坐班"的人也就比较多,可能有八九位;如果天气恶劣,来这里坐班的可能也就只有一两人了;平时基本能维持四五个人的规模。一群退休工人凑到一起谈论的实际上大多数都是对各自厂子历史的记忆,他们总能根据一些现实的线索将自己的记忆慢慢地带出来。每次这样的谈话渐入佳境之后,这个小圈子就会形成一种独特的场域,在他们之外的八陡庄似乎成为一幅流动的画卷,随着他们对历史记忆的共鸣不断呈现出过去的样子。

厂部办公室来得最频繁的几个人,一是青石关的王士祥,今年已经83岁了,身体虽然还算硬朗,但是腿脚不太好,天天拿着拐杖。他是从玻璃厂车间主任的位置上退休的,作为干部,每个月的退休金能领到8000多元。二是北河口许会升,从八陡耐火材料厂退休,每个月的退休金有4000元左右。三是青石关的岳志勤,是三菱钢窗厂退休工人,目前退休金为3000元左右。四是青石关的老丁,原来也是玻璃厂的工人,还曾经当过王士祥的组长,但是后来没有王士祥发展得好,不过作为退休干部他每个月也有近5000元的退休金。第五个是苏家沟的老蒋,严格来说,老蒋并不算退休工人,他是农民户口,不过一毕了业就以临时工的身份进了酸厂,一干就是40多年。尽管在这些人里面老蒋的工龄最长,但因为是农村户口的身份,每个月只能从政府领到324元的生活补贴。第六个是北河口的王孝长,他是王让24世孙,曾在山东机械厂担任干部管理人员,现在退休金有9000多元。

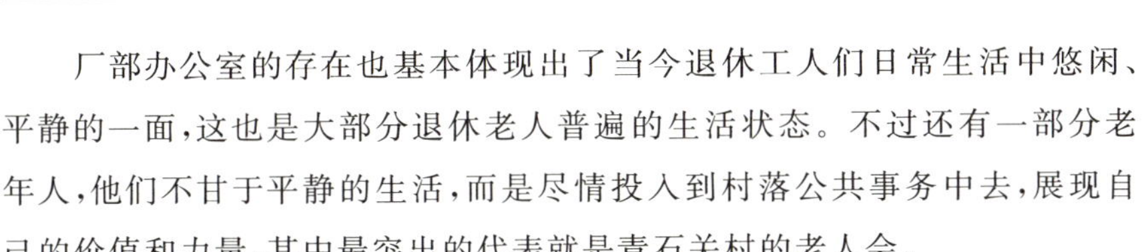

厂部办公室的存在也基本体现出了当今退休工人们日常生活中悠闲、平静的一面，这也是大部分退休老人普遍的生活状态。不过还有一部分老年人，他们不甘于平静的生活，而是尽情投入到村落公共事务中去，展现自己的价值和力量，其中最突出的代表就是青石关村的老人会。

三、老人的组织——老人会

（一）老人会的发展

青石关村的老人会是从村民们偷偷恢复“接颜奶奶回家歇伏”仪式开始的。20 世纪 70 年代中后期，青石关村的陈立和、陈维修、陈维仕、魏省长、魏恒长、周庆栋等人开始在王老太太的领导下于半夜偷偷在自己村里举行接送颜奶奶的仪式。为了躲避政府的管控，他们选择了一间暂时无人居住的房屋当作颜奶奶歇伏的居住地，每到晚上就摆上牌位、供桌，悄悄地诵经磕头。当时不过 20 岁出头的陈立和回想起那段往事来仍然心有余悸：

> 那时候八陡派出所就在咱这五龙桥附近，每晚都有值班的人，俺们都是半夜到大庙（颜文姜祠）去请颜奶奶，也不敢抬撵了，就拿个包袱包着颜奶奶神位，找上四五个人悄悄地去，回来的时候走到派出所附近，俺们是大气都不敢出，迈步也不敢迈，恨不得爬过去。①

为了更好地躲避政府的管控和搜查，王老太太号召众人联合起来相互配合、统一行动，在那时他们在事实上已经形成了一个有着相对严密体系和明确分工的祭祀组织。

后来随着王老太太重修黑山玉皇庙“试水”成功，大家了解到政府对待民间信仰活动的态度后，越来越多的人加入了青石关的祭祀组织，其中就包括在八陡庄颇有声望的王孝长和王传俊。其中王孝长是明初尚书王让的二十四世孙，他的父亲曾是当地最有名望的算命先生、武术大师，据传还会寻龙点穴、风水堪舆之术。而王孝长则向来以为人正直，做事认真，待人真诚而被人熟知，王孝长的加入一下子壮大了祭祀组织的声势。而王传俊曾长

① 讲述人：陈立和，男，青石关村人。时间：2014 年 9 月 28 日下午。地点：八陡镇青石关村陈维仕家。

期在生产大队担任会计，他们二人加入组织以后，王老太太立马把他俩提升到仅次于她的重要位置。那时候王老太太因组织修庙和拜庙活动手头上有了很多善款，她便特意交由王孝长和王传俊二人保管，其中王孝长负责现金出纳，而王传俊则负责会计，他们俩建立起了健全的财务系统，使得祭祀组织进一步正规化。

1998年后，王老太太由于身体原因不再过多参与仪式的主持工作，她将"领导权"交给了一直跟随她20多年的陈立和。年轻的陈立和立即挑起了大梁，组织起第二代祭祀组织。王孝长、王传俊二人因为王老太太的退出也纷纷交了账退出了组织。陈立和、陈维修、陈维仕、魏省长、魏树高、周庆栋等人成为组织的新核心层。他们在任期间最大的成就是拿回了村里南庙观音堂的使用权。2000年，陈维仕、陈立本、魏省长三人经过采访和查阅相关资料，形成了一份《关于村南庙观音堂的考查论证的考证报告》，并将之提交给了时任博山区文物管理所所长的穆若信，由他依据报告文件向博山区房地产管理局提出移交请求，并最终获得同意。自2001年起，文管所正式接手观音堂的管理权，并将其转交给青石关村。从此，观音堂在真正意义上成为青石关村人持有和保管的村庙。

需要特别强调的是，2001年，穆若信想要将观音堂交与青石关村代为管理时，青石关村居两委对此反应冷淡，而陈立和所领导的祭祀组织有心想要接收却没有能够"听起来还算可以的名号"①，后来在穆若信的建议下，他们以"青石关村老协"(青石关村老年协会)的名义与穆若信所在的文管所签订了代管协议，这是青石关村的祭祀组织第一次打出了"老年协会"的旗号。但大家当时并没有太过在意，认为老年协会不过是出于顺利拿到观音堂的目的而使用的"一次性名字"②。

拿到南庙的管理权之后，祭祀组织开始专注于一年一度的"接送颜奶奶"仪式，其他时间则继承了王老太太拜庙的传统，四处参加庙会活动，所以一年下来也并没有多少空闲的时间。陈立和回忆道：

① 讲述人：陈维修，男，青石关村人。时间：2014年9月28日下午。地点：青石关村村委传达室。

② 讲述人：陈维修，男，青石关村人。时间：2014年9月28日下午。地点：青石关村村委传达室。

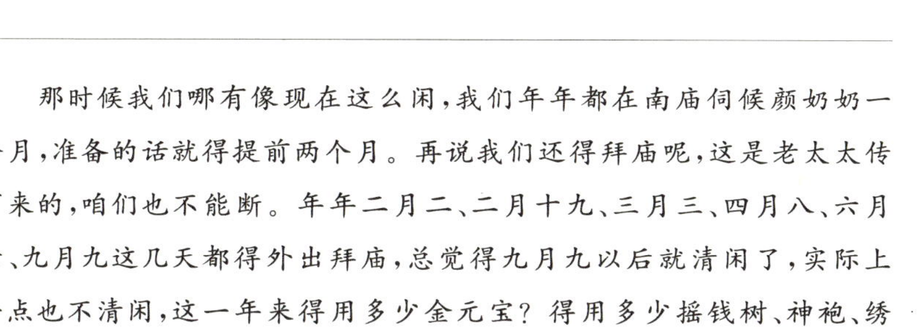

那时候我们哪有像现在这么闲，我们年年都在南庙伺候颜奶奶一个月，准备的话就得提前两个月。再说我们还得拜庙呢，这是老太太传下来的，咱们也不能断。年年二月二、二月十九、三月三、四月八、六月六、九月九这几天都得外出拜庙，总觉得九月九以后就清闲了，实际上一点也不清闲，这一年来得用多少金元宝？得用多少摇钱树、神袍、绣鞋？不提前准备下直接没法弄。整个冬天光弄这些东西，叠元宝叠的那手指头都是黄色，洗不掉。①

从这一点来看，第二代的祭祀组织还是保留了专门从事信仰活动的特色。也正是在这时候，青石关村凭借祭祀组织发挥的重要作用形成了与阁子前村竞争颜文姜传说话语权的地位。

此后，一心热衷于组织各种祭祀仪式的陈立和因为组织内部争权夺利等原因逐渐产生失望情绪，而组织内部也因为他对修庙等其他事务毫不关心而心生不满，在主客观因素的共同作用下，陈立和逐渐成为祭祀组织的边缘人物，而祭祀组织也陷入了陈、魏两家的你争我夺中。

2007 年，出于修庙的目的，王传喜、岳志修、岳会修、魏恒长等人作为第三代领导层，重整混乱了几年的祭祀组织，并正式将组织命名为“青石关村老人会”，以老人会的名义接手了维护庙宇和操持“接颜奶奶回家歇伏”仪式的工作。他们将工作的重心放在了修庙上。两年以来，先是重修了观音殿，又新修了文昌阁、毛主席纪念堂，还在颜文姜祠内塑了颜神像。按照以往的惯例，修庙所需的花费基本来源于组织存款和众人捐款两方面。王传喜等人不断地修庙盖庙，让老人会的财政捉襟见肘，老人会成员们对接二连三的捐款也颇有意见，因此短短两年王传喜等人就失去了群众的支持。2009 年，“接送颜奶奶”仪式开始之前，王传喜宣布辞去青石关村老人会会长的职务，岳会修、岳志修、魏恒长也一并退出老人会。随着核心人物的退出，青石关老人会宣告解散。

眼看着“接颜奶奶”的仪式日期越来越近，陈维修、陈东宜、许红娟等三菱钢窗厂的几位老同事站出来操持了这次仪式。在请回颜奶奶后的第二天，几个人一起吃饭时有人提出了成立第二届老人会的想法，大家纷纷响

① 讲述人：陈立和，男，青石关村人。时间：2014 年 10 月 3 日下午。地点：青石关五龙桥陈维仕老家。

应，于是第二届老人会正式成立。这届老人会与上届最大的不同就在于组织上的严密和运行机制的完善。第一届老人会相对来说比较松散，第二届老人会则制定了详细的有关会员准入、资金管理、活动组织方面的制度，使老人会的一切活动都有章可循。因此，第二届老人会一成立，就立即进入工作状态。他们将接送颜奶奶仪式的组织和管理工作也做好了分工，并细分到人，如值班表、香火钱、水电、做饭、采买、仪仗队、抬撵等各项工作，都有了具体的责任人，并形成了长效机制，从而使得青石关的仪式活动无论多少人参与都会人尽其责，有条不紊。

第二届老年会自2009年成立至今已过五年，这五年里的五次仪式，几乎每一次都有难题出现。但正是凭借老人会先前制定的“具体分工，责任到人”①的工作制度，每次与难题不期而遇的时候，他们都能及时做出反应，从而保证仪式顺利进行。比如2014年的仪式临举行前，博山区政府突然下发通知，为防止人多拥挤发生踩踏事件，请送颜奶奶活动的人数每村不得超过200人。由于北河口村一直跟着青石关做仪式，这对于青石关村来说也就意味着必须在短时间内将迎神队伍减去四五百人。这时候青石关村的老人会立马出来组织，在抬撵护撵队以及仪仗队数量保持不变的前提下，首先通知分别负责秧歌队、锣鼓队、腰鼓队的许红娟、李强、魏素莲三人，让他们通知各队在不影响整体效果的情况下减去一半的人。然后由会长亲自出面号召65岁以上及行动不便的老年人留在村里(包括他自己)，但同时保证每个队伍的负责人一直跟随。减去这些人之后，其他人跟随队伍行进至虎头崖村时，再按照是否有急事需要进庙烧香，是否已去过多次，是否有任务安排的原则，让那些有需要进祠烧香、没去过几次以及有任务安排的人先去②。其余人就地等待，等着车辆回来，再汇合一起回村。

在操持仪式之余，同上届老人会一样，他们也将修建庙宇看作参与和实践神灵信仰的重要方式之一，在他们看来，修建庙宇即意味着安顿神灵。正

① 讲述人：陈维修，男，青石关村人。时间：2014年9月28日下午。地点：青石关村村委传达室。

② 20世纪90年代，八陡镇的接送颜奶奶队伍都是一路走着去颜文姜祠，虽然只有9公里远，但他们既抬辇，又举仪仗，还需扭秧歌步，所以行进起来非常缓慢劳累。近年来，随着车辆的普及以及民众消费水平的提高，开始转为坐车前往。但青石关村每次都不让车进庙门口接，而是由老年会先带领众人沿路吹吹打打走过北河口、杏花崖、阁子前等村落，直到虎头崖附近才改为坐车去。

如陈维修所说："你建了庙了，神仙才能来啊，来了他就住下了，住下了咱们好好伺候着，他不就保咱们全村平安啊。"①他们首先将观音殿、文昌阁、颜文姜祠等庙宇的瓦片由红色换成黑色②，接着又继续重修了毛主席纪念堂、门神等建筑，并分别进行了毛主席纪念堂和门神的开光大典。需要指出的是，所有这些活动，基本上都是由老人会自己解决。如毛主席及两位门神的塑像都是由陶瓷厂的退休工人魏春长来设计和制作，毛主席纪念堂的牌匾的刻字则由学过木工和模具的陈维仕带领大家完成。他们所有的工作无论谁干活多少都不计工钱，就连中午买饭都得自己掏钱，所有花费只用于采购原料，因此他们只花了2万多元就完成了上述所有工作。

为了节省成本，老人会在修庙的过程中都是亲力亲为

第二届老人会自打成立以来就积极与青石关村居两委沟通、联系，所做一切工作都及时向村居两委汇报，举办毛主席纪念堂落成典礼等重大活动的时候也邀请村居两委参与并发表讲话。他们的行为取得了村居两委的好感，逐渐与村居两委形成了良好的关系。在村居两委的指导下，老人会也开始转型职能，除了操持仪式外，他们还主动承担起了调解纠纷、清洁家园、清

① 讲述人：陈维修，男，青石关村人。时间：2014年6月23日上午。地点：青石关村观音堂内。

② 陈维修等人一致认为，红色瓦片是普通人家盖房子用的，用在寺庙显得不够大气；黑色瓦片才是寺庙该用的，显得庄严肃穆。

理河道、修路铺路、下达村居两委通知等工作，实际上他们在不知不觉中已经将工作范围扩展到整个村落的公共服务体系。

对于老人会的人来说，他们乐于通过打发自己闲下来的时间，为村落和村民贡献自己的力量。对于老年会的人来说，最难以开展的工作其实是调解纠纷。陈维修就讲起他们曾花费两年时间把一对闹了矛盾的父子成功劝和，内中的曲折和坎坷并不比修庙轻松。除此之外，老年协会还有着 4 月份清理五龙溪河道，5 月份清理墙上小广告，8 月份看望老党员，农历九月初九看望孤寡老人等固定工作，同时并做一些村居两委交待的力所能及的事情。自成立以来，第二届老人会得到了村居两委的高度认可，成为村落日常生活中必不可少的角色。而老人会在各方面也越来越成熟，在形制上逐渐稳定了下来。2015 年第二届老人会的名单和具体职责如下表：

第二届老人会最新名单和具体职责①

姓名	性别	年龄	身份	在老人会中的主要工作
陈维修	男	79	三菱钢窗厂退休工人	会长，统筹管理，现金保管
陈东宜	男	73	三菱钢窗厂退休工人	副会长，会计
许红娟	女	67	三菱钢窗厂退休工人	副会长，负责管理村秧歌队，庙会时负责采买和做饭
魏省长	男	81	三菱钢窗厂退休工人	仪式专家，主管庙会上的仪式
陈维仕	男	73	兖州煤矿退休工人	技术工并学过木匠，负责牌匾刻字、做模型，设计凉亭庙宇等
魏春长	男	60 多	昆仑陶瓷厂退休工人	擅长设计和制作神像
魏源长	男	60 多	山东机械厂退休工人	长居石炭坞却加入青石关村老人会，负责护辇和抬辇
戴光喜	男	50 多	青石关村村委副主任	曾干过建筑，重修庙宇、修路都由他负责召集人手
魏树高	男	60 多	博山电机厂退休工人	会电工，负责活动用电，清理街道卫生

① 本名单统计于 2015 年，由老人会会长陈维修口述，张帅整理。

续表

姓名	性别	年龄	身份	在老人会中的主要工作
周龙平	男	60 多	曾是博山饮食服务社(八陡)大厨	每逢老人会有活动时负责做饭
周庆栋	男	70	曾为青年团的支书	有一定号召力,能拉拢人干活
李　强	男	50 多	八陡耐火材料厂工人	负责锣鼓队,憨厚,愿意干活
岳万修	男	82	博山运输站汽车管理员退休	朴实,曾做过生产队书记员,有号召力
许洪芳	女	60 多	务农	打黄罗伞,负责仪仗队
岳厚爱	女	78	务农	庙会前负责张罗人给颜奶奶做衣服、鞋,庙会时组织信众上供
丁建爱	女	81	务农	庙会前负责张罗人给颜奶奶做衣服、鞋,庙会时组织信众上供
魏素莲	女	60 多	务农	负责腰鼓队
陈立本	男	60 多	退休工人	人缘好,负责调解纠纷

(二)老人会与颜文姜文化的传承

实际上,对于老人会自身来说,尽管他们在具体的分工中会明确指出操持仪式、清理卫生、调解纠纷等不同的工作类型,但他们从不会对工作的性质进行标注和区分,如认为操持仪式属于村落信仰性质,调解纠纷事关村落道德等。相反,在他们看来,所有的工作都指向同一性质,那就是村落公共事务。他们与青石关村 20 世纪八九十年代的祭祀组织最大的不同就在于,他们并不特别强调仪式的信仰属性,而是将其与清理卫生、救助贫困和调解纠纷统一作为村落公共事务的重要组成部分。而他们之所以积极投身于村落公共事务,其目的一是为了满足自身的情感需求与集体认同,二是为了重构村落生活秩序。

根据上文所列名单,老人会目前总共 18 人,除去 3 位女性、1 位村干部、1 位在职的工人以及 1 名男性农民之外,其余 12 人都是退休工人,在各项事务中参与最积极的也都是以退休工人为主。之所以出现这种情况,与他们

在社会大环境下个人的人生经历有很大关联，在他们身上可以发现鲜明的时代烙印。这一批老年人年龄大多在65～80岁，他们成长的过程恰恰是中国社会变革最为剧烈的时代。老人会成员们从青年时期进入学工小组，再到分配进厂，直至退休，始终处在一种不同于传统乡土社会的、陌生的、现代化的集体社区之中，一旦进入到这种集体社区就意味着与年幼时乡村生活剥离，而集体社区的生活与传统乡土社会相比，最大的不同就在于它的极不稳定性。他们一方面无法为自己规划一条很明确的未来之路，另一方面在频繁的变动中渐渐地失去了集体认同感。

他们人生中的大多数时间都在外漂泊，虽然有着不错的收入，内心却始终有一种乡土情结，所以退休之后，他们大都会选择回到农村颐养天年。因此，积极参加和组织"请送颜奶奶"的仪式并不是出于他们对精神信仰的认同，而是出于对村落集体生活的认同，对村落象征性文化的认同。他们通过反复实践这种认同来找回曾经缺失的身份象征和历史记忆，以此来满足内心的情感需求。然而，近十年来中国新农村建设和城市化建设道路的迅速推进，使得传统农村发生了迅猛的变革，青石关村在享受到变革所带来的富足与便利的同时，也不可避免地出现了村落"空心化"的现象。村里的年轻人大量涌入城市，村落固有的人口结构、文化体系、生活秩序被打破，这对老人们来说几乎是难以接受的，他们用"乱了架了"来形容村落中的一种无序状态。于是，他们利用老人会承担起部分村落公共服务的职能，通过实践对村落的历史记忆，力图重构村落的生活秩序。

重构生活秩序的首要前提是创设村落象征性文化，以此来恢复村落道德秩序，塑造村落性格，提升村落凝聚力。对于老人们来说，颜文姜文化最合适不过。首先，青石关村处在孝妇河流域，是孝妇河文化区域的重要组成部分，而颜文姜文化正是孝妇河文化区域中的标志性文化。同时八陡镇也是颜文姜信仰的核心信仰圈之一，青石关村在"接颜奶奶回家歇伏"仪式圈中占据重要地位。其次，颜文姜文化从根本上说是一种慈孝文化，它以顺德和慈孝为标榜[①]，体现出一种劝人行孝、导人向善的积极力量。于是青石关村包括祭祀组织和老人会在内的老人们都将宣传和改造颜文姜传说、恢复“接颜奶奶回家歇伏”仪式、修建颜文姜祠作为强化颜文姜文化在村落整体文化系统中的地位的重要途径。

在对传说的改造上，青石关的老人们将自己的村落塑造成颜文姜的娘家村，声称颜文姜未出嫁前就居住在青石关村的地界上。这种说法首先在青石关村内达成一致，之后与青石关村关系比较好的东顶村和北河口村也开始认可这一说法。其影响逐步扩大，由此引起了此前一直以颜奶奶正娘家自居的阁子前村的警觉，两个村因此而开始了“隔空斗法”。争论到最后虽然没有定论，但后发后觉的青石关村已经能够与阁子前村站在同一高度上来争夺话语权本身就是一种胜利。青石关村老人会真正在意的并不是一时的争强好胜，他们的目的就是要把颜文姜文化培植为村落的象征性文化，很显然这一目的已经达到。

在乡村社会，村落之间的交流或亲或疏都存在一条看不见的、可以把握的线，两个村之间在交往的程度上早已经达成了一定的默契度，对于这样的口水仗和隔空斗法是必然存在底线的。无论是“抢夺者”还是“保卫者”，只要不触及这一条底线，那么一切争斗和冲突都不会演变成不相往来的矛盾。青石关村和阁子前村的斗法就是在不触及底线的原则上进行的，青石关村发出挑战的目的是为了村落内部的秩序重构，之所以敢于发出挑战，是因为他们明白这种隔空的争斗并不会打破村落之间原有的交往秩序，而阁子前村没有追究到底显然也是因为这个原因。

在取得了一定话语权的情况下，老人会开始把着眼点放在仪式的组织上。在集体劳作模式和群体休闲模式早已退出历史舞台的今天，仪式已经是村落中唯一的群体活动。与此同时，仪式本身就带有秩序和规矩的性质。每年的“接送颜奶奶”仪式都是老人会的头等大事。距离仪式开始前十几天，他们就分头挨家挨户地统计参与人数，并反复劝留守老人将自己在外面

① 青石关村老人会成员魏省长认为：“这个颜奶奶就是要教育咱们下一代孝顺老人，咱从他这个传说来看，讲的就是颜文姜如何任劳任怨孝顺公婆，咱八陡也确实就是这样，从来没听说过谁家不孝顺。再就是颜奶奶被封顺德夫人，顺德就是你得顺着人的意思，不忤逆。咱们弄颜奶奶这个事，就是引导年轻人顺德、孝顺。”

打工的子女召唤回来。而在仪式当天,老人会的成员们会尽量指派青年人负责具体的工作,尤其是抬辇、仪仗队等与信仰最为相关的程序。老人会的成员们还要带头向庙上捐赠善款,同时往返于村里的各大企业和富人家中,希望他们能为村落传统祭神仪式的复兴出钱出力。

在将颜奶奶请回庙中的那一刻,老人们会在前引领村中青年男女反复吟诵《顺德夫人教诲经文》:“人生在世,贵尽忠孝,节义等事,方为人道无愧,可行天地之间,若不尽忠孝,节义等事,身难在世,其心已死,是为偷生。……若听我孝敬天地,礼神明,礼祖先,守王法,孝双亲,重师尊,爱兄弟,信朋友,睦宗族,和相邻,谦夫妇,教子孙,时时方便,广积阴功。”①唱经的环节最能体现老人们的良苦用心:一方面他们是虔诚敬神的,但是虔诚敬神的目的无非是希望村落能够永远长幼有序、不失道德,人无忧虑、安定清宁;另一方面,他们也是希望通过这样的形式来向村中的后辈们灌输慈孝和顺德的理念,最终与虔诚敬神的方面殊途同归,都指向村落道德秩序的重建与维持。

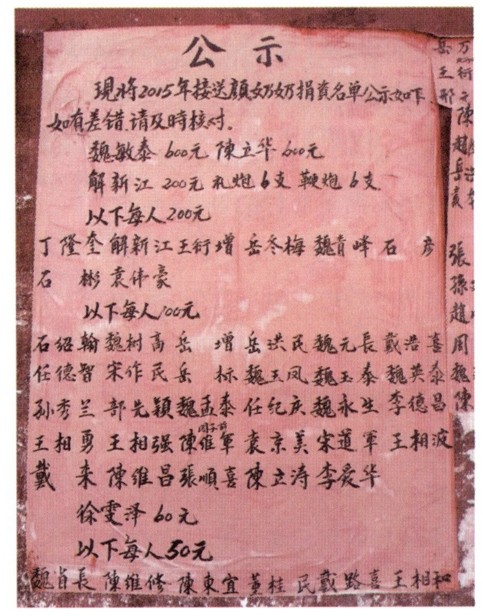

老人会每年都会将捐款人名单张贴出来,吸纳的捐款之多,几乎能贴满整个墙壁

如果说改造传说和强化仪式是老人会在文化与精神层面对村落文化空间和道德秩序的建构,那么他们承担村落公共事务则是其在生活层面上发挥具体作用。老人会的价值就在于当今的社会是以青年人为主的社会,青年人走出村落,为社会创造财富,老年人则承担青年人走后所造成的村落生活秩序崩坏的结果。他们尽心尽力地配合村委,通过具体的行动去重构生

① 摘录于八陡镇青石关村陈立和于1995年抄录唱经本。

活秩序。而他们的作用与意义也不仅限于此，老人会的老人们更多的是希望通过自己的努力将老年会构筑成一个生生不息的长效团体，使其始终在村落生活中发挥作用，同时，也希望由他们所重构的村落生活秩序能够使村落保持良好向前发展的状态。

四、老人扮演的角色

在城乡一体化的过程中，老年人成为青石关村的主导力量，主动担负起了维系村落生活秩序的任务，他们在保持调节人际关系、弥合整个村落社会、打理村落之间关系的过程中发挥了重要的作用。这对维护一个乡村社区以及区域社会之间的稳定和谐至关重要，体现了老人在社区治理中的角色担当。

老人们对于自身在村落治理中发挥作用的最直观可感的认知首先指向的是调节人际关系方面。老人群体凭借其受尊重的社会地位、丰富的生活经验以及对礼仪资本的掌握，在调节人际关系方面有着天然的优势，他们依据这些优势能够充分了解矛盾双方隐藏于内心深处的无奈或不快，能够替当事人诉说他们自身所不能说出的苦衷，从而得到当事人的信任，在此基础之上进一步的工作就比较容易开展了。对此，陈维修向我们讲了一件村里发生的事：

处理矛盾纠纷实际上并不是一件多好的事情，尤其是家庭矛盾，弄得好人家不一定感谢你，弄不好里外都不是人。所以，一定要谨慎，不能急躁，得先弄清楚他们到底为啥闹矛盾才行。我们处理矛盾时间最长的一次用了2年的时间。之所以那么长，一方面是由于那个家庭各自有着自己的小算盘，另一方面也是我们刚刚开始做这项工作还没太有经验，具体名字我就不告诉你了，大致事件我给你讲讲。

就说咱们青石关村有个老头跟小儿子住一个院子里，儿子住北屋，他住南屋。有一次儿子不在家，老头去给儿子喂狗，狗可能是不太听话，把老头子咬了，老头一生气就随手拿根棍子照着狗头来了这么一下。刚好儿媳妇下班回来看到了，当时就生气了，冲着老头子嚷嚷，嫌老头打他家的狗了。老头心想公公跟儿媳妇还是不要走太近好，就没

说话躲开了，结果到了晚上他小儿子突然来老头的屋里冲着老头就发了一顿火，老头脾气犟，就生气了。父子俩一个70多岁，一个40多岁，跟小孩似的当时就要断绝关系。到了第二天他儿子反应过来后跟老头道歉，老头就怎么也不答应，儿子没办法才找到了我们老人会，请求帮忙。

我喊着陈立本，他一般是负责调解纠纷的，还叫着魏主任（居委会主任魏玉凤）到了老头家里。那时候我们也是没经验，单纯地认为就是因为狗的事吵起来的，就天天给他们开导打狗的问题。结果越开导越感觉没谱，一拖就过了一年。记得有一回我在家里看电视节目，人家那上面就说解决纠纷得问清楚深层次原因，我赶忙就把电视关了，喊着陈立本就去了他们家。我就假装跟老头聊家常，慢慢把话题一点一点往这边引，后来才知道果然还有隐情。

老头有三个儿子，大儿子早就在外面盖房子了，当时老头帮忙出了几个钱；二儿子在外地打工生活平时很少回来，结婚、生子老头都没咋帮上忙；小儿子也已经结婚生子，目前跟老头生活在一起，平时负责给老头弄点吃的。老头之前曾跟小儿子和儿媳妇说过，目前所居住的这套院落将来归他们俩所有，但并没有立字据。前段时间老头觉得有愧于二儿子，也是担心他走之后，二儿子回来以后连个能住的地方都没有，于是老头又改变了主意，打算在其他地方不变的情况下，单独拿出老头现在居住的南屋送给二儿子。这让小儿子感到非常别扭，因为小儿子本来打算要等老头百年之后将这套院子彻底翻新一下，突然有了一间不属于自己的房子，翻新的事情就无法进行了。而且一直在身旁伺候老头的小儿子，面对几乎没有任何孝行的二哥也能轻易分到几间屋子的现实难以接受，于是小两口借着老头打狗的事情把怨气发泄了出来。

这种情况一出现，就不能简单对待了，因为这实际上涉及了分家的问题。我们立马给他的二儿子去了电话，问清楚二儿子回来的时间后，我们老人会找到一个合适的时间将老头、老头的三个儿子、儿子们的二舅和三舅叫到了居委会办公室。我们提前给他们讲好，分家是每个大家庭必须要面对的事情，谁也不用不好意思，有啥说啥。但是谁也不能抢话堵话，要保持良好的情绪，然后就让他们挨个说说自己的想法。我们老人会就负责维持秩序，只要看到谁打算抢话说就提前制止，谁要是生气也提前警告他。而且在正式开始谈话前，我们先让小儿子给老父亲真诚道了歉，老父亲接受了道歉才开始继续往下谈。

最后我们老人会还给出了具体的建议：老头的小儿子一次性支付给老头的二儿子1万元，二儿子自动放弃南屋。理由是：(1)老头的大儿子1993年盖房子的时候总共花了1.3万多，其中老头给他出了4000元，二儿子在东北自己买房，老头没有出一分钱。(2)大儿子的房子现在估值约为6.5万元，相应的老头的4000元约相当于2万元，也就是说原则上老头只需要分别给二儿子和三儿子2万元，就算是一碗水端平了。(3)目前小儿子居住的宅院估值约为4.5万元，原则上需退还老头2.5万元，而老头再付给二儿子2万元。但鉴于二儿子近十几年来未在老头身边尽孝，小儿子则在尽孝上花费的成本更高，特规定小儿子一次性付给老头5000元，付给二哥1万元，房子即归小儿子所有。(4)老头的三个儿子对此表示无意见，老头表示自动放弃小儿子给付的5000元。最后老头和三个儿子在儿子娘舅的见证下签字按手印，分家合同正式生效。对此，无论是老头还是他的儿子包括老人会在内都非常满意，事情的圆满解决也为老人会继续开展相关工作积累了很多经验。①

在这个问题的处理过程中，老人会在某些方面坚持原则这一点做得非常妥当。如按照传统的分家制度将儿子们的娘舅请来作为见证者，在分家会议正式开始之前要求小儿子向老父亲道歉，按照传统的约定俗成的方式估算房子的价值，等等。这些体现出了老人们对用以指导具体生活的传统民俗知识的坚持和灵活运用。类似事件是老人会成立以来解决的最多的问题，体现了老人会在村落内部已经具有了相当高的威信。

① 讲述人：陈维修，男，青石关村人。时间：2014年6月23日。地点：青石关村陈维修家。

第七章 村里的人 村里的事

一、编修族谱

近十年来，编修族谱在整个鲁中地区成为一种民间文化潮流，青石关村也不例外，村内的陈、魏、周等大姓都纷纷编修了族谱，其中以陈家《陈氏世谱》的编修规模最大、耗时最长。早在20世纪80年代末，八陡陈氏家族第十四世孙陈维孟、陈维大、陈维忠因感念家谱已有近50年没有续修，开始商议续修陈氏族谱的事情。他们经过多方打探、寻找，终于在陈维瑞家找到了1932年续修的族谱，那时陈维孟刚从矿上退休，因暂时没有续谱的经费，也未正式成立"修谱小组"，陈维孟只得用了将近半年的时间将老谱全部文字抄写了一遍。因为当时修谱的风潮还未正式兴起，准备修谱的过程中筹钱特别困难，大家的积极性也不高，人员也不好组织，陈维孟只能拿着手抄的老谱亲自出发，走街串巷，拿着族谱一一对照，通过详细的调查将家族中的分支逐一落实。多年的奔波之后，陈维孟积累了大量的资料，并开始尝试按照老谱的体例编纂新谱，不知不觉间这项工作竟持续了将近20年。

2006年，陈东鉴（鑑）、陈东镒两位德高望重的长辈在了解到陈维孟20年的坚持后，立马组织了数次"续谱大会"，将有名望、有财力、有知识的族人都集中了起来成立了"续谱工作小组"，明确了大家的职责和具体分工：陈东鉴、陈东镒二人分别为工作小组名誉组长和顾问，负责向族人发出倡议，号召族人出资出力；陈维茂、陈维军、陈维国、陈勇、陈立新等企业家或商人各捐款 1～1.5 万元，为续谱工作提供了办公场所、车辆以及财力支持；陈东宜、陈维孟、陈维政、陈维栋、陈其魁、陈其恒等文化人则负担起了续谱的主要实际工作，负责寻访补录、修缮以及检校工作。从此以后，续谱工作正式成为陈氏整个家族的共同事业。2007 年 10 月，装裱精美的《陈氏世谱》付梓，陈氏家族的续谱工作正式完成，为了突出显示和纪念家族在续谱工作中展现出来的团结和凝聚力，经工作小组商议，特意在族谱扉页印上了“阖族续修”的字样。

青石关村魏家民国期间的老谱

对于一个家族来说，续谱的目的莫过于对祖先和后辈有所交待，让家族能够永远存续。正如参与续谱工作的陈维政所说：“可以此告慰于祖先之灵，遗泽于后世来者，更可传承仁孝、弘扬懿德，使吾族更加繁荣昌盛。”[①]不过，对于今天的陈氏后人来说，续谱的工作在当下的社会背景和村落语境中还被赋予了新的意义：第一，从社会的角度看，续谱已经不再是落后和守旧的代名词，它作为一项公共文化事业而成为新时期的一种社会风气，陈家的续谱工作实际上也是受到了这种社会风气的影响。如陈维政说：“近年来，社会文明日益发展，祭祖寻根蔚成风气，我修谱之举也因此而全面启动。”[②]第二，从家族的角度看，陈家的续谱工作在八陡庄被分裂为 6 个行政村后旋即展开，体现了族人的忧患意识，在地缘联系从政治上被断裂之后，试图以重新恢复血缘联系的方式来增强族亲认同。第三，从个人的角度看，寻根问

① 陈维政：《重修世谱小序》，《陈氏世谱》。
② 陈维政：《重修世谱小序》，《陈氏世谱》。

祖是物质上已经得到极大满足的民众在精神和文化上的必然需求。

那么为什么必须要选择“续谱”的方式来实现上述目的呢？首先，我们并不否认，对于一个家族来说，没有其他更好的或者更合适的方式来增强族亲认同和修复个人情感。比如，还存在着修复祠堂、祖茔、老宅子，家族聚会，对家族中的婚丧嫁娶等仪礼的积极组织与参与等方式，而且这些方式往往相互杂糅和配合，共同构成了一整套的家族文化实践。在这些实践方式中，修复祠堂、祖茔、老宅子等所采取的策略主要是创设一个家族共同享有的象征性的文化标志来维系认同，而家族聚会、参与家族内部的各种仪礼则主要是通过家族中复杂的人情往来强化血脉联系和区分亲疏远近，所有这些方式都统一于民众的日常生活实践中，具有身体性的特征。

新编修的八陡《陈氏世谱》

相比较之下，族谱既可以作为家族共同享有的象征性文化标志，同时也是一种可以运用的历史文化资本，族谱中共同的始祖不断强化人们心中一脉相承的血缘观念；有条不紊的世系则明确了宗族各支派的边界，并以此确立起人情往来的标准和规范；族谱的族规仍旧管制着族人的家族与社会生活；族谱中的各种表彰则提升了家族的文化自信与社会地位。

二、著书立说

博山八陡地区向来崇尚文化，尤其是对地方文化充满着极大的热爱，因此，很多民间知识分子在退休之后或者闲暇时间都非常注重总结和整理地方文化，久而久之竟也积累成书。他们对于这些书稿往往特别珍视，总会千方百计地寻找机会出版出来。这种由地方文人撰写的关于地方社会文化的书籍，近几年在八陡范围内引起巨大反响的大致有三本，即《孝乡八陡风情

录》《孝贞演义》《八陡山水》。

《孝乡八陡风情录》正式出版于 2002 年 7 月，全书近 18 万字，以孝为主线详细介绍了八陡镇的地方历史、文化与传统，实际作者为吴守论。吴守论，1941 年出生于淄川昆仑镇，1962 年淄博师专毕业以后开始参加工作，1984 年担任博山第十一中校长，1990 年任八陡镇党校专职副校长，2001 年正式退休以后开始致力于八陡地方文化的搜集与整理工作。他用了 2 年的时间往返于八陡镇内的 17 个行政村，为了考证《舆地志》中"梁邹城中有泷水"这句话的真实性，甚至亲往邹平县调查，还曾多次致电致函济南、东北等地寻找材料，最终形成了文稿，并在八陡镇政府的帮助下结集出版。书籍一经出版引起了巨大的社会反响，也坚定了吴守论笔耕不辍的决心，在此之后，吴守论先后出版了《孝水古韵》《颜山风云》等散文集，其中《孝乡八陡风情录》与《孝水古韵》还被八陡镇中心学校选为校本教材。

《孝贞演义》是一部以描述颜文姜的生平事迹为主的章回体长篇小说，作者为八陡镇虎头崖村周立训。周立训，1951 年出生，中共党员，18 岁应征入伍，复员以后当选为虎头崖村村委书记，后来成为村办企业的主要负责人。他立志要还原历史上真实的颜文姜，所以一方面竭力摒弃传说中的神异性部分，将之转化为符合日常生活认知的行为；另一方面又通过自己的考证，来证实颜文姜在历史上的真实存在。因此，他的著作得到了博山区政府的大力支持，印刷量特别大，在民众中广为传阅。另外，作者在书中交待颜文姜的娘家村为青石关村，由于白纸黑字在乡村社会中天然的权威性，《孝贞演义》成为青石关村人心目中证明村落身份的最有利证据。

《孝乡八陡风情录》书影

《八陡山水》出版于 2016 年，是八陡镇书画美术研究会众成员集体创作

的结果。八陡镇书画美术研究会成立于2012年，目前已有会员超过50名，其中国家级美术会员2名，国家级书法会员5名，省市级书画美术会员30余名，其成员大部分都是八陡人，八陡镇政府为其提供了专门的办公场所和书画展厅。书画美术研究会自成立以来，每年都有近15场次的书画展示和美术交流活动。2014年，更是在博山区文化馆举办了名为"美在家乡"的书画展，展出了会员创作的100多幅体现八陡自然景观的作品。《八陡山水》一书正是在书画美术研究会成员们在对八陡自然景观了解的基础之上形成的。该书用散文化的语言和大量的配图详细地描述了八陡镇包括黑山、岳阳河在内50余处自然景观的历史、传说和风土人情，成为一本了解八陡地域文化不可多得的资料性著作。

这种民间书籍和知识分子的大规模出现，既体现了作为文化持有者的民众日益增长的文化需求，又体现了民众自身所具有的地方感以及对本土文化的尊重与珍视。

三、祖茔维护

青石关村的老人们还致力于传统文化遗存的保护工作，比如对八陡镇政府拆除八陡大街的行政行为进行强烈干预，自觉维护已废弃多年的八陡火车站，积极投身于庙宇重修工作等等，展现出了老年人的文化作为。本段将以青石关村陈氏家族对祖茔的保护工作为例展开详细介绍。

八陡陈氏祖茔位于青石关村以东约2公里处，今源泉镇岳庄西村村南。该墓地东西、南北各长200余米，占地面积约5.33平方公里，有明、清等时期坟冢约1600座，是博山南部山区规模最大的民间墓葬群之一。据乾隆二十年(1737年)《泉旺崖东茔谱系碑》记载，八陡陈氏自钊祖始葬于此，按照陈家后人的说法，钊祖大致殁于明成化(1465～1487年)以后，他们据此认定陈氏祖茔目前已探知的最早年份为1488年以后，距今已有500多年的历史。不过对于钊祖生活的年代，无论是碑刻还是族谱都没有确切的记载。

"文化大革命"时期，陈氏祖茔遭到破坏。直到最近几年，八陡陈家才开始重新修复祖茔，并重立了祖茔内清乾隆二十一年(1756年)所立祖

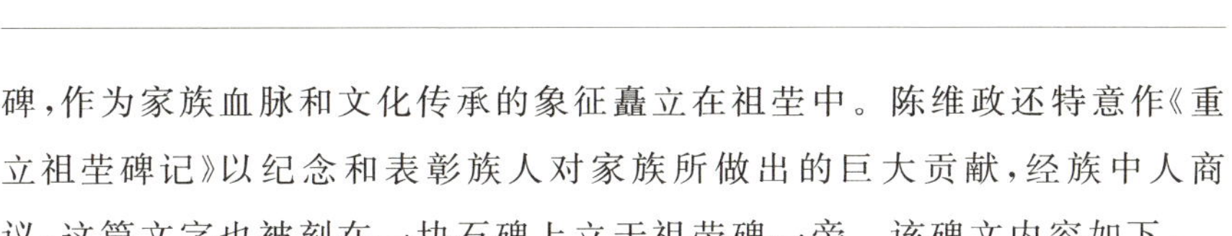

碑，作为家族血脉和文化传承的象征矗立在祖茔中。陈维政还特意作《重立祖茔碑记》以纪念和表彰族人对家族所做出的巨大贡献，经族中人商议，这篇文字也被刻在一块石碑上立于祖茔碑一旁。该碑文内容如下：

重立祖茔碑记

吾族泉旺崖动茔自始祖钊卜葬于兹至今已近六百年。此地山环水抱虎踞龙盘，可谓洞天福地，风水绝佳。钊祖以下十余世没后多葬于此。现今祖茔已有方圆数华里，地阔八十余亩之规模。然上世纪六七十年代糟“文革”横祸，祖茔内碑牌林木尽数遭毁，实令我辈痛心疾首。而今社会安定，民众富足，我族众皆有修缮祖茔之愿望。今有族内仁人贤士倡议重立茔内祖碑，众皆纷纷响应，更有族中实业精英慷慨捐资。于是阖族会商建立理事会，安排专人筹划施工，经数十日落成，使祖碑得以重立于祖茔，实乃幸事善举。以此告慰先祖之灵，并嘱后世务须精心呵护，使之永世长存。特略叙以镌刻记之。

公元二〇〇九年岁次己丑十月　立

在修复祖茔的过程中，祖茔曾遭受过“文化大革命”之难的苦难历史促使他们生出了为祖茔的存在寻找合理合法的依据的想法。陈氏家族中不乏见多识广的文化人，他们迅速组成一个团队并命名为“陈氏祖茔保护委员会”着手促成此事。而后之所以走上了申请文保单位的道路，陈维政在其中发挥了重要作用。有着中学高级教师职称的陈维政曾做过“五七干校”的校长，在此期间结识了博山区许多大小官员，学校解散后也一直与他们保持着联系。祖茔保护委员会成立之后，陈维政开始走访他们，询问保护历史遗迹的相关政策和具体方法，最后得知可以申请区级重点文物保护单位后便开始积极运作此事。

2011 年，在陈维政的组织下，他们的委员会正式更名为“博山陈氏保护祖茔文物理事会”，以提供帮助最多的山东华成集团总裁陈维茂为理事长，成员包括陈东鉴、陈东宜、陈维政、陈维仕、陈立新、陈其魁等四辈，共 24 人。其中陈维政主要负责与博山区文物局等政府单位打交道；陈东鉴、陈东宜等辈分较高的族人则主要负责发出倡议和扩大宣传，并主动联

系相对富裕的家庭收取捐款;陈维仕、陈维栋等人则继续负责祖茔的修缮和管理工作,所有成员都各负其责。陈维政找到了博山区文物局的两位主任,邀请他们亲自去祖茔视察,并从他们那里得到了许多意见和建议。陈东鉴、陈东宜等人则通过走访由陈氏后人接管的八陡耐火材料厂、富源陶瓷颜料公司、陈仕家居总公司等地顺利筹得捐款3万余元,这些钱最后都被用在了陈氏祖茔的修复工作中。也正是因为有了这笔钱,陈维仕等人才得以放心地去扩大修复力度和规模,使陈氏祖茔的面貌一天天地变化。在各方的共同努力下,陈氏祖茔终于以明清墓群的身份于2012年3月被选为博山区区级重点文物保护单位,只是具体名称由“博山陈氏祖茔”改为“岳西陈氏明清墓群”。

在顺利入选为区级重点文保单位以后,八陡陈氏立马围绕这个事件作出了一系列的反应:先是以此为契机召开了全族共同参与的祭祖大典暨“博山区区级重点文物保护单位”碑落成仪式;随后理事会又走街串巷向陈氏后人发放《致博山陈氏同胞书》,书中强调了陈氏祖茔的历史价值与成为区级文保单位的重大意义。更为重要的是,《致博山陈氏同胞书》对陈家人提出了两大要求:一是要爱护祖茔;二是希望充分利用祖茔,鼓励大家将埋葬在别处的祖先迁入祖茔中。

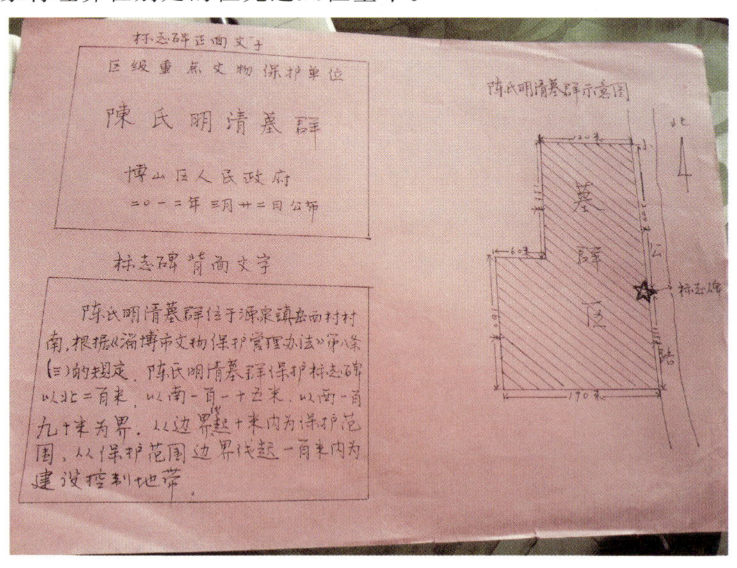

标志碑正面文字

区级重点文物保护单位
陳氏明清墓群
博山区人民政府
二〇一二年三月廿二日公布

标志碑背面文字

陈氏明清墓群位于源泉镇岳西村村南,根据《淄博市文物保护管理办法》第八条(三)的规定,陈氏明清墓群保护标志碑以北二百米,以南一百一十五米,以西一百九十米为界,从边界起十米内为保护范围,从保护范围边界线起一百米内为建设控制地带。

博山陈氏理事会成员绘制的博山区区级重点文保单位标志碑示意图

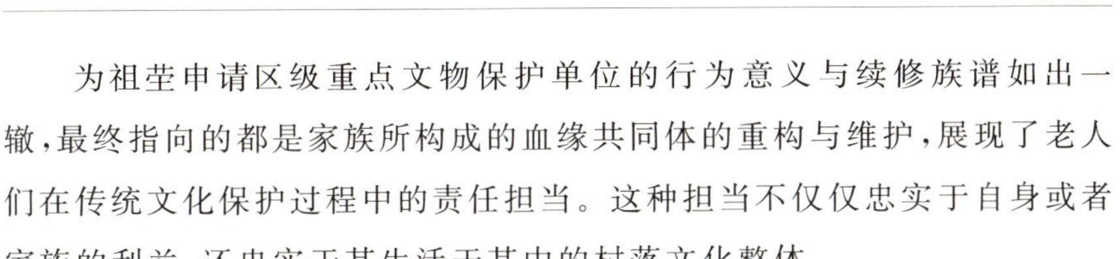

为祖茔申请区级重点文物保护单位的行为意义与续修族谱如出一辙，最终指向的都是家族所构成的血缘共同体的重构与维护，展现了老人们在传统文化保护过程中的责任担当。这种担当不仅仅忠实于自身或者家族的利益，还忠实于其生活于其中的村落文化整体。

四、“一个家庭，两种制度”下的众生相

(一)黑山煤矿的技术骨干

陈维仕，1941 年出生于八陡庄五龙桥北，家中兄弟三人，排行老二。陈姓是八陡庄的大姓之一，陈维仕家在当地虽算不上大户人家，但是生活条件尚可，兄弟三人都上了几年学，平日里也不用去想办法找活补贴家用，闲暇时间就和哥哥天天跟着年长他 10 多岁的王孝长半玩半学地练功夫。

后来，八陡开始搞初级社，因为耕地有限，除了建农业初级社之外，还建了铁业社、木工社、制修社等各种服务社。当时，陈维仕和哥哥都可以选择加入农业社，而大家也多倾向于加入农业社，因为农业社有耕地，有了耕地就代表有了粮食。不过王孝长的父亲却告诉他们一定要加入服务社，因为他的“半仙”的性质，哥俩决定相信他，于是一起加入了木工小组，在一个远房长辈家里当上了学徒。

学徒的生活是比较辛苦的，虽然名义上是木工小组，但实际上木匠行业的规矩并没有改变，当学徒的前两年师傅管吃、管住、教本领，没有工钱；学成后，还要继续留在师傅家里给师傅白干两年活，而且还不能私自外出干活。好在哥俩都是慢性子，都坚持了下来。尤其是陈维仕，经过踏踏实实地学习，不光掌握了木工的技巧，还无师自通般地学会了制作各种模具和模型。有一次，附近的一个工厂新进的设备在使用上遇到了难题，从没见过这种设备的陈维仕研究了半天后竟然把难题解决了，陈维仕便进入了这个工厂当技术员，后来还当上了副厂长。在此期间，陈维仕继续钻研各种机械的运行原理，逐渐成为当地最有名的机械维修师，并逐渐学会了用车床制作与设备同型号的零部件，包括山东机械厂、黑山煤矿在内的诸多国家企业但凡有技术性难题都会找他解决。后来，陈维仕的关系被转到了黑山煤矿，从此

成为八陡最大的国有企业的正式工人，他的哥哥也早已成为三菱钢窗厂的正式工人。兄弟二人穿着工装，一人骑一辆“大二八”自行车，企业食堂特有的饭缸挂在自行车把上叮当作响的画面在村里人心中留下了深刻印象。

20 世纪 80 年代，黑山煤矿集团黑山矿井因为资源枯竭而关停，黑山煤矿整体搬迁到兖州，陈维仕作为厂里的技术骨干被安排到兖州负责大型机械的维修和保养工作。去兖州之后，陈维仕继续发光发热，为新厂的正常运行做出了巨大贡献。由于新厂刚刚落成，很多设施还不完善，陈维仕在工作之余还发挥自己特长，修建了许多凉亭、条凳放置在厂部大院里，供工友们休息。90 年代，陈维仕突发疾病，右手一直抖动，右腿也开始变得僵硬，没有办法继续工作。他又坚持了 2 年，将徒弟带出徒以后便返回博山家中。

陈维仕(左一)不善言辞，却非常喜欢听其他老人们聊天

2001 年，陈维仕正式退休，并加入了青石关村的老人会。他发挥特长，负责老人会的木工工作。老人会重修南庙、修建颜文姜庙、文昌庙以及毛主席纪念堂，所有牌匾都是陈维仕自己制作，为老人会节省了不少钱财。如今陈维仕举家搬进了东顶村新建的住宅小区，住着 100 平方米的商品房，领着每月 4000 多元的退休金，与老伴子女们共享天伦之乐。

(二)工厂里的农民

周庆栋,1939 年生人,家里往前数三代都是地地道道的农民。据周庆栋讲,他们周家于清乾隆年间自山头镇迁至八陡庄,当时迁过来的周姓有两大支,分居于八陡庄不同的地方,后来其聚居地分别被称呼为“周家桥”和“周家大院”。周家桥恰巧处在沟通鲁中与鲁南的交通要道——八陡大街的东段,清末民国时期,借着优越的地理位置,居住在周家桥的一支通过开饭馆旅店迅速发展了起来。当时周家桥的五家饭馆和旅店都为周家人所开,由临沂、沂源等地南来的客商都喜欢在此打尖住店,可观的收入让周家桥的周家成为当地颇有势力的强姓之一。周家大院的分支则相对暗淡了许多,他们始终以种地为本业,靠着绵薄的收入勉强度日。

周庆栋出生时恰逢家里最困难的时候,家里已经把大部分耕地都典当出去换了粮食吃,全家 6 口人仅有不到 3 亩地,平时就靠捡别人家玉米地里的“乌米”①果腹。家里甚至连被子都没有,晚上睡觉时需全家缩在一张草甸子里,抱在一起相互取暖。1943 年,周庆栋刚满 4 岁,他的父亲在饥寒交迫中死去,生活的重担便压在了母亲一个人身上。母亲带着哥哥以给村里的铁匠铺子加工半成品为生,还要照顾一家老小,每天都非常辛苦,所以周庆栋从小就深知母亲的不易,无论什么事都对母亲言听计从。中华人民共和国成立后,周庆栋的母亲通过给别人摊煎饼和卖豆腐赚钱养家,生活条件逐渐好转起来,不但用上了新棉被,还把典当出去的 2 亩地都赎了回来。

1952 年,在天主教堂改成的学校里上学的周庆栋因家庭贫困被迫辍学,加入位于石马镇的石马铁业社当学徒工,主要负责打铁,一个月以后,周庆栋收到了人生中第一份工资。半年以后,博山地区开始搞初级社,农民出身的周庆栋第一次有了选择自己身份的机会:如果选择留在铁业社,那么他的身份将转化成工人,地被收走,以后“吃工业”;如果选择加入初级社,就可能会拥有更多的耕地,将来可以“吃农业”。周庆栋本想选择继续留在铁业社,

① 乌米:为当地方言,指得了玉米丝黑穗病后的玉米在生长过程中没有形成健康的果穗,而是变成球形黑色的粉包和丝状物,常见于我国北方地区。20 世纪 80 年代以前,发病率非常高,当地人认为乌米是可以食用的。

奈何母亲不让，觉得还是有地心里踏实，周庆栋又听话地选择了“吃农业”。现在回忆起来这段往事，周庆栋说肠子都悔青了。

位于北河口村的天主教堂建于清朝光绪年间，曾被当作小学

周庆栋的家在今天属于青石关村的地界，周庆栋回来以后入的初级社叫“建国社”，后来从属于青石关大队。当初青石关这边耕地比较多，但工业几乎没有，所以青石关大队每年要向国家上缴 5.5 万公斤粮食，是整个八陡唯一的自足队。所谓“自足队”就是可以自给自足，不用吃国家的粮食，周边杏花崖、阁子前、黑虎崖等生产队都需要依靠国家的贴补才能生存。

1958 年大炼钢铁，周庆栋被安排到耐火材料厂改造成的小高炉推煤炭，后来因为小车的轮子被偷，失去入团的机会。再后来赶上自然灾害，周庆栋这样的纯农户基本断了粮，每人每个月最好的时候能分到 4 公斤粮食，而身边的工人却能够在食堂保障基本的生活，周庆栋第一次觉得当初的选择是错误的。1963 年周庆栋结婚，接着第二个机会就来了。当时黑山煤矿急需煤矿工人，要求凡是家中有亲人在煤矿上班的男人，都可以通过亲人的推荐来煤矿当工人。周庆栋刚好有个本家兄弟在黑山煤矿上班，就打算让他推荐过去，没想到又遭到了母亲的反对。当时自然灾害已经过去，周庆栋在生产队里推小车 1 个月能分到 27 公斤粮食，所以母亲还是没有同意。周庆栋向来孝顺，就又一次放弃了机会。

1979 年，八陡镇办企业八陡煤矿开矿，周庆栋以临时工的身份进厂上班，每月按时给生产队一部分工资买工分，不过交了一年多生产队就解散了，这样周庆栋每个月都有八九十元的工资进账，顿时觉得生活好转了很多，家里还添置了自行车、上海牌手表以及村里的第二台黑白电视机。1999年，周庆栋年龄大了，离开了煤矿，虽然当了20多年的煤矿工，但因为不是工人身份，周庆栋不像老人会的朋友们一样每月都能至少领取近3000元的退休金。前几年，周庆栋与和他一样都是临时工的农民们一起去镇政府反映情况，现在周庆栋每月能从镇政府领取94元的生活补贴。所以，虽然周庆栋也加入了老人会，但周庆栋的生活却始终不如退休工人们过得逍遥。他不经常参与老人会的娱乐活动，因为他还要下地干活。但是只要老人会有正事儿，周庆栋必定第一个到。尽管周庆栋会后悔当初自己没有坚持，但是天生的乐观派还是让他能够笑着回忆这段先苦后甜的历史。"'人人为我，我为人人'是不对的；'我为人人，人人为我'是可以接受的。"这是周庆栋的口头禅。

（三）能掐会算的"神妈妈"

陈立和，农民户口，由于家庭贫困，从小没有上过一天学。小时候的陈立和经常会有一些略显异常的举动，尤其喜欢背地里做一些烧香磕头的事情，不过家里人并未在意。陈立和13岁的时候，就认识了当地的传奇老太太王会彩，她曾在79岁的时候因疾"去世"，却在出殡当天又活了过来，醒来后就积极参与修庙、建庙，组织村落祭祀仪式，带领众人去黑山、凤凰山、千佛山、泰山等地朝拜，向各神灵敬献万民伞等活动。至2002年以92岁高龄辞世时，她已带领众人以赶庙会的形式往各处送出去100多把万民伞，并通过个人到处筹款集资在黑山上复建了玉皇庙。早在"文化大革命"期间，陈立和就偷偷跟着王会彩进行一些在当时被视为封建迷信的活动。在与王老太太和其他人接触的过程中，陈立和不但熟知了地方神灵谱系、各种神灵祭拜的时间和仪式程序，原本不识字的他，经过努力学习，竟然学会了几十部经文。

当时，王会彩偷偷恢复当地接送颜奶奶的仪式，陈立和作为王会彩最得力的助手一直跟随在左右，而王老太太也特别照顾他。王老太太去世后，王老太太的家人因为不信神佛而没有大操大办，草草应付了事。反倒是陈立

和作为一个没有血缘关系的外人，亲自将老太太送走。村里甚至有人传言，陈立和在家里偷偷供奉老太太的牌位。当地人普遍认为，一个男人如果被神或者仙上身，会变得特别女性化，因此他们往往称那些男半仙为“神妈妈”。随着年龄逐渐增长，长期沉浸其中的陈立和也开始被村里人当作“神妈妈”看待。村民家里有难以解决的事情时，就会找陈立和帮忙上供请神。除此之外，陈立和还做起了代做纸扎的活计。

陈立和经常参与各种庙会活动

步入陈立和的家中，就会看到一座座精美的纸扎放在庭院中。我们很难相信一个庄户人会有如此好的手艺。在南屋，陈立和确实供奉着一个神龛，神龛内隐约可见一牌位。他将神龛放置在一个用绸缎装饰好的方桌上，方桌两旁各有椅子一把，后墙一侧悬挂宝剑一把，神龛后面的墙上挂着是钟馗的画像。据说整个八陡庄的人都不知道陈立和家的神龛内是哪位神仙。如今陈立和已经很少出门给大家算命，而只乐意为大家加工一些纸扎，或者出门帮忙上供，虽然收入较低，但是难得快乐。近几年来，陈立和逐渐脱离了青石关村的老人会，开始帮助东顶村操持“接颜奶奶回家歇伏”的仪式。他对此的解释是：“敬神拜神是没有你我的，只要有人愿意干他就去帮忙，只有这样才能让这些活动得到更大意义上的复兴。”

(四)"吃细粮"的妇女

许红娟,女,1953年生人,童年时期刚好赶上三年自然灾害,家里人口又多,父亲虽然是桃花峪煤矿的工人,但家里只有他一个人挣钱,每月30元的工资要养活八九口人,于是饥饿就成了她对童年生活最大的印象,从1959年开始家里就基本断粮了,能吃到一根胡萝卜就跟过年似的。因为父亲是工人的关系,她家偶尔能吃到一些救济粮,但是一个人的口粮对于大家庭来说简直是杯水车薪。因为贫困,没钱买布做衣服,她们就去救济站领面袋子,救济站会把剩下来的面袋子根据每个家庭的情况分给大家,许红娟家就用面袋子做成衣服凑合穿。

到十四五岁的时候,为了生计,许红娟就开始出来工作。由于年龄小,她只能去桃花峪煤矿的煤渣堆里捡炭,到了十七八岁的时候就能去工厂里干临时工了。她从小力气就大,负责推大车、抬筐子,一个年轻女子干的都是男人的活,目的就是为了彻底摆脱饥饿。后来三菱钢窗厂去许红娟所在的居委会招工,许红娟就报了名,成为正式工人。据许红娟回忆,对于当时的女性来说,摆脱农村户口最好的方法就是嫁给工人,然后选择户口跟着丈夫,就能转为市民户口,也就是所谓的"吃细粮"。但是在那个年代,刚刚建国不久,大家都是一穷二白,工人和农民相比并没有太多的优势可言。而且当地的户籍科似乎并不太愿意让大家转成工人身份,就不厌其烦地跟每个人说:"你可以自己选择吃细粮还是吃农业,吃农业的话你自己种地自己产粮食,虽然吃的是粗粮但是自己能供应自己,还能吃新鲜粮食;吃细粮的话你得用钱买着吃,去粮站,买的是陈年的粮食,吃之前你得先算计算计手头有没有钱。"所以当时大多数嫁给工人的不明就里的农村女子都还是选择了"吃农业",结果也就造成了"一个家庭,两种制度"的现象。等到了她们年纪大了,工人开始领退休金了,她们才后悔当初的选择。而且更重要的是,政府明确规定孩子的身份只能跟着妈妈走,不能跟着爸爸走,所以选择了吃农业的妇女们,他们的孩子无论男女也必然是农村户口。

当年,许红娟的母亲嫁给她父亲的时候,少有地选择了"吃细粮",所以许红娟才有了进工厂上班的权利。在工厂里,许红娟平时光顾着干活也没

有时间与别人交流，只有中午吃饭的时候才能说几句家常。许红娟回忆，年轻女人凑到一起说得最多的就是比谁家婆婆好。那时候还流行“嫁出去的闺女泼出去的水”的说法，都没有比自己家的，而是比婆婆家。许红娟当时年龄还小，但也会在他们的谈论中想象自己未来的生活，想象自己未来的婆婆的模样。后来许红娟嫁给了在同一个工厂上班的丈夫，丈夫从小就没有妈，是大娘一手把他带大的，那么原则上许红娟就相当于没有了婆婆。但是鉴于大娘对于她丈夫的养育亲情，许红娟虽然喊的是大娘，却始终将她视作婆婆一样对待，尽心尽力地伺候。而大娘对她也特别好，那时候大家都还要自己带饭上班，大娘体会到许红娟上班的辛苦，经常给她包水饺让她带着，时常引来众工友的羡慕。后来丈夫调到外地工作，而大娘的子女又不在身边，许红娟就干脆跟大娘在一起生活。许红娟负责挣钱，大娘则负责做饭、看孩子，一过就是 30 多年。后来许红娟退休，回家就告诉大娘说：“我退休你也就退休了吧。我有退休金，还不用上班，从现在开始我生火做饭伺候你。”后来直到大娘去世，娘俩之间也从来没有红过脸、吵过架，二人的相处也在整个八陡庄传为佳话。

（五）少年多艰的魏树高

魏树高，1948 年出生，父亲去世后七个月他才出生，是遗腹子。他的父亲娶了两个妻子，各生育了五个孩子。魏树高是二房的孩子，上面有四个哥哥、六个姐姐。母亲生他的时候已经 45 岁了，所以他与哥哥、姐姐之间的年龄差距很大。到今天魏树高的兄弟姐妹还有三个健在，另外两人一个 90 多岁，一个也已经接近 90 岁。魏树高的父亲是当地一个不大不小的地主，凭借自己的能力盖起了一座大宅院。土地改革的时候，他家的大宅院被政府收缴分给了别人。

由于魏树高是遗腹子，面对着别人的指指点点，魏树高母亲一狠心带着魏树高和他的一个姐姐改嫁到崮山。因为魏树高算是魏家的男丁，母亲改嫁后，魏树高的九大娘又以魏家的男丁不能随别人姓为由，去把魏树高要了回来。而真实的原因是，魏树高的九大娘没有子嗣，想让魏树高来给自己当儿子。魏树高从小就跟着自己的九大爷、九大娘生活，喊九大爷为爹，喊九

大娘为娘。后来魏树高的亲生母亲来找过魏树高,但魏家的长辈们堵在村口,没让他的母亲进村。母亲给魏树高留下两个火烧就离去了,从那以后他的母亲再也没有来过。后来魏树高生了天花,不但传染给了自己的一个小侄女,造成了她的死亡,自己也奄奄一息,大娘和大爷就把他放在草堆里等他咽气。魏树高的一个五婶看不过去,就给他喂了一口奶,结果魏树高奇迹般地活了过来。魏树高长大以后才渐渐知道了事情的真相。

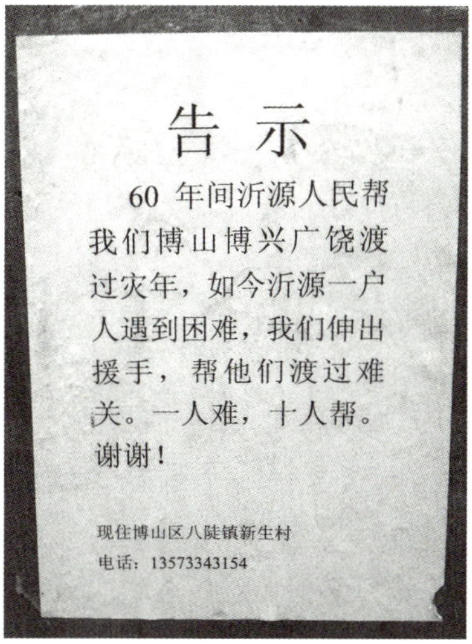

告示

60 年间沂源人民帮我们博山博兴广饶渡过灾年,如今沂源一户人遇到困难,我们伸出援手,帮他们渡过难关。一人难,十人帮。谢谢!

现住博山区八陡镇新生村

电话:13573343154

博山人去沂源下乡的历史到现在还在被叙述和利用

当时大爷和大娘对他并不是太好,魏树高 3 岁的时候大娘就让他去给大爷送饭,路上不小心把罐子摔坏了,回家后还挨了一顿打。后来没多久,魏树高的大爷就去世了,大娘就认定老伴是被魏树高克死的,决定不再收养魏树高。魏树高的大哥没办法只好收养了他。当时魏树高大哥一家也并不富裕,大哥一人养活了 7 口人,魏树高甚至比大哥的儿子还要小 4 岁。魏树高的嫂子和大哥关系不好,大哥生性比较懦弱,在家里做不了主,嫂子从来都没有给魏树高好脸色看。魏树高 8 岁的时候,嫂子就让他在家里给大家做煎饼。

魏树高 16 岁的时候,博山掀起了上山下乡的活动。嫂子认为下乡不错,就背着大哥给全家报了名。魏树高的侄子当时已经是酸厂的工人,而且已经结婚了,也不得不辞掉工作跟全家人一起下乡去了沂源县的一个农村,媳妇也跟他和平分手了。等到了乡下,全家人才发现生活特别艰苦。1976 年,28 岁的魏树高从村生产队借了 10 元,自己一个人回了老家。

到了八陡后,魏树高发现在这里竟然家家都能吃饱饭,便决定不再回沂源了。由于没有身份,他既不能参加农业生产队,又不能找工作,所以只能靠大家的接济生活。后来,八陡第三生产队愿意接收魏树高,却不想落户口的时候出了问题,因为魏树高是以市民的身份上山下乡的,所以回来后不能进生产队。魏树高无奈之下只得非常遗憾地选择了市民身份,告别了生产

队。有了身份的魏树高开始积极讨生活，先是加入八陡修缮队干了三年。改革开放以后，国家照顾老知青，积极为35周岁以下的男性推荐工作，于是31周岁的魏树高得以进入淄博钢厂工作，之后成家立业，总算过上了安定平稳的生活。

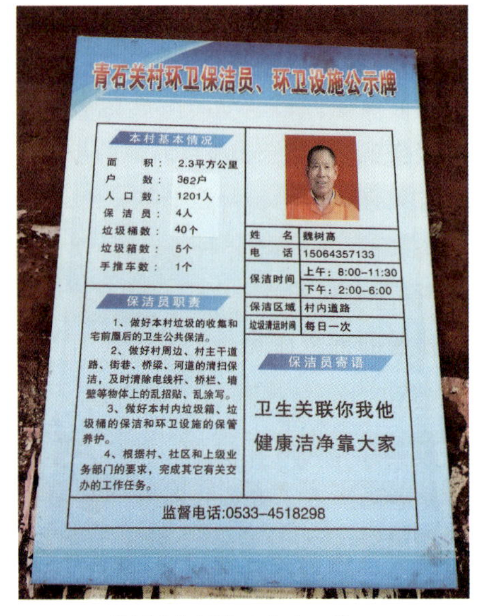

魏树高与另外三个人一起负责整个村子的卫生工作

退休以后，魏树高在山头镇山头社区买了98平方米的商品房，与老伴居住在那里，但魏树高每天早、晚两次都会坐上11路车经过9站路回八陡庄自己家的老宅子喂自己养的鸡、鸭和猪。目前，魏树高还在青石关村居委会主任魏玉凤的介绍下担任起了青石关村清洁员的工作，每月工资800元，负责清扫青石关村的主要道路。

(六)艰难讨生活的老农民

在八陡大集上总能见到一个干瘦黝黑的老头，蹲在一个角落，眼前铺着一张破破烂烂的塑料布，塑料布上面摆满了各种刚刨出来不多久的野菜和药材，还有一些长得非常不起眼的丝瓜、黄瓜、南瓜。他叫黄立信，大家都喊他"老黄"，他1939年生，原籍沂源县，现与老伴居住在青石关。其主要生活来源有两个：一个就是大集上售卖这些东西的收入，如果东西全部卖出去的话能收入25元左右；另一个是他们老两口接过了青石关几户人家不愿意继续种的地，合计起来不到3亩，所以他的生活非常贫困。

老黄表示，现在种地基本上不挣钱，有时还要赔钱。现在家家户户都用农药、化肥，要不用的话就会遭受严重的病虫害，产量也低，而买种子、化肥、农药的钱是一笔很大的开支。如果今年收成不好，很有可能就会赔钱，所以在老黄看来，绝对不能完全把希望寄托在需要长时间等待才会出现的事物上。也正是因为如此，老黄在种地之余还坚持会去山上采集各种民间传言有用的药材。但毕竟年纪大了，身体又不太好，老黄只能用四天的时间来搜集药材，然后就赶一个大集。

即便穷困至此，老黄也还是非常倔强，他一再拒绝别人的资助，也始终不愿意别人施舍似的以高价购买他的药材。而且老黄在做买卖的时候非常大方，尽管东西不多，上了年纪的他上山采药非常费时费力，但他讲价非常爽快，还时常连搭带送。老黄也非常沉默，在大集上摆摊的他从来不叫卖，就是孤零零地蹲在那里静静地看着来来往往的人。在村里，老黄也不怎么跟邻居们交流，也从不参与村落公共事务，老两口习惯关起门来自己过日子。所以，现在青石关村除了少数几个上了年纪的老人之外，已经没有多少人知道老黄为什么会搬到青石关，以及到底有没有子女等“底细”。

每个八陡大集老黄都会出来卖一些自己采的药材和自己种的粮食

2014 年 5 月份的一个大集，老黄一脸落寞地蹲在墙角，面前只放着一小捆韭菜和一把小葱，还有两三根蔫了的丝瓜。我以为老黄的药材已经全部卖光了，却听到旁边摆摊的人说，老黄家昨天进贼了，把老黄辛辛苦苦挖来晒干的药材偷得一根都不剩，老黄没办法只得拿了自己种的菜在这里售卖。最后韭菜和小葱被一个从博山城里过来赶集的妇女买走，她拒绝了老黄免费赠送丝瓜的好意。卖菜得来的五元是他五天以来唯一的收入，老黄收拾

起东西准备回家的时候，我问他这一集只卖了五元，接下来的五天怎么办？老黄轻轻地说：“只要不长病，一切都好办！”

老农民因为没有退休金，又种不了地，若没有政府的养老保障，到了年老之后只能依赖自己的儿子过活。如果恰好没有子嗣，那么他的生活就注定会进入困境中。所幸的是，在今天的八陡庄，像老黄这样条件的家庭已经十分少见。

附　录

一、青石关村老年协会所做《关于对南庙观音殿的考察论证的考证报告》及《协议书》*

关于对南庙观音殿的考察论证的考证报告

为弘扬神州大地的文化遗产，光复民族古代精美建筑，保留和保护文化古迹遗产，给后人留下一段美好的印象和动人的文化遗产诗篇，对我青石关村（“五龙溪”系原名）南庙观音殿进行了考察论证。通过各种渠道访查走访长辈老人，又依祖辈传留、辈辈传说下来的寓言诗篇及典故等等，又依旁证材料的查阅、论述，现把更改经查情况简述：

我八陡青石关村古代称之“五龙溪”，有五道小溪汇聚一处。根据博山县志查证以及原古修路善人捐款所立碑上所叙，我青石关村原古称之“五龙溪”无错。特别秋雨连绵季节，秋水盈盈，水不扬波，水清显底，溪水澄澄，缓

* 因执笔者文化水平所限，其间文字错讹不少，但为保持原貌，特原文照录。

经五龙溪桥下(现在的青石关村北头南北桥),平流和缓地潺潺流向孝妇河。在这五龙溪头,扇形五道小溪怀抱中,屹立一座宫殿,这就是自祖辈传下来的古句"五龙溪怀抱观音堂"的诗句。随着时代的变迁,途径上千年的修复变化和历代祖辈传说演变,成为现在的青石关南庙观音殿(通称"南庙"是考查在村南头,后人简称"南庙")。

根据多方面的查证和走访,历代祖辈相传,综合考证青石关村南庙观音殿初建于南北朝——南朝梁代三年(系公元 505 年桃月上旬建),经周易测算,比唐朝元年还早近 113 年。此庙初建规模很简小,系石叠小庙,相传长一丈二,宽九尺,这样按现在公尺计算的话在 12 个平方米左右。在那时,还没有八陡镇各村,到处荒芜,光秃的山顶和平地没有一株树木,仅有这孤立的石叠小庙,冷清地孤立着。

随着时间和朝代的演变,至隋朝末年、唐朝初期,那时正处于混战的隋唐时期,李渊率子李世民等推倒隋朝建立大唐,在唐朝初期约公元 618 年,对此庙进行了第一次翻修。由原来的石叠小庙,扩建为三大间有梁大殿,并配有院墙、东北行房和东南行房,坐北朝南的大山门,大殿上方有唐书写家楚遂良书写的大匾观音堂,同时为了善人进来乘凉,在庙前及四周栽种了唐槐九株,象征着吉利,最大之数。(现在庙前唐槐仅存一株,离庙东南 20 米至 30 米左右还有 2 株,其他俱已死去)那时的八陡才住有几十户人家,因此历代有一种流言传说,先有芙蓉镇(系八陡青石关村东南庄,现为崮山镇)后有颜家庄(现八陡镇)。这句先有芙蓉镇后有八陡庄之话,换现在的名称叫法为先有南庄后有八陡庄。我们在访查中想起听到的二个故事,简述一为芙蓉镇敬德戏凤的故事,主要是敬德皇爷途径芙蓉镇,天黑住店,凤姐一家开店,相遇凤姐相爱,后来成为皇帝之妻,至今相传。二为颜家庄也有一段故事。相传,芙蓉镇位西八古(台)之下,以西颜家庄(系现在的八陡青石关村),距八古(台之下)位西百丈之处,居之颜姓老翁讳广城,娶妻薛氏,夫妇所生一女一子,女文姜子文竹(子幼年夭亡)。女文姜幼聘于距庄 20 里外,凤凰山下郭家庄,郭公讳仪之子郭忠为妻,过门夫亡,受婆婆虐待凌辱,父知女虐辱,悲痛万分,颜公颜婆双到观音殿,求观音菩萨救女脱离苦海,双老感动天上太白金星,后经搭救。双老以为观音相救,在身前发誓,双老此身永献菩萨。就在观音殿院东自造三间东房,早晚打扫庙院,并在殿内加油掌灯,侍待观音。这就是传说中的观音殿院有座颜公宅的传说,直到今天仍传。

经考察,南庙观音殿自古至今工六次翻修扩造,查阅第五次扩建翻修,时为明朝万历年间,约公元1468年,对此庙进行了大规模的扩建翻修,并立碑相续前况。此时同院东首颜公宅在碑文中简述一笔,也有记载,可惜的是,在"文革"中与后六次重修立的碑一并毁坏,我们对碑石也没有查到,尽从传说中得知此观音殿扩建翻修工程竣工后,通过善人建修组织研究,在同年6月份对东村南山(旧称"炉山")山神庙,进行了迁址重建,也是由花家峪石小庙迁到炉山横岭,重建山神庙,在庙墙中有一小石碑,完整记录了迁址的地点和时间,系明朝万历年间,整好与观音殿扩建相符,仅有这一点旁证材料可查。

第六次翻修系公元1932年春如月下旬进行动工翻修南庙观音殿,并依据明朝万历九年立的碑文整理加叙述上述情况,加碑一座记述。两碑记录善人捐款及重建况。(当时编文及写碑文系我村任玉林老师参与及主写石碑碑文,叙前造庙及重建翻修次数,在明万历碑中有简历述文,这次加碑一座叙述前况,用于叫后人永知,可惜的是,在"文革"中同前碑又在次碑十几块碑一并毁坏,石块无存)

自1955年南庙大殿拆除翻建为课堂,南石山门也时扩除造为三间课堂室,为一年级学生学习场地。时为1986年,一年级学生全部迁到北寺小学就读,此庙空闲,直到1993年阳历7月(古历6月)集四方之资,群众自发的进行了第七次翻造南庙观音殿,恢复原样大殿式样,又在原山门处外移2米左右,按旧式样新建了大山门。此次扩建及重建翻修共计投资15万之多。(不包括群众捐瓦捐木、捐物和进义务工在内)此项工程宏大可观,以上是概情况,并请参详,渴望将庙殿退回我村,以作老年活动场地。

另外一笔,关于八陡奶奶棚修建传说:

相传颜文姜下嫁凤凰山前郭家庄郭忠为妻,文姜回娘家探望自己的父母,在回婆家的路上,整好走到庄头(也就是现在的八陡阁子前村处)天下大雨,此处有一杆子插的小草棚,颜文姜到棚下避雨,天晴之后马上回到婆家,后人把文姜避雨小草棚之处建成三间大殿,这就是后人所叫的"奶奶棚",一

直流传至今。

以上材料查阅论述敬请参议。

八陡镇青石关老协

2000.11.16

协议书

甲方：博山区房地产管理局

乙方：博山区文物管理所

为加强公有房产的管理，保证国有资产的保值、增值，根据双方协商，达成以下协议：

一、甲方将其管理的国有资产八陡青石关大街27号院，房屋12间，建筑面积181.44平方米，自2001年8月起交乙方代管自修自用，时间暂定为10年(2001.8～2011.7)。

二、乙方在使用期间，必须保证房屋完好，不得乱拆乱建，中、小修由其自主决定，大修、翻修须经甲方同意方可实施，不准出租、转让使用权，或做出其他有害于国有资产的行为，否则甲方将终止协议，收回房屋管理权。

三、乙方在试用期间，甲方不收取任何费用。

四、本协议自双方签字之日起生效。

五、本协议一式二份，双方各执一份。

甲方(盖章)：淄博市博山区房地产管理局　法人代表(签字)

乙方(盖章)：淄博市博山区文物管理所　法人代表(签字)　穆若信

二、陈氏祖茔文保单位立碑仪式上的讲话*

在区级重点文保单位立碑庆典大会上的讲话

尊敬的区文物局领导、岳西村领导，各位同胞们：

今天我们博山陈氏宗族各支派代表在这里隆重集会，共同祭祀我们的祖宗先辈，共同庆贺我祖茔“陈氏明清墓群”被区政府批准公布为区级重点文物保护单位，并隆重举行文物保护标志碑立碑庆典，这是我族的一件大事、喜事。首先让我代表博山陈氏全体族人对诸位的到来表示最热烈的欢迎！

从去年开始，我族间的仁人志士积极组织发起申报文物工作，我们的工作得到了区文物局马主任、杨主任二位负责同志的热情支持，他们从国家利益的大局出发，高度重视、悉心指导，几次亲临文物现场实地调查、考证认定，使我们的文保单位得以顺利审批，在此，我们对区文物局的诸位领导表示衷心的感谢！

在申报过程中我们得到了华城集团董事长维茂的大力支持和很大鼓励。富源公司总经理维军还几次亲到祖茔现场参与勘察。维茂、维军及八陡耐火材料有限公司老总维国、陈氏家具总公司老总陈勇等热心企业家慷慨解囊、积极捐资，为我文保单位申报成功及标志碑顺利立碑，奠定了可靠的物质基础。对于企业精英的仁德义举，高风亮节，我全族由衷钦佩。我提议让我们以热烈的掌声向热心公益事业的企业家们表示衷心感谢！

为了搞好申报文物工作，我族间还有不少的有识之士，他们不顾年老体迈，克服种种困难、联络串通，做了大量的组织准备工作。正是由于全族的共同努力、各方的大力支持，我们的文保申报工作才能成功，我们今天才能在这里举行立碑庆典，我们全族同胞都应为之高兴，为之庆祝。

同胞们，申报重点文保单位的目的是为了保护文物。为了加强保护祖茔文物的工作，我们成立了“博山陈氏保护祖茔文物理事会”。我们全族每

---

* 因执笔者文化水平所限，其间文字错讹不少，但为保持原貌，特原文照录。

一位同胞都要在理事会领导下，加强责任心，提高保护文物的意识，尽最大努力保护祖茔文物，使其免受非法侵害，这不仅是我陈氏同胞的愿望，也是国家法律的要求。让我们团结一致、齐心协力，共同为保护祖茔文物做出自己应有的贡献。

愿我们的祖茔文物千秋万代永存，愿我们的家族世世代代兴旺发达！

致博山陈氏同胞书

我博山陈氏乃博山望族，孝乡名门。自明初先人从枣强迁入，已达六百余年。历经艰难困苦，饱受战乱灾荒，世世代代顽强生存，繁衍生息，逐渐壮大，现在已成为人丁兴旺、才俊众多的山城大姓。

古之谓茔处福地而能庇荫子孙后世，我族老茔即是博山陈氏兴旺发达的洞天福地。这处占地近八十亩的墓群，葬期横跨明、清、民国等数个朝代，长眠着钊祖及以下千余位先辈。几百年来历代子孙后代在这里膜拜祭祀先祖，凭吊缅怀亲人。这里有我同胞血脉相连的老根，是博山我族世代薪火传递的源头，这里是我家族的圣洁宝地。

而今，欣逢和谐盛世，国强民丰。国家颁布了一系列保护文物的法律条例，为文保事业提供了可靠的法律依据。为妥善保护祖茔文物，我族间仁人贤士积极组织申报文保单位。经过一年的努力争取，终获博山区人民政府批准。我东茔“陈氏明清墓群”被公布为博山区重点文物保护单位。这就为我祖茔的管理保护工作提供了可靠的保证。这是我区文保工作的大事，更是我博山陈氏全族的幸事。现在我祖茔不仅是家族的风水宝地，而且是国家的珍贵文物。依法保护祖茔文物是国家法律的要求和社会文明建设的需要，更是我陈氏族人的最大愿望和共同心声。保护祖茔文物，陈氏同胞义不容辞，责无旁贷。

在此，我们郑重呼吁，博山陈氏同胞要团结一致，齐心戮力，关心祖茔，依法护茔。对那些灭人性丧天良盗挖破坏文物的可耻行为给予坚决地检举揭发斗争，确保我祖茔文物不受非法侵害，使我祖茔能够永久完好，万古长

存。以此告慰列祖列宗在天之灵，并昭示后世子孙能切切铭记，此至尚功德矣。

愿我族福脉永继，祚运绵长。

博山陈氏保护祖茔文物理事会

2012年5月

三、青石关村老人会故事会讲述故事整理①

孝子王让

位于淄博市博山区的八陡向来有“两孝”的传说。所谓“两孝”指的是两位以孝顺老人闻名于世的人：一位“以孝为神”，即为博山区的代表性地方神灵，因诚心侍奉公婆而感天动地的颜文姜；一位“以孝为官”，即因孝廉而被荐为官的明朝重臣，官至太子太傅和吏部侍郎的王让。今天我们不讲王让为官的政事，而专门讲有关王让孝顺的故事，这些故事广泛地流传于王让的故乡八陡，几乎每个八陡人都能讲上一两段。

王让生活在明朝初年，出生于今博山区八陡镇北河口村，至今北河口村仍然保留有王让故居一处，故居主楼以巨形条石砌基，墙厚约1米，楼体结构非常坚固，楼内还有地下暗室。据传，抗战期间，附近居民封窗锁门藏于楼内，并将家财置于暗室之中，成功躲过了日军的数次扫荡。不过民间传言，王让出生之时，王家居住的地方远不及今日这样气派，仅有两间寒酸的草房，王让父亲早逝，他一直与母亲相依为命，所以日子过得非常穷苦。然而，人穷教育不穷，王让的母亲虽然没有多少文化，却懂得做人的道理。在母亲

① 2014年，山东大学民俗学研究所邀请青石关村魏省长、陈维修两位老人去济南录制了几个故事，他们从中得到启发，回去后立马组织老年会每周二下午举办“青石关老年会故事大会”。老人会成员们围坐在一起聊天讲故事，虽然只进行了三期，但大家参与的热情都很高。笔者也将几个情节比较完整地记录了下来，并做成文本，其中有些故事已经被收录在山东省文化厅主办的“中华优秀传统文化故事会（第二批）”中。

的熏陶与教育下，王让从小就谦逊有礼，再加上长得耳大面方、唇红齿白，所以深得村里的老人们喜欢。王让还不满20岁的时候母亲就因病去世了，王让决心守孝3年，于是就在母亲的坟墓附近搭了一个草棚，吃住都在里面，白天就去母亲坟前陪母亲聊天。

当时明成祖永乐皇帝朱棣正与一班文武大臣微服南巡访贤，途经此地时恰巧突降暴雨，朱棣等人躲闪不及被浇了个浑身透，慌乱中有人看到了王让搭的草棚，永乐皇帝赶忙策马扬鞭赶过来，翻身下马躲进了草棚之中，待文武大臣也进来以后，大家稍一定神才发现原来草棚的主人尚在。朱棣鞠躬施礼正欲问话，突然一声炸雷凭空响起，轰隆隆响彻云霄。众人惊诧之时，突见草棚主人来不及披蓑戴笠就飞奔而出，霎时间消失无影踪，将朱棣尴尬地晾在了一旁。朱棣手下的文臣武将当然非常气愤，大家议论纷纷，认为这个人不光对当朝皇帝不敬，还不懂礼数，不知道与客人寒暄几句就夺门而出，因此大家都认为应该将此人拿下交与县衙处理。不过好在朱棣还比较宽容，也对这人充满了好奇，所以特意叮嘱文武大臣等这个男人回来后一定不要告诉他大家的真实身份。

正说话间，草棚的主人回来了，只见他浑身湿漉漉的，身上还脏兮兮的都是泥土，没等朱棣发问，他就先鞠躬三次，因对客人照顾不及而向朱棣等人表示歉意。朱棣见此人无论仪表还是举手投足间都颇有士大夫的风范，便决定有心观察一下，后经相互介绍，朱棣确定了草棚主人的身份——王让。当然朱棣也特意更换了名字，并以此名字告知王让，王让只当他们是一群经商的，对他们的性格、样貌和真正的身份并不关心。王让向为首的朱棣解释了一番，原来王让的母亲生前惧怕打雷，王让在守墓期间，但凡有要打雷的迹象就赶紧跑到母亲坟前，雷声一响就立马扑在母亲的坟头上，希望能用身体为母亲避雷挡雨，让母亲在儿子的怀抱中不再担惊受怕。而今天由于王让在草棚制作母亲生前爱吃的豆腐箱，没脱开身，再加上这次雨和雷电来得都非常迅疾，所以王让才没来得及提前准备好，这才出现了雷响之时王让顾不上与大家搭话飞奔而去的场景。话到此时，永乐皇帝早已被王让的孝顺所折服，实际上已经对王让产生了好感，但也并未亮明身份，而是想继续考察一下王让对自己和朝廷的看法。

当时已时近中午，说话间王让的午饭也做好了。永乐皇帝心想，要是他能先给我一碗饭，那就说明他对我也有一定的认可，于是满怀期望的等待王让将第一碗饭端到他的面前。但奇怪的是，王让并没有这么做，而是将第一碗饭放在了桌子中央，然后又盛了一碗饭放在了母亲的牌位旁，到第三碗饭才端到了永乐皇帝面前。永乐皇帝不免有些生气，心想你是个孝子，给自己的母亲端一碗饭也是情有可原的，但是为什么第一碗饭要放在正中间呢，这岂不是对客人的不尊重？于是永乐皇帝也没客气，直接就问王让，为何第一碗饭不先给众人吃，而是放在桌子中间。王让回答说："客人莫怪，我每次第一碗饭都是放在这里，主要是想供养天、供养地、供养当朝这皇帝，你想想没有当朝皇帝打下这片江山，我们平民百姓又如何能安居乐业呢？第二碗当然就是供养我的母亲，没有母亲的付出哪会有我存在于这个世界上呢？所以第三碗才是给最尊贵的客人的。"

永乐皇帝听到王让的解释后顿时龙颜大悦，同时也被王让忠君爱国、侍母至孝的行为和精神所打动，当即亮明了身份，当着文武大臣的面宣布重用王让，因此王让得以未经过科举考试就入朝为官。王让守孝期满之后来到京城，朱棣仍然对王让的孝顺念念不忘，还特意让王让做了他最宠爱的皇太孙也就是后来的宣德皇帝的老师。宣德皇帝即位以后，王让更加被朝廷所重视，曾官至吏部侍郎。

不过王让虽然孝顺，王让的儿子却因为王让长期在为官对儿子疏于教育而顽劣不堪，且从小就忤逆父母的意思，用乡里人的话就是父母让他往东他往西，父母让他打狗他骂鸡。他不光在村里为非作歹，还经常顶撞父母长辈，品行不端，又不学无术，到了三四十岁都一事无成，王让看在眼里急在心里，终日为这个不孝顺的儿子烦恼。他知道以他儿子一贯的性格和作风，等他去世以后，肯定不可能踏踏实实地考取功名或者经商，甚至连种地当农民都不会，所以王让觉得与其给他留下大片田地让他荒废，还不如给他找到一个一劳永逸的方法。于是王让卖出去大片田地，用换来的钱买了上好的黄杨木，然后片成光滑平整的小木片，在上面刻了《史记》《论语》《春秋》等上百本大书，这些木片被分好类装好，足足占满了一间屋子。王让希望儿子将来可以通过印书卖书挣钱。谁知道王让的儿子丝毫没把这些东西当回事，随意地丢在一旁，家里的下人、长工、短工看着这些玩意儿稀奇，这个拿一点、那个拿一点，不多久所有的书就都已经残缺不全了。王让去世以后，他的儿

子嫌这些木片碍事,让下人全都扔进了岳阳河,除了一小部分被村里人捡走之外,大部分都消失了。据说现在八陡北河口村有几户人家家里还保留着一两片小木片,然而制作这些木片的王让家反倒却一片都没有了。

王让临终前,儿子前来询问王让修建墓地的事情。王让心想儿子向来不听话,肯定不按照他说的来,就故意反着说,故意把让石匠造的两匹昂头马说成回头马,两只傲立羊说成懒卧羊,两只树上猴说成树下猴,两个龟驮碑说成碑驮龟,说罢就溘然长逝了。王让的儿子回想起王让对他的悉心照顾和万般宠爱,又想起自己的不学无术和忤逆,顿时后悔莫及,大哭一场之后决定踏踏实实地完成父亲最后的交待,以宽慰九泉之下的父亲,洗清自己的罪恶。结果可想而知,这些"回头马""懒卧羊""树下猴"至今还躺在八陡王让墓遗址中,向大家诉说着王让的至孝与后代的不孝。正所谓"树欲静而风不止,子欲养而亲不待",王让儿子的幡然醒悟固然值得肯定,却为时已晚,造成了不可挽回的错误。假若他能醒悟得稍早一些,事情就不会是现在这个结果。这个故事也奉劝大家行孝需趁早,莫不要错过了时间,只剩下深深的懊悔和伤悲。

九胎十八子,三十六郎庄

话说有一个庄稼人,是个老实人,也勤劳肯干,日子虽然穷苦,但是还算充实。庄稼人也没啥大的愿望,就是希望将来能有两三个儿子就行。男孩子就意味着将来家里有劳动力,那时候家家户户以种地为生,缺的就是劳动力,所以才都喜欢要男孩。

庄稼人天天在地里干活,中午的时候就需要夫人来给他送饭。有一天,这位夫人在送饭的路上遇到一个乞丐,乞丐饿得躺在路边都起不来了,夫人觉得他可怜,就把给丈夫带的大饼分了一半给他吃了。等到了地头上,庄稼人一看,饼子少了一半,水也少了一半,急忙问咋回事。夫人就一五一十地把情况都告诉给了庄稼人,庄稼人一听就生气了,说:"他都饿得起不来了,你才给了他半张饼子、半碗水,你说他吃了也不够,你把剩下的给我,我吃了也不够,你还不如直接全给乞丐,最起码还能让一个人吃饱,咱俩赶紧去找找那乞丐,把剩下的一半也都给他吃了吧,大不了下午不干活,回家歇着就是了。"

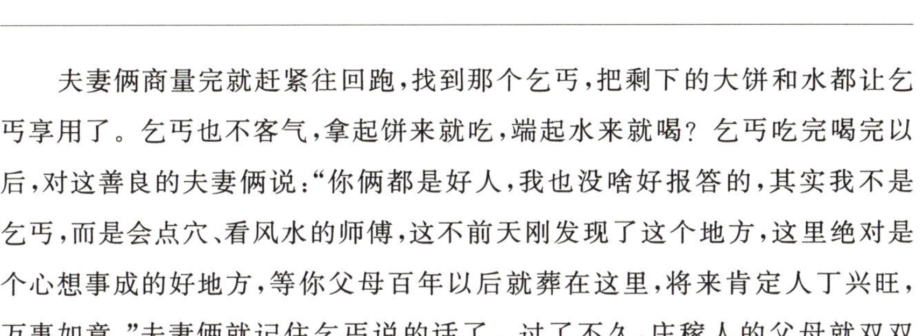

夫妻俩商量完就赶紧往回跑，找到那个乞丐，把剩下的大饼和水都让乞丐享用了。乞丐也不客气，拿起饼来就吃，端起水来就喝？乞丐吃完喝完以后，对这善良的夫妻俩说：“你俩都是好人，我也没啥好报答的，其实我不是乞丐，而是会点穴、看风水的师傅，这不前天刚发现了这个地方，这里绝对是个心想事成的好地方，等你父母百年以后就葬在这里，将来肯定人丁兴旺，万事如意。”夫妻俩就记住乞丐说的话了。过了不久，庄稼人的父母就双双去世了，他果然按照乞丐的说法，把父母埋在了乞丐给他们选的地方。

说来也怪，墓地一弄好，庄稼人的媳妇就怀孕了。“十月怀胎，一朝分娩”，等到孩子一出生才知道原来生的是一对双胞胎，都是男孩。这可把庄稼人高兴坏了。高兴的劲头还没过去，夫人却发现自己又怀孕了，而且又生出一对双胞胎男孩。从此以后，夫妻俩就这么接二连三的，年年都有孩子，年年都是一对双胞胎兄弟，10 年间一直怀了 9 胎，生了 18 个，也就是所说的“九胎十八子”。那时候养活两三个孩子都难，更不用说 18 个了，没过几年，这位庄稼人就受不了这份累了，他一狠心偷偷跑了出去，再也没回来。

这可就苦了夫人了，一个人拉扯 18 个孩子，靠着左邻右舍帮忙才得以生存下来。慢慢地孩子们都长大了，转眼间就已经过了将近 30 年，最大的儿子都 40 多岁了，最小的儿子也 30 岁出头了。在夫人的教导下，这 18 个儿子个个都是一表人才，还都考取了功名当了官。他们都特别孝敬母亲，每当看到孩子们这么有出息还那么孝顺，夫人就开始想念自己的丈夫，觉得丈夫没有体会到这种天伦之乐实在是太遗憾了。从那时候开始，夫人就天天烧香，希望神灵能够保佑丈夫早日回家。

有一天，大儿子看着母亲天天跪在神像前，就像丢了魂一样，就和兄弟们商量：“咱们母亲天天这么下去也不是办法，我知道泰山上有个泰山老奶奶特别灵验，咱们不妨把母亲带到那里去，一来拜拜神灵早日达成心愿，更重要的是也让母亲散散心，改换一下心情。”老大的一番话得到了众兄弟们的认可。大家立马回家收拾行装，一起簇拥着母亲浩浩荡荡地来到了泰山。

到了泰山，他们一路求神拜佛，先逛了岱庙，又顺着泰山一路往上，过了十八盘、南天门，一直到了玉皇顶，拜了泰山奶奶和玉皇大帝，尽兴后准备往回走。大儿子心想：老母亲也累了，就雇个轿子下山吧。于是就找了几个轿夫，弄来几顶轿子，大家纷纷坐上轿子一起往山下去。说来也巧，老母亲所

坐轿子的轿夫正巧就是她的丈夫。原来她的丈夫30年前从家里逃了出来以后，就跑到泰山脚下做了一名轿夫。老母亲认出了他，知道丈夫有愧于他们，肯定不好意思与儿子们相认。为了保留丈夫的自尊，就没有相认，而是找了个机会狠狠地在这个老男人的背上咬了一口，男人顿时疼得倒吸一口凉气，猛地一回头才发现原来坐轿的竟然是自己的结发妻子。他看到妻子穿得雍容华贵，还有钱雇轿子，知道这些年来妻子日子过得挺好，心里也就放心了。而自己仍旧过得穷困潦倒，他也确实不好意思相认，于是就闷着头不说话。但是，老太太的儿子们跟老头找来的年轻轿夫们一路上却渐渐熟悉了，话逐渐多了起来，老太太的儿子们说起了他们"九胎双生十八子"的奇异经历，让年轻的轿夫们大呼巧合。原来这些年轻轿夫也都是亲兄弟，而且恰好也是"九胎双生十八子"，弟兄一共18人，今天因为泰山上庙会，轿夫们人手不够，于是他们被爹爹喊出来帮忙抬轿子。他们指向抬着老母亲的轿夫说："那位老人就是我们的父亲。"

老太太的儿子们顺着年轻轿夫们所指的方向看过去，都觉得背影有点熟悉，等下了山落了轿，众儿子齐齐围上去一看，才发现老轿夫竟然是自己失散已久的父亲，于是一下子都跪倒在父亲面前痛哭流涕。老轿夫眼含着热泪向他们讲明了一切。原来当初老轿夫不堪忍受养育儿子的辛苦，自己一个人来到泰山以后，做起了轿夫的行当，又娶了当地一位妇女为妻。结果继任的妻子与前任的妻子一样，一年生一对双胞胎，10年间又给他生了18个儿子，老轿夫从那边逃离了出来，又掉进了这边的坑里。因为担心再找媳妇还会生那么多儿子，所以也不敢再跑了，就在泰山底下老老实实地待了下来。

老轿夫讲完，老太太带来的18个儿子与老轿夫的18个儿子抱在一起，一时间痛哭声四起。等大家都哭够了，老太太的大儿子决定将老父亲、二娘和18位弟弟接到老家一起生活，于是大家欢欢喜喜地回到了老家。老轿夫带来的18个儿子，在18位哥哥的帮助下，通过刻苦学习，也纷纷考取了功名，像哥哥们一样当上了官。后来，儿子们各自成家，他们在父母的宅子周围建起了小家，原本的大家庭也就逐渐形成了一个村落，周边人就把这个村称为"三十六郎庄"。

这个故事告诉我们"天下无不是的父母，世间最难得的是兄弟"。父母再有错毕竟也是父母，作为子女的该尽孝还是要尽孝；世间最难得的是兄弟，只有兄弟之间才能实心实意地帮忙，齐心协力，相互帮助扶持，共同进步。

有财和进宝

从前有个张家庄，张家庄有个张老汉，靠给庄里地主打长工生活，打了一辈子光棍。一直到快 50 岁了，他才用存下来的钱置了 2 亩地，开了 7 分荒地，盖了一间瓦房、一间草房，还找了个老伴。也是张老汉命中有儿，转过年来老伴连着生了两个儿子：大儿子叫张有财，二儿子叫张进宝，俩兄弟就差一岁。那个年代要不是地主家庭，养活两个儿子很费劲，再说张老汉年纪也大了，好不容易把两个儿子拉扯成人，还没开始过一天好日子就累死了。

张老汉死了以后，两个儿子就开始分家。大儿子张有财心眼多、心肠坏，就说："咱爹爹也没交待说分家怎么分，咱就按大小来吧，大的要大的，小的要小的，弟弟你可愿意啊？"张进宝是个实在人，一点坏心眼也没有，心里暗暗寻思，大哥说得也在理，要不没法分啊，就说："全凭大哥做主吧。"张有财一听，心里就乐开花了，那嘴恨不能咧到耳朵根上，可表面上还得装着一本正经的哩，就和进宝说："为了表示公平，咱就一样一样来，你一样我一样，你听我挨着说说，你看看合理不合理。"

我是哥哥你是弟；大要大小要小的；
瓦房一间是我的，草房一捧是你的；
良田二亩是我的，荒地七分是你的；
粮囤一个是我的，糟糠一袋是你的；
枣树三棵是我的，荆条四根是你的；
老牛一头是我的，母鸡一只是你的；
大锅一口是我的，破碗两个是你的；
方桌长凳是我的，蒲团板凳是你的；
长衫棉袄是我的，破鞋烂袜是你的；
老娘一个没法分，谁想要就算谁的！

张进宝一听，这也没给我留下啥东西啊，但是又一想本来就已经答应哥

哥了，也不好反悔，反正都是自己家人，以后还得互帮互助，就点头答应了，拿着破碗烂袜、蒲团板凳，赶着老母鸡就进了草屋了。拾掇完了以后，张进宝还把老娘也接了过来，从此以后就娘俩相依为命。

张进宝虽然说踏实能干，毕竟是家里没有地啊，就靠那7分荒地，也挣不出两个人吃来。没有办法，平时闲着张进宝就进山砍柴，指望卖点柴火弄点钱补贴家用。有一年快过年的时候，进宝就想着多弄点柴卖了办年货，光顾着砍柴了，不知不觉天就黑了，还刮起了大风，下起了大雪，那风刮得人睁不开眼，那雪落在人身上直接就结了冰。张进宝拾起柴火就跑，跑着跑着就迷路了，迷迷糊糊就进了一个山神庙。一进庙门他就看到一个老乞丐在香案底下缩着，冻得都不成样子了，张进宝赶忙把柴火堆成一堆，拿出火石点上火，再把那老乞丐扶出来，给他烤烤火，那个老乞丐才慢慢缓了过来。老乞丐一看，张进宝把砍的柴全烧了，还不嫌他脏，就这么搂着他，一下子就感动了，就和张进宝说："你看看烧了你这么多柴火，我也没有啥好赔你的，就把我这拐杖借给你用一年。你拿回家谁也别说，把这拐杖扔你家鸡窝里，你就知道是啥情况了，等明年这时候我在这里等着你，你再给我送回来。"

张进宝心里想：这老乞丐真是有点怪，我都给他烧了这么多木头了，还要他这一根木头干啥？虽说是心里那么想，张进宝也不愿意让老乞丐下不来台，就答应了，不过也没放在心上，回家以后就把那拐杖往鸡窝里一扔就不管了。到了晚上去关鸡窝门，张进宝就看着鸡窝里面金光闪闪的，走进了仔细一看，我的天来，这鸡窝里头怎么还藏了一个金蛋蛋啊，形状和鸡蛋一模一样，他这才想起来，这肯定是那根拐杖的原因。原来这个老乞丐还带了这么个宝物啊！从那以后，张进宝就一天捡一个金蛋。张进宝用这些金蛋买了新宅子，置办了好几亩地，还娶了一个如花似玉的大姑娘，生活逐渐好了起来。

再说张进宝的哥哥张有财，分了家以后，仗着自己有这么个大瓦房，和一粮囤的粮食，就天天在家里睡大觉，2亩良田也成了荒地，家里那点存粮，一两年工夫就坐吃山空了。从那以后，他就开始饱一顿、饥一顿过日子，邻居家给他送点吃的就是饱一顿，不给他送就得饿肚子。张进宝眼看着哥哥过不下去了，就拿着两个金蛋给哥哥送过去了，哥哥有财一问起来，进宝就忍不住和哥哥说了自己的遭遇。有财一听眼馋得那口水都流到地上了，赶忙对进宝说:“好弟弟,好弟弟,你看哥哥我眼看着就要穷煞了,饿死了,你快帮帮我吧,把那拐杖借给我用两天吧,等我弄点金子,我再还给你。”进宝一看哥哥那么可怜,就答应了,马上把拐杖从鸡窝里抽了出来给了有财,从那以后进宝家的鸡再也没下过金蛋,但是进宝存起来的金蛋早就够一辈子的花销了。

哥哥张有财把拐杖拿到手以后接着就犯愁了,家里也没有母鸡怎么下金蛋呢,正愁着呢抬头看到家里那 3 棵枣树正准备坐果呢,一下子就有主意了。贪婪的人永远也不知足,张有财为了能让三棵枣树都给他结金蛋,就把拐杖劈成三半截,分别插在了 3 棵枣树上,然后就天天等着坐果。过了几天,3 棵枣树果然都长出了小金枣,小金枣越长越大,到了秋后,一个个长得跟鸡蛋差不多大。张有财赶紧拿了根大长杆子,挨着去打枣,却怎么打也打不下来,最后急眼了,就开始晃树,这一晃不要紧,那些金枣全部掉下来,把有财浑身上下砸了个遍,脑袋上被砸出好几个大坑,要是跑得慢估计就被打死在树下了。而且这些金枣只要一掉下来就变成了硬石头块,这张有财白白挨了一顿砸,啥也没捞着。没过几天,张有财脑袋上被砸的坑就开始化脓,化了脓之后,就成了一个个癞痢,从那以后他就成了个癞痢头。

这边张有财挨了打,那边张进宝也犯了愁,拐杖已经被他哥哥弄成三截了,眼看着到了还拐杖的时候了,可怎么向人家交待啊。没法交待也得交待,张进宝硬着头皮就去了山神庙。到了山神庙以后,等了半天也不见那老乞丐再来,临走的时候张进宝才看到墙壁上写了一首打油诗:

有财没有财,心坏癞痢来。
进宝光进宝,心善财宝到。
一拐变三截,回家当柴烧。
穷富自有命,善恶终有报。

张进宝这才知道,原来这个老乞丐还是个仙人,这些事早就预料到了。于是他就听仙人的话,回家把三截拐杖当柴火扔进了炉子里。刚一转身,张进宝就听着炉子里“嘭”的一声响,他赶紧过去一看,炉子里的拐棍不见了,多了 3 块大金砖。张进宝自己留了 1 块,剩下的全部换成钱接济了村里的穷人,全村人都跟着张进宝过上了好日子。

丁老爷智斗貔狐精

博山区八陡镇的黑山一带人杰地灵，一直以来都流传着“三个半仙”的传说：一位是八陡镇北河口村的邋遢张。传说邋遢张会分身术，让分身给八陡庄所有的财主当长工，致使满地里都是邋遢张的身影，真身却天天在岳阳河边晒太阳，所以八陡人称之为“半仙之体”。另一位是八陡镇青石关村周家桥的周贵山。传说周贵山大字不识一个，天天侍奉鬼神，偶然间获得神授天医妙方，随即能手写 100 多张药方，能治百病，遂成当地一代名医，因此被奉为“半仙之医”。而今天我们要讲的故事的主人公是第三位半仙，即号称“半仙之眼”的丁老爷。丁老爷“半仙之眼”的称号是怎么来的呢，且听我慢慢解释。

话说黑山主峰西侧崖壁之上有着数十上百个洞穴，洞穴之间重重叠叠、相互贯通，犹如迷宫一般，久而久之，此处逐渐成为万千貔狐繁衍生息之所，于是得名“貔狐楼”。清康熙九年(1670 年)编纂的《颜神镇志》将貔狐楼列为“黑山八景”之一。柳泉先生蒲松龄《聊斋志异》中收录的《黑山狐》一文讲的就是黑山上的狐狸修炼成精的故事。文中交待，貔狐们在黑山上居住的地方即为“貔狐楼”，可见早在清初，貔狐楼就已经在当地颇有盛名了。传说貔狐楼里的貔狐因久居风水宝地，吸收黑山精华，逐渐学会了吐纳之法，开始了修炼成精的过程。虽然大多数貔狐都难逃生老病死，但也有一部分侥幸修炼成功，它们偷走人们晾晒的衣服打扮成人形，下了黑山去八陡一带作乱乡民。人们虽然极度愤恨和厌恶它们的骚扰，但奈何肉眼凡胎无法分辨是人还是貔狐精，只能任由它们作乱。

一直到了清朝末年，八陡的黑山下出了一个势力并不是很大的财主姓丁，家里稍有积蓄，为人乐观平和，愿意与贫苦人家打交道，喜欢与人开玩笑，以插科打诨为乐趣。因为身为财主却从不压迫穷人，所以他在村民们心中的地位很高，人们见面都尊称他一声“丁老爷”。又因为丁老爷排行第三，所以又被称为“丁三爷”。丁老爷从小就有异能，他的眼睛异于常人，能看到别人都看不到的东西，俗称“阴阳眼”。丁老爷睁着眼看到的是阳世的你来我往，但只要把两眼眯成一条缝就能看到阴间的鬼神妖怪，所以他是八陡为

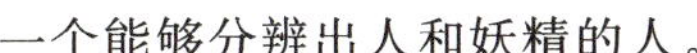

一个能够分辨出人和妖精的人。

貔狐精虽然修炼成妖，但是顽劣的性子始终改不掉，尤其是功夫尚未到家的小貔狐精，它们虽然能够直立行走，但却无法变换出完整的人形。为了能去人间玩耍，它们经常会偷走田地里老农们放在一边的蓑笠，戴在头上，一路跑一路逮着路上的人问：“你看我像啥？”实际上普通人只要仔细一看就能知道是小貔狐精假扮的。面对这种情况，有经验的人们会指着他的鼻子，大声地说：“像个鸟！”这时候小貔狐精就会边喊着“你放屁，你放屁”，边逃之夭夭，一直跑回貔狐楼，从此安心修炼，再不过问人间之事。但对于那些道行很深的貔狐精来说，它们能变得与普通人一模一样，甚至待人接物的规矩也做得有板有眼，因此一般人几乎没有能力能够分辨出来。它们仗着自己的本领经常变成人的样子，去干一些偷鸡摸狗、欺男霸女、诱骗孩童的事情，让黑山一带的民众苦不堪言。丁老爷知道这些貔狐的捣乱行为之后，决定要为民除害。

有一次恰逢八陡大集，丁老爷知道貔狐精爱凑热闹，一早便来到了集市上开始到处寻摸，没走多远就看到一个老农蹲在墙角卖地瓜，因为地瓜的成色看起来非常好，价格又比其他商贩便宜了一半，所以引得众人争先恐后地购买。丁老爷暗自忖度：这么好的地瓜卖那么便宜绝对是赔钱。俗语讲得好：“事出反常必有妖。”我得好好看一看。紧接着丁老爷祭出天眼，定睛一看，果然有问题，原来这个老头是一只老貔狐精变成的。它还用了障眼法，让人们把它收集的好几大筐死耗子当成了地瓜，也就是说人们争先恐后购买的“地瓜”实际上是一只只令人恶心的死耗子。丁老爷知道真相后气不打一处来，立马跑向前去一脚踢翻了老貔狐精的摊子，然后一把拽过老貔狐精，三拳两脚打了它个措手不及。老貔狐精一心慌，障眼法的口诀也来不及默念了，眼前的地瓜包括人们手里的都现出了原形。大家一看上了当，齐齐围上来一顿拳打脚踢，不成想竟然让老貔狐精当场毙命。丁老爷知道这些貔狐精们向来记仇，对于这件事它们绝不会善罢甘休。

到了第二天一大早，丁老爷家里的长工急忙忙跑来告诉他，他的田地里一夜之间被扔满了大大小小的石头。丁老爷赶紧跑过去一看，一般人不可能在一夜之间往地里扔那么多石头。丁老爷粗略估算，这么大的工作量，除非30个男劳力一晚上不睡觉才能完成，丁老爷平素也没有什么仇家，即便是

有仇家也不可能纠集三四十个人去做这么无聊的事情,所以肯定是貔狐精所为。丁老爷四下望去,果然看到了不远处影影绰绰的貔狐精。丁老爷计上心来,先是装模作样地大笑三声,然后对长工说:“太好了太好了,这是老天爷帮我忙了啊,我种的粮食就是以石头为肥料,大石头是大肥,小石头是小肥,突然多了这么多石头,我今年这是要大丰收啊! 太好了! 太好了!”长工听了以后还以为是丁老爷糊涂了,赶忙纠正他:“你说的不对,这谷子怎么能靠石头养肥呢? 拉屎撒尿才能造出肥来!”丁老爷赶紧捂住长工的嘴,紧接着说:“你小点声,千万别让别人听见了,我这片地啊就怕有人在上面拉屎撒尿,一有这东西立马就完蛋了,今年就得喝西北风了。幸亏我的地里是石头不是屎尿,咱们赶紧回家把那个粮囤收拾收拾,准备装粮食。”

远处的貔狐精们听到丁老爷的对话后,懊恼万分,一想到昨天它们几乎发动了貔狐楼里所有的大小貔狐来做这个事,却不想反而弄巧成拙了。为了不让丁老爷从它们身上拿到哪怕是一点点好处,它们不得不继续发动貔狐楼中所有的大小貔狐来将田地里的所有石头一一清除出去,然后又不知从哪里弄来几车大粪,均匀地洒在了田地里。第二天一大早,丁老爷亲自来到地头,看着满地的粪肥,一块乱石头都没有,心里不由得高兴起来,但是却不得不装出悲伤的样子,趴在地头上嚎啕大哭。一边哭一边喊:“这是哪里来的仇家,怎么这么狠,今年我只能仰着脖子喝西北风了啊,这要是有谁存心害我,在貔狐楼点上柴火,那股股浓烟借着西北风就进了我家了,像我这种年纪大的,肯定受不了那浓烟,指不定就得一命呜呼了。”

这段话又传到了貔狐精的耳朵里,貔狐精为了一劳永逸地解决丁老爷这个眼中钉、肉中刺,就按照丁老爷所说的,在貔狐楼前面堆满了柴火,足足有三层楼那么高,风一起它们就立马把柴火点燃,却不想刮的根本不是西北风而是东南风,大风一吹直接将火苗和浓烟带进了貔狐楼的各个洞口中。洞里的貔狐们哪见过这种架势,一下子乱作一团,在挣扎和散逃中,有的被大火烧死了,有的被浓烟呛死了,有的被同伴踩死了,有的甚至被吓死了,到最后包括貔狐精在内,所有的貔狐都化成了一片灰烬。原来丁老爷从小就会看天象,他早就算定这几日会连续吹东南风,于是故意导演了这一出戏,让自作聪明的貔狐精机关算尽,终误了卿卿性命。

从此以后,黑山当地的百姓再也没有受到过貔狐精的骚扰。丁老爷去世以后，人们一方面为了感念他的恩德，另一方面也为了防止貔狐楼可能会重新出现的貔狐，特意把丁老爷葬在了黑山貔狐楼一侧。气派的墓碑和高大的坟头至今尚存，有兴趣的朋友们可以去黑山参观一下。

黑脸姑娘

话说山东有个地方叫张家庄，张家庄有个张老汉，他有个女儿，从一出生脸就像涂了炭一样，黑得油亮油亮的，后来还长出了一对獠牙，生得是非常吓人。由于她相貌丑陋，大家都不待见她，也不和她玩儿，就连她的父母也不愿意搭理她，养个姑娘就像没有她一样，甚至连名字也没给她起。这姑娘呢，从小就天天在外面大街上逛荡，靠着捡别人扔的东西填饱肚子，因为没有名字，人们都喊她“黑脸姑娘”。

后来黑脸姑娘长大了，再也不愿意在这里待着了，就一路游荡出了城，也不知道过了多久，竟然走到了京城。刚进城门就看到一群群女人往一个地儿跑，她一想我也是女人啊，也跟着吧，说不定谁家给大家发吃的呢，就一路跟着去了。到了以后才发现这哪是发吃的啊，原来是新登基的皇帝要选妃子。她想着来都来了，那就试试看吧，就待着没走。后来，丞相带着皇帝来到大家面前，皇帝大致扫了一圈一看，底下的姑娘们长得都很漂亮，相貌上都过关了，就直接进行第二项，说要考一考大家的智慧，谁能完成任务，谁就被选为正宫娘娘。只见皇帝令士兵们拿了一捆韭菜和葱蒜佐料来到大家面前。皇帝就说：“谁要是能利用这些东西做出二十道菜，谁就能当我的正宫娘娘。”说完就回皇宫了。

这话一说，下面可就炸了锅了，谁不想当正宫娘娘啊，于是大家争先恐后地想要试一下，结果呢一个个都失败了，谁也不能做出二十道菜来。失败一个就走一个，失败一个就走一个，最后全场就剩下黑脸姑娘了。这时候有个士兵来劝说：“姑娘回去吧，那些大户人家的小姐都解不开的难题，你也别指望自己能做到了。”黑脸姑娘一脸轻松地说：“这有何难，你赶紧去禀告皇上，说我已经解出来了。”士兵虽然不太相信，但也没敢含糊，就跑去通知了皇帝。皇上一听说有人解出来了，也来了兴趣，领着文武群臣又回来了，出来一看，我的天呐，这是个什么姑娘啊，那脸黑得跟锅底似的。皇帝转念一

想这才明白，肯定是这姑娘太黑了，当时皇上扫了一圈没发现她，还以为都是美女呢。罢了罢了，先看看她怎么做吧，反正也不一定能做出来。皇上就两眼一瞪，冲着黑脸姑娘说："欺君可是死罪，你可知道？"黑脸姑娘一脸不在乎地说："知道知道，我要做不出来，你就砍我脑袋。可我要做出来了，你就得让我当正宫娘娘。"皇上料想一个乡间野丫头也没多大能耐，就答应了。

只见这黑脸姑娘啥也没干，就烧了一锅热水，拿了半捆韭菜往锅里一放，让韭菜在热水里翻了个滚头，就立马捞了起来，然后将剩下的韭菜和煮了的韭菜连同葱蒜一起拌了拌，就装盘做完了。皇上一看她这么糊弄，一生气就要把她拿下。黑脸姑娘急忙说："皇上你别急，听我解释一下，解释完你要还不认可，杀我也不迟。"皇上也想看看这姑娘到底有多大胆子，就答应了。黑脸姑娘指着这盘菜，不紧不慢地说："这是生韭（九）拌熟韭（九），二九一十八，加上葱和蒜，一样都不差。"文武大臣们一听不仅拍手叫绝。皇上也无话可说。所谓金口玉言，皇上既然已经当着文武大臣的面许下承诺就不能再轻易更改，只能勉强答应了。

将黑脸姑娘领回皇宫以后，皇上是越看越不顺眼，黑脸獠牙，说实话就跟野猪一样，皇上怎能受得了呢，于是心生一计。他想到，后宫东北角一个寝房夜夜闹鬼，已经好几年了，莫不如把她放进那间房里，让小鬼把她吃了得了。于是皇上就让下人把黑脸姑娘领进了闹鬼的寝房中，然后就再也没搭理她。

黑脸姑娘在寝房中静静地等皇上的到来，可是紧等不来慢等不来，一直到了后半夜了，皇上也没来，忽然一阵阴风四起，小鬼倒来了。小鬼隔大老远就看到房里有个姑娘，顿时心中大喜，都多少年没吃过人肉了，这可真是天大的好事。它立马飘进房里，张牙舞爪地就冲着这个姑娘飞过去。黑脸姑娘呢，平时大大咧咧惯了，也没注意到房间里的异常，只是听到了一阵声响，就想回头看看是怎么一回事。刚一回头，正好那小鬼也飞到了姑娘近前，正打算咬姑娘脖子呢，姑娘心头一怕忍不住"嗷"的一声叫了出来。姑娘这一叫不打紧，可把这小鬼给惊着了。小鬼抬头一看，一张狰狞的黑脸和比它还长的獠牙伴随着惊悚的叫声展现在它的眼前，一下子就把这小鬼吓得魂飞魄散。没等姑娘从惊吓中缓过来，小鬼倒"扑通"一声先跪下了，身子像筛糠似地哆嗦，嘴里还念念有词："钟馗天师饶命啊，钟馗天师饶命啊，你要什么我都答应你，可千万别吃我啊。”敢情是这小鬼把姑娘当成是钟馗来抓它了。黑脸姑娘也是胆子大，一看到这情况，也不害怕了，就正襟危坐，跟这小鬼说：“我不吃你也行，你得给我变出一身正宫娘娘的穿戴来，我就放了你。”小鬼赶忙听话，变出了一身正宫娘娘穿的华丽的衣服头饰，赶忙逃之夭夭了。

黑脸姑娘就把饰品和衣服穿戴好，端坐在床上等待皇上的到来。到了第二天，皇上又领着文武百官来了，实际上皇上也有自己的“小九九”，他想这姑娘肯定是死了，我带着文武百官过来一起给我做个见证，以免让人觉得为君的失信于人。他兴冲冲地打开门定睛一看，黑脸姑娘竟然毫发无损地坐在那里。皇上一想，小鬼都祸害不死她，看来真是上天注定的，我还是认命吧，就不得已正式册封黑脸姑娘为正宫娘娘。黑脸姑娘听到后非常开心，“哈哈哈”笑了几声，脸上的黑色印记和獠牙竟然一下子都消失了，皇上仔细一看，没了黑脸和獠牙的姑娘竟然是一个世间罕有的大美女，立马变得特别喜欢和宠爱她。而这黑脸姑娘也确实是贤惠，在她的辅助下，皇帝将国家治理得越来越好，就连国土面积都扩大了一倍有余，人民的生活也越来越幸福，大家都非常尊敬和崇拜这位新上位的正宫娘娘。

正所谓“人不可貌相，海水不可斗量”。相貌上的瑕疵并不意味着一个人在能力或者道德上有所欠缺，所以我们在日常交往中千万不要把相貌看作品评他人的唯一标准，而应该更加关注人们的内心。

黑山爷爷的传说

传说淄博市博山区八陡镇的黑山最早的时候是一片平地，上面光秃秃的什么都没有，后来有一个人，喜欢种各种树，他就有个心思，就是一鼓作气把黑山变成一片森林。他就开始到处搜集树苗，尤其是比较名贵的树苗，栽在这个地方。有一次，他听有个商人说400里外的泰山之巅有一棵不老松，已经活了上千年了，品质很好。他立马就带上干粮，一路赶到泰山，从山脚下开始一点点往上找，最后好不容易找到了不老松，就在那里等着松树开花坐果，取种子回来种。就用这样的方式，几十年来他基本上走遍了大江南北，收集来了很多不同的树木，有松树、槐树、杨树、杉树、楸树甚至银杏树都

有，最后种的树越来越多，等到他80多岁成了一个白胡子老头的时候，黑山这一带早就成了一片森林了，密密麻麻的树连在一起，从山上往下看，就像是一块碧绿的地毯一样。

自从这里成了森林以后，有很多动物也来了，天上飞的金丝雀、仙鹤，树上挂着的猿猴，地上跑的野兔、梅花鹿，应有尽有，好不热闹。这老头一生都忙着种树，也没有娶妻生子，就天天和这些动物相处在一起，过着与世无争的日子。这么好的一片森林让附近很多达官贵人垂涎三尺，他们纷纷过来与这个老头商议，提出要出钱来买这片地。有个财主出钱出到了几万两，老头也坚决不松口，就是不同意。他说我这辛辛苦苦地种了七八十年，我要是图名图利的话早就不在这里耗着了。我在这里辛苦经营为的就是造出这么个地方，给这些动物们安一个家，你们花钱买去了，盖起围墙当成你们的后花园，这些动物们可怎么办？于是就始终不答应，这可把那些人给惹急眼了。

当地有过年过节祭拜龙王的传统，这些有钱人就想利用龙王来治治这个老头。给龙王上供的时候，他们就对龙王说："龙王啊，我们这里有个好地方，有一片大森林，全部是树，是上等的木材，这些木材都来自名贵的树，跟别的木头不一样，特别沉，一放水里就沉底儿，拿去给你们盖龙宫刚刚好。"东海龙王一听这话就动心了，是啊，因为木头总在水上面飘着，我这造宫殿只能用石头，要是能有这些沉底的木头那可是真合适。于是立马就派三太子领着一群虾兵蟹将去了，找到了这个老头，就跟他说："你这些树我们龙王都相中了，要拿去盖宫殿，我们也不亏待你，你想要钱我们给你钱，多少都行；你不想要钱，我教给你一个分水诀，你跟着我到龙宫，让我父王封你个丞相当当，再赐给你一颗长生不老药，你就永远当丞相了。"这么好的条件一般人都得答应，人活一世谁不想成个神、当个官、长生不老啊，但是这老头呢，还是不答应，就回答说："甭说让我当丞相，就是当龙王我也不干。"三太子没办法就回龙宫据实禀告了龙王。

龙王一听，气不打一处来，说他这是敬酒不吃吃罚酒！一拍桌子就飞身出了海，直接飞到这个老头面前："你要不给我，我就放水把这里淹了。"这个老头也是个倔脾气："你淹就淹，大不了就是一死。"龙王当时就气得七窍生烟，立马调来东海的水让这里变成一片汪洋。眼看着这里就真要被淹了，老

头真着急了，急得他直跺脚。他这一跺脚不要紧，脚下的这片地突然就长高了一点点，老头一看赶忙拼命地跺脚，这片地呢也一直长高，一直长到了800米高，成了一座大山。

东海龙王一看放水治不了他，于是便放火，想把这片山全烧掉，谁也得不着。东海龙王立马化身为龙，跃入空中。大家都知道，龙王向来会兴云布雨，自然也会打雷打闪。他就一个劲儿冲着这座山打闪电，一个个火球随着闪电劈向森林，把这些树都点着了，动物们也都跑了。树被烧成了灰洒在了山上，导致这座山呈现出了一片黑乎乎的颜色，所以后来人们才把这座山叫作"黑山"。所以，黑山最大的特征就是通体发黑。黑山还以出产煤炭著名，人们传说这些煤炭实际上就是当初还没被烧尽的树木被埋在了地下形成的。

等大火灭了龙王一看，黑山上一棵树也没有了，光秃秃、乌黑乌黑的。龙王看了"嘿嘿"一乐，一转头就回龙宫了。再说这老人，因他斗不过龙王，只能眼睁睁地看着自己辛辛苦苦种的树一朝之间化为灰烬，心痛不已的他四下望过去，看着那一片片灰烬，忍不住气血上，直冲脑门，突然大叫一声，口吐鲜血，倒地而亡。他死了之后奇异的事情出现了，他的身体渐渐地被融化进了黑山之中。过了不几天人们发现，黑山从山顶到山脚慢慢地长出来一棵棵小松树，这些松树与别的地方的不一样，都是通体发黑。而且它们生长速度特别快，没几天工夫就长成碗口粗的大树了，从此以后黑山上的树又多了起来。

人们相信这些树就是种树的老人变成的，所以人们就把这个老人称之为"黑松老翁"，后来叫着叫着就变成了"黑山老翁"。人们为了纪念他，还在黑山顶上为他修了一座庙，被后来人称之为"黑山爷爷庙"，每年的三月初三、六月初六和九月初九大家都来黑山上祭拜黑山爷爷。再到后来人们开始开采黑山上的煤炭，大家通过卖煤都过上了好日子，同时也更加感念黑山爷爷的功德了，于是黑山爷爷又变成了当地专门管煤炭生产的行业神，所以在整个博山地区，所有从事煤炭生产和买卖的人都供奉黑山爷爷，黑山爷爷庙的香火也从古至今一直非常旺盛，而至于对东海龙王的祭拜反而因为黑山爷爷的兴起而渐渐地被人们所遗忘了。

翟三虎系列故事

翟三虎并不是八陡人，而是八陡旁边的西河镇人，他的真名叫翟元会，因为排行老三，又是一个出名的恶霸，人们就背地里给他取了个诨号，叫作“翟三虎”。翟三虎这个人有多狠呢，最狠的就是附近十里八乡无论是谁家娶媳妇，新娘在结婚的前一天必须得陪着翟三虎睡一晚上，所以咱们这个地方才有了半夜娶媳妇的习俗，这就是拜他所赐。他家里有权有势，据说还有皇帝御赐的丹书铁券。他父亲和儿子都是当朝大官，就他是闲人一个，所以才由得他胡作非为。他经常跟他儿子说“你爹不如我爹”，跟他父亲说“你儿不如我儿”。虽然翟三虎不属于八陡人，但由于离得近经常到八陡来四处作乱，所以八陡还有附近有很多地方的名字实际上就和翟三虎有关。

箭子顶

箭子顶位于八陡镇苏家沟村，传说它的名字的由来与翟三虎和岳含珍有关。岳含珍是岳家庄人，就在八陡南边，他从小就文武双全，尤其是擅长射箭，曾经弃文从武，替朝廷立下汗马功劳，后来主动隐退，回到老家钻研医术治病救人，积累了一个好名声，结果引起了翟三虎的不满。翟三虎就坐上轿子想去岳庄会会他，还没到庄里，恰巧看到岳含珍在地里干活。岳含珍看到翟三虎来了，知道他是个恶霸也来气，就顺手用叉子把他的轿子顶拆了，翟三虎灰溜溜地跑回家中，开始盘算怎么治他。

三天以后，岳含珍收到了翟三虎的请帖，说是要请他去翟家大院吃饭喝酒，岳含珍想也没想就骑着马去了。到了翟三虎的家以后，岳含珍进一道门，翟家的下人就关一道门，连着关了三道门岳含珍才见到翟三虎。翟三虎拿起一把匕首插了一块肉就往岳含珍这边扔了过来，说我请你吃肉，岳含珍不闪不避，一甩头就咬住了匕首，正好肉也进了嘴里。岳含珍吃完肉以后也拿匕首插了一块肉给翟三虎扔了过去，翟三虎哪会武功，吓得直接躲到桌子底下去了，同时手一挥，翟家的家丁就拿着武器向岳含珍围拢了过来。岳含珍早有准备，口哨一吹，他的马就跑了过来。岳含珍是好汉，他的马也是好马，岳含珍骑着它接连越过三道墙就出了翟家大院，直奔着八陡而来。

等到岳含珍骑到苏家沟铁板桥上时,他远远地看见翟三虎的家丁已经快追上来了,他赶紧弯弓搭箭,却不想轻轻一拉弦就断了。他这才明白,原来翟三虎知道他射箭厉害,早就对他的弓箭动了手脚。情急之下岳含珍一刀割下了自己的辫子,迅速将之系在弓上当作弓弦,一瞬间就射出去四箭,为首的四个人纷纷坠马,剩下的人看到了岳含珍的厉害,都四散而逃了。后来人们为了纪念岳含珍勇斗翟三虎的事迹而将传说中他射箭的地方改名为“箭子顶”,这就是八陡箭子顶的来历。据说翟三虎怕得从此以后再也不敢越过箭子顶到八陡岳庄这一带了。

平坦顶

平坦顶距离翟三虎老家 8 里远,因山顶非常平坦,像被削去一块似的,所以取名“平坦顶”。据传平坦顶以前跟一般的山没有区别,山顶都是尖的,之所以变平了还是与翟三虎有关。

翟三虎养了成百上千只鸽子,专门用来糟蹋十里八乡的庄稼,大家都是敢怒而不敢言,唯独有个叫陈启尧的不怕他。他擅长射箭,就把翟三虎的鸽子一个一个都射了下来,于是激怒了翟三虎。翟三虎假装请客,将陈启尧骗到他家里来,准备除了他。陈启尧有个好友叫马均,知道陈启尧有难之后,立马扮作陈启尧的仇人冲进翟家大院,一边说着“陈启尧你偷吃我家大黄狗我要杀了你”,一边把陈启尧扛起来大步流星地迈出门去。等到他们跑远了,翟三虎才明白是被他们给骗了,于是立马亲自带队骑马去追他们,一直追到平坦顶。翟三虎看到一个壮汉正抱着一个重达 200 多斤的铁疙瘩站在山头上一下下往下砸,不一会儿平坦顶的尖儿就被他砸平了。翟三虎定睛一看,原来砸山的正是带走陈启尧的马均。翟三虎一看马均这力气,心里就慌了神,立马灰溜溜地跑回家中。从此以后再也没敢从平坦顶路过。

干锢漏顶

八陡镇福山村有一处景观叫作“干锢漏顶”,其原名为“三泉山”,因有三股泉水而得名,泉水甘甜清澈,传说能治百病。翟三虎有一天经过此地,看到泉水以后心里妒忌得很,就有心想搞一下破坏。当时他的一个跟班的叫乔铁嘴,是个风水术士,就趁机对翟三虎说,只要翟三虎堵住泉眼,他就有办

法让这股水从他们翟家大院里冒出来。翟三虎听后自然喜不自胜，于是便往三个泉眼里浇灌了化好的铁水，把三个泉眼都用干锢漏的方式堵住了，从此以后三泉山也就变成了干锢漏顶。不过堵住的泉水也并没有从翟家大院流出来，而是从良庄一带鼓出来了，翟三虎费了半天劲却没讨到一点儿好。

两平村

据说以前翟三虎不光在西河八陡等地横行跋扈，还经常去博山城里叫嚣惹事，城里人只要见到翟三虎，就立马跑回家闭门不出。有一次，一位民女为了躲避翟三虎的追赶误打误撞地进了赵家。赵家是博山城最大的家族之一，赵家年轻的少爷赵班玺将少女救了下来。翟三虎虽不敢造次却也怀恨在心，想着报复赵班玺一下，于是他回家以后立马给赵班玺下了请帖，请他三月三来西河赴宴。

赵班玺只是一介书生，手无缚鸡之力，所以这件事传开以后城里人都暗自为赵班玺捏了一把汗，觉得他这次凶多吉少，但是赵班玺仍然愿意只身赴宴。后来一位叫伊洪衮的壮汉担心赵班玺有失，就自告奋勇当起了赵班玺的跟班，与他一起到了翟家赴宴。宴席进行途中，翟三虎刚开始向家奴点头示意抓住赵班玺，还没等家奴们开始行动，伊洪衮却抢先一步把翟三虎夹在了腋下，一边拧着翟三虎的脖子一边带着赵班玺退了出去。他们二人骑着马拖着翟三虎一直走到长城岭下，赵班玺让伊洪衮把翟三虎放了下来。赵班玺拿着马鞭从南向北这么一划拉，跟翟三虎说从此以后咱们两家以马鞭划线为界，你永远不得越过此线。翟三虎立马磕头答应，从此以后果然没敢再越过边线一步，而赵班玺与翟三虎两平分界的这个地方也逐渐改名为“两平村”。

四、主要信息提供者名单

陈维修，男，1935 年出生，青石关村人，三菱钢窗厂退休工人，青石关老人会会长。

魏省长，男，1933 年出生，青石关村人，三菱钢窗厂退休工人，在厂时因爱讲政治、打抱不平而被工友称为“社会主义大褂”，青石关老人会的核心成员，也是村里的仪式专家之一。

周庆栋，男，1939 年出生，青石关村人，在工厂做了一辈子临时工的农民。

陈立本，男，青石关村人，三菱钢窗厂退休工人，善于调节人际关系、解决矛盾纠纷，在青石关村老人会担任村落调解员。

陈东宜，男，1941 年出生，青石关村人，三菱钢窗厂退休工人，八陡陈家镰刀的后人，现为青石关老人会副会长。

陈立和，男，农民，村里的仪式专家和信仰权威，平时通过为他人扎制花圈、摇钱树等纸扎赚取零花钱。

陈维仕，男，1941 年出生，青石关村人，黑山煤矿兖州分矿退休工人。擅长木工，青石关村南庙的牌匾等木工都由他来完成，

魏树高，男，1948 年出生，青石关村人，现居住于山头镇山头社区，淄博钢厂退休工人。自幼历经磨难，年少时曾去往沂源县下乡，现为青石关村卫生保洁员，青石关村老人会核心成员，村里的仪式专家之一，懂电工，庙会上还负责顺电线、接电源的工作。

陈维政，男，青石关村人，中学高级教师退休，曾做过“五七干校”校长，现为博山区地方志学会理事。爱好书画，加入老年书画协会，曾与八陡书画文人一起出版“博山山水”系列《八陡山水》。热心家族公益事业，主持编修族谱，作为主要参与人员在岳西陈氏祖茔申请区级文保单位的过程中发挥重要作用。

魏恒长，男，1947 年出生，青石关村人，退休教师。

魏敏长，男，1947 年出生，青石关村人，退休教师。

韩祥义，男，八陡人，1945 年出生于一个煤矿工人家庭，安徽省电视大学淮南电大毕业，1964 年至 1984 年担任煤田地质勘探员，1985 年调入淮南市经济体制改革办公室直至退休。经常会在网络空间发表一些回忆录，有一定的影响力。

魏春长，男，1946 年出生，青石关村人，昆仑陶瓷厂退休工人。爱好制作各种陶瓷制品，擅长塑神像，青石关村及周边村落庙宇的神像有很多都是他塑的。

戴光喜，男，青石关村人，青石关村村民委员会副主任，为了更好地串联

村委与老人会而加入老人会，年轻时曾干过建筑队，做过匠人，在老人会中主要负责道路养护、重修庙宇等公益活动。

丁建爱，女，1935 年出生，青石关村人，农民，青石关老人会成员，主持请送颜奶奶的仪式，会唱经。

岳厚爱，女，1937 年出生，青石关村人，农民，青石关老人会成员，主要负责仪式前夕给颜文姜做衣服、神袍等物件。

许红娟，女，1947 年出生，青石关村人，三菱钢窗厂退休工人。因与将丈夫养大的大娘关系处得好而被村里人称赞，现为青石关老人会副会长，专门负责管理村秧歌队，庙会时负责采买和做饭。

图书在版编目(CIP)数据

青石关村/张帅著.—济南:山东大学出版社,
2017.12
(山东村落田野研究丛书/张士闪,李松总主编)
ISBN 978-7-5607-5920-3

Ⅰ. ①青… Ⅱ. ①张… Ⅲ. ①村史—淄博
Ⅳ. ①K295.25

中国版本图书馆 CIP 数据核字(2017)第 328682 号

责任策划:傅　侃
责任编辑:陈海军
装帧设计:牛　钧

出版发行:山东大学出版社
社　址　山东省济南市山大南路 20 号
邮　编　250100
电　话　市场部(0531)88363008
经　销:山东省新华书店
印　刷:山东华鑫天成印刷有限公司
规　格:720 毫米×1000 毫米　1/16
13.25 印张　200 千字
版　次:2017 年 12 月第 1 版
印　次:2017 年 12 月第 1 次印刷
定　价:45.00 元